COLONIAL

GRAVESTONE INSCRIPTIONS

in the State of New Hampshire

Compiled by
MRS. CHARLES CARPENTER GOSS

From Collections Made Between 1913 and 1942 by
The Historic Activities Committee
of
The National Society of the Colonial Dames of America
in the State of New Hampshire

CLEARFIELD

Originally Published
Dover, New Hampshire
1942

Reprinted with Permission of
The National Society of the Colonial Dames of America
in the State of New Hampshire

Genealogical Publishing Co., Inc.
Baltimore, 1974

Library of Congress Catalogue Card Number 74-15654
International Standard Book Number 0-8063-0634-3

Reprinted for
Clearfield Company, Inc. by
Genealogical Publishing Co., Inc.
Baltimore, Maryland
1989, 1995, 1997

Made in the United States of America

PREFACE

"The boast of heraldry, the pomp of power,
    And all that beauty, all that wealth e'er gave,
Await alike the inevitable hour:—
    The paths of glory lead but to the grave."
            GRAY'S *Elegy in a Country Church Yard.* 1749.

The endeavor to preserve the names of the early settlers of our colony has been prolonged, while many a crumbling head-stone "o'er those who slept 200 years" has sunk into restful ground and become illegible.

During the early years the valiant dead were often left without markers in order to conceal losses from the Indians. Occasionally an initialed field-stone marked a grave, later black slate slabs appeared in the church yards, sheltering the memory of those gone, followed in Village and Town Cemeteries by marble stones and monuments which were often adorned with symbols of triumphant gladness and epitaphs setting forth the virtues, characteristics and accomplishments of the departed. Frequently the tribute was inscribed "An honest man is the noblest work of God".

The clergy were especially honored with lengthy eulogies on table tombstones; the wife of Rev. John Wilson of Chester, was remembered as "a woman of devout piety and a good economist".

In 1903, a Memorial Committee was first proposed to care for old Burial Grounds in New Hampshire. In October, 1907, the purpose of the Committee was indicated by our President, Mrs. Arthur Clarke as "consisting largely in making a classified inventory of Colonial gravestones throughout New Hampshire copying their inscriptions and reporting them to the Society".

In 1913, Mrs. Josiah Carpenter, Chairman of the Old Burial Grounds Committee published the records, gathered up to that time, in "Some Colonial Gravestone Inscriptions" and presented copies to all New Hampshire Dames and Historical Libraries, where it is available for reference.

Mrs. Carpenter's interest continued to manifest itself in her reports as Historian of the Society. It was my privilege to accompany her on many trips to gather inscriptions which I later reclassified.

Our interest grew, accompanied by an awareness of the importance of haste in order not to lose forever the record of the burial places of the Colonial Dead in New Hampshire. The quest, although confined to towns granted or incorporated before 1770, led from seashore to mountains, from St. John's Church Yard in Portsmouth, where repose some of noble rank, to the lone gravestone in a remote field.

In the early 30's, the enterprise was delegated to the Historic Activities Committee. Facsimiles of quaint stones were made, curious epitaphs were copied verbatim, often an interesting story about the cemetery itself was obtained. For instance, the exemplary way of preservation used by the townspeople of Lyme, who, when their oldest grave yard was going to ruin, gathered the broken and misplaced stones around a monument, inscribed thereon the names, and erected an iron fence around the plot. However, because of increased printing costs, epitaphs and descriptions are left out of this publication, but are preserved together with Mrs. Carpenter's interesting reports in the files of the Society.

The Pioneer research activities of the New Hampshire Society of the Colonial Dames have been taken up by other Patriotic organizations and Federal agencies. In a number of towns The Daughters of The American Revolution, the Daughters of Founders and Patriots and the Works Progress Administration have obtained a more or less complete record of all cemetery inscriptions.

Inasmuch as our work is confined to the Colonial period ending with the Revolution, the reader is referred to the Addendum printed herein as a guide to records which are now available in public Libraries.

This publication would not have been possible without the generous participation of interested members during these many years, and to each and every one we are grateful.

The encouragement from our National Chairman, Mrs. George F. Von Kolnitz, of South Carolina, and our State Chairman, Mrs. Robert L. Manning, has been invaluable.

This collection is a simple record of the beginning and the end of some of our Colonial men and women, with such indications of relationships as were recorded. It is published with the sincere hope that it will help others to find some of the links lost by the destruction of town records and facilitate further research concerning the early settlers of our Colony.

WINIFRED LANE GOSS.

REFERENCES

These **Cemetery Records**, although not indexed, are alphabetically arranged.

Abbreviations used:—

b.—born.	s.—son.	w.—wife.	insc.—inscriptions.
d.—died.	dau.—daughter.	ae.—aged.	pub.—published.

Some discrepancies in spelling are due to illegible lettering on stones.

The **Addendum**, p. 158, is a guide to information available in the following archives:

New England Historic and Genealogical Society Library, 9 Ashburton Place, Boston, Mass.

New Hampshire Historical Society Library, Concord.

Record of Grants, (Otis Hammond), in N. H. Manual of General Court, 1893.

Records of N. H. Revolutionary Soldiers' Graves, reported by The D. A. R., published in U. S. Senate Documents, 1924—

Some Colonial Gravestone Inscriptions, 1913, by Georgia B. Carpenter.

The American Antiquarian Society, Worcester, Mass.

The National Society, Daughters of The American Revolution Library, Continental Hall, Washington, D. C.

Public Libraries in New Hampshire.

Colonial Gravestone Inscriptions in the State of New Hampshire

ALEXANDRIA, SOUTH
(Grant 1753)

CASS, Capt. Nason, d. Sept. 22, 1819, ae. 68 yrs.
CLIFFORD, Ebenezer, d. Mar. 1, 1833, ae. 90 yrs., 2 mos., 19 days.
FOSTER, David, d. Aug. 7, 1858, ae. 96 yrs.
    Tryphena, w. of David, d. Feb. 5, 1834, ae. 77 yrs.
McMURPHY, Sarah, dau. of Daniel and Betsy, d. Mar. 12, 1826, ae. 75 yrs.
    Sanders, d. Apr. 19, 1844, ae. 86 yrs.
    Mary, w. of Sanders, d. July 11, 1840, ae. 83 yrs.
MORRILL, Mary, w. of Dudley, d. Mar. 1, 1845, ae. 90 yrs., 4 mos., 18 days.
SOMES, Anna, w. of John, d. Sept., 1851, ae. 86 yrs.

ALLENSTOWN
(Grant 1722 Inc. with Pembroke)
MEETING HOUSE CEMETERY

BURGIN, Elizabeth, w. of Ede Hall, d. Jan. 22, 1832, ae. 93 yrs.
DOWST, John, d. Nov. 2, 1795, ae. 33 yrs., 9 mos.
EVANS, George, d. Nov. 23, 1804, ae. 49 yrs., 6 mos.
KENNISON, Samuel, d. Oct. 19, 1844, ae. 81 yrs.
    Sarah, d. Sept. 6, 1846, ae. 80 yrs.
WILLIAMS, Lois, w. of George, d. Oct. 4, 1847, ae. 89 yrs., 10 mos.
WIGGIN, Mary, w. of Benjamin, wid. of John Dowst, d. 1846, ae. 84 yrs.

SECOND CEMETERY

LEAVITT, Moses, d. Mar. 30, 1832, ae. 71 yrs.
    Elizabeth, w. of Moses, d. Oct. 3, 1852, ae. 87 yrs.

THIRD CEMETERY
(In John Hays' Pasture)

CATE, John G., 1762-1863.

ALSTEAD
(Grant 1752)
CENTER CEMETERY

ADAMS, Deliverance, d. Apr. 21, 1819, ae 75 yrs.

BANKS, John, d. Feb. 2, 1824, ae. 78 yrs.
    Susan P., w. of John, d. July 23, 1839, ae. 80 yrs.
BECKWITH, Andrew, d. Sept. 20, 1804, ae. 71 yrs.
    Eunice, w. of Andrew, d. Aug. 26, 1803, ae. 58 yrs.
    Cate, w. of Andrew, d. Aug. 20, 1797, ae. 50 yrs.
BROOKS, Ruth, w. of Doct. Thomas D., d. Jan. 14, 1804, ae. 36 yrs.
    Doct. Thomas D., d. Nov. 25, 1825, ae. 51 yrs.
    Simon, d. Oct. 25, 1828, ae. 80 yrs.
    Dea. Simon, d. Mar. 24, 1808, ae. 86 yrs.
BROWN, Abigail, relict of Elias, d. Dec. 28, 1805, ae. 65 yrs.
    Elias, d. Apr. 7, 1813, ae. 54 yrs.
    Mrs. Elias, d. Nov., 1779, ae. 45 yrs.
    Rebecca, w. of Elias, d. Apr. 9, 1813, ae. 48 yrs.
CHANDLER, Abigail, w. of Joel, Esq., d. Sept. 25, 1822, ae. 75 yrs.
    Joel, Esq., d. Aug. 20, 1825, ae. 76 yrs.
    Margaret, w. of Lt. Sam'l, d. Mar. 9, 1793, ae. 55 yrs.
    Samuel, d. Jan. 26, 1784, in 47th year of his age.
    John, d. Oct. 10, 1847, ae. 83.
    Lucy, w. of John, d. Apr. 5, 1820, ae. 55 yrs.
CHASE, Moses, d. July 8, 1812, ae. 52 yrs.
    Lois, w. of Moses, d. Apr. 27, 1812, ae. 52 yrs.
CHENEY, William, d. July 25, 1802, in his 55th year.
    Rebekah, w. of William, d. July 25, 1805, ae. 57 yrs.
COLBURN, Elizabeth, wid., d. Apr. 8, 1814, in her 89th year.
    Esther, w. of Benjamin, d. Aug. 2, 1804, in her 47th year.
COOK, Dea. Josiah, d. Nov. 30, 1829, ae. 59 yrs.
    Josiah, d. July 2, 1807, ae. 68 yrs.
    Lucy, w. of Josiah, d. Nov. 9, 1807, ae. 70 yrs.
    Sarah, d. July 22, 1832, ae. 68 yrs.
COOPER, Nathaniel, d. May 25, 1812, ae. 61 yrs.
CRAIN, Abiah, d. Apr. 1, 1790, ae. 79 yrs.
    Mary, w. of Abiah, d. Mar. 26, 1789, ae. 66 yrs.
DEBELL, Alexander, d. Sept. 9, 1819, ae. 65 yrs.
    Betty Taylor, formerly w. of Alexander, d. June 30, 1856, ae. 92 yrs.
DELANO, Gideon, d. July 4, 1809, ae. 66 yrs.
EMERSON, Richards, d. Mar. 12, 1842, ae. 75 yrs.
    Ruth, w. of Richards, d. Mar. 13, 1816, ae. 49 yrs.
EVANS, Nathaniel, d. May 21, 1815, in his 80th year.
    Thankful, wid., d. Jan. 12, 1820, ae. 65 yrs.
FARNSWORTH, Elisabeth, w. of Thomas, d. Sept. 7, 1823, ae. 84 yrs.
    Thomas, d. Nov. 26, 1820, ae. 89 yrs.
FISHER, Melansa, w. of Jacob, d. Oct. 26, 1836, in her 68th year.
FLETCHER, Peter, d. Apr. 11, 1812, ae. 76 yrs.
    Ruth, d. Apr. 26, 1816, ae. 77 yrs.
HALE, David, d. Oct. 26, 1822, ae. 64 yrs.
    Mrs. Hannah, d. Nov. 28, 1822, ae. 60 yrs.
HATCH, Phinahas, d. Apr. 29, 1818, ae. 70 yrs.

HATCH, Keturah, w. of Phinehas, d. Sept. 11, 1820, ae. 59 yrs.
 Capt. Reuben, d. Aug. 4, 1811, ae. 69 yrs.
 Prudence, w. of Capt. Reuben, d. Sept. 16, 1824, in her 76th year.
 Tryphena, w. of Phinehas, d. Sept. 4, 1777, ae. 22 yrs.
HEARD, Mrs. Love, d. July 23, 1790, in her 81st year.
HIGBEE, Lydia, w. of Rev. Jeremiah, d. Sept. 16, 1801, ae. 37 yrs.
HOW, Jemima, w. of Calvin, d. Dec. 21, 1814, in her 47th year.
KINGSBERY, Lieut. Ephraim, d. Feb. 26, 1826, ae. 66 yrs.
 Hannah, w. of Lieut. Ephraim, d. May 29, 1850, ae. 83 yrs.
 Kezia, w. of Eph'r, d. Mar. 28, 1790, ae. 30 yrs.
 Absolom, d. Apr. 30, 1805, ae, 74 yrs.
 Rebecka, w. of Absolom, Esq., d. Aug. 2, 1777, in her 45th year.
KINGSBURY, Anissophira, w. of Maj. Cyrus, d. Nov. 29, 1786, ae. 25 yrs.
 Mary, w. of William, d. May 15, 1819, ae. 56 yrs.
 William, d. Dec. 17, 1831, ae. 79 yrs.
LADD, John, d. Mar. 17, 1829, ae. 62 yrs.
MORLEY, Mrs. Love, d. Jan. 25, 1826, ae. 66 yrs.
NEWELL, Dea. Daniel, d. Dec. 29, 1839, ae. 85 yrs.
 Esther, w. of Dea. Daniel, d. Oct. 14, 1829, ae. 68 yrs.
PARTRIDGE, Sally, w. of Sylvester, d. Feb. 4, 1813, ae. 49 yrs.
 Sylvester, d. Sept. 5, 1850, ae. 85 yrs.
PRATT, Mary, w. of Levi, d. June 21, 1844, ae. 92 yrs.
PRENTIS, Anna, w. of Solomon, d. Mar. 14, 1788, in her 41st year.
PRENTICE, Hon. Nathaniel, d. Jan. 24, 1813, ae. 80 yrs.
 Oliver H., s. of Nath'el S., and w. Martha, d. 1787, ae. 23 yrs.
PECK, Anna, w. of Jonathan, d. Apr. 22, 1808, in her 43rd year.
ROBINS, Elizabeth, w. of Capt. Josiah, d. May 31, 1786, ae. 49 yrs.
SHED, Naomi, w. of Abel, d. Nov. 26, 1829, ae. 52 yrs.
 Patty, wid., d. Mar. 30, 1819, ae. 75 yrs.
 William, d. July 18, 1815, in his 67th year.
SHEPARD, Hon. Amos, d. Jan. 1, 1812, ae. 65 yrs.
 Joshua, d. Aug. 22, 1804, in his 51st year.
 Capt. Oliver, d. Aug. 1, 1830, in his 88th year.
 Zerviah, w. of Capt. Oliver, d. Mar. 19, 1825, in her 70th year.
 Rachael, w. of Simeon, d. Mar. 2, 1830, in her 78th year.
 Thankful, w. of Hon. Amos, Esq., d. June 7, 1817, ae. 71 yrs.
 Dea. Nath'l, d. Aug. 30, 1836, ae. 92 yrs.
 Lois, w. of Dea. Nath'l, d. Feb., 1811, ae. 56 yrs.
 Simeon, d. Aug. 9, 1832, ae. 80 yrs.
SIMONS, Lois, w. of William, d. Dec. 18, 1834, in her 77th year.
 William, d. Dec. 13, 1813, in his 62nd year.
SMITH, Hon. Israel, d. Feb. 26, 1809, ae. 68 yrs.
STONE, Thankful, w. of Lieut. Nathan'l, d. Mar. 13, 1790, in her 47th year.
TOWNSEND, Levi, d. June 10, 1853, ae. 83 yrs.
VILUS, Abigail, w. of Dea. Noah Vilus, d. July 10, 1808, in her 74th year.
VILAS, Joseph, son of Dea. Vilas, d. Jan. 26, 1789, in his 28th year.
 Dea. Noah, d. Sept. 17, 1799, in his 66th year.

VILAS, Noah, only child of Peter and his wife, Mercy Gay, d. Sept. 17, 1799.
 Nathaniel, son of Noah and his wife, Abigail Baker, d. Dec. 12, 1852.
 Peter, Feb. 24, 1704-Apr. 21, 1756. The progenitor of all mentioned in
  the Genealogy pub. in 1875 by Dr. Charles H. Vilas of Madison, Wis.
WAIT, Jason, d. Apr. 27, 1784, in his 82nd year.
WATTS, Jesse, d. June 23, 1830, ae. 86 yrs.
 Eleanor, w. of Jesse, d. Aug. 29, 1853, ae. 92 yrs.
 Joseph, d. Nov. 25, 1815, in his 50th year.
WELLINGTON, Abigail, d. Mar. 10, 1837, ae. 92 yrs.
 Palsgrave, d. Aug. 29, 1808, ae. 60 yrs.
 Quincy, d. Dec. 8, 1808, ae. 33 yrs.
WHEELER, Mehitabel, w. of Peter, d. Apr. 14, 1802, in her 72nd year.
WHITE, William, d. Dec. 12, 1824, ae. 58 yrs.
 Ruth, w. of William, d. July 5, 1840, ae. 74 yrs.
WILLIAMS, Coburn, d. Feb. 2, 1826, ae. 42 yrs.
WORSTER, John, d. Aug. 1, 1809, in his 48th year.
YEAMANS, Stephen, d. Mar. 31, 1813, ae. 63 yrs.

MAPLESIDE CEMETERY

DENSMOORE, Sally, w. of Thomas, d. July 17, 1834, ae. 71 yrs.
 Thomas, d. Apr. 21, 1836, ae. 72 yrs.
HOWARD, Jeremiah, d. Apr. 25, 1847, ae. 81 yrs.
 Sally, w. of Jeremiah, d. Sept. 14, 1844, ae. 89 yrs.
THOMPSON, Jonathan, d. Nov. 29, 1844, ae. 94 yrs.
 Prudence, w. of Jonathan, d. Oct. 1, 1848, ae. 86 yrs.
McMURPHY, Sarah, w. of John, d. July 27, 1844, ae. 82 yrs.

SLADE CEMETERY

BURROUGHS, John, d. Feb. 21, 1796, ae. 86 yrs.
 Anna, dau. of Capt. John and Mehetable, d. Mar. 26, 1787, ae. 19 yrs.
 Sarah, w. of John, d. Mar. 7, 1795, ae. 72 yrs.
CHENEY, Abigal, w. of John, d. June 20 (21), 1783, ae. 38 yrs.
CLARK, Andrew, d. July 5, 1821, ae. 92 yrs.
 Elizabeth, w. of Andrew, d. July 2, 1813, ae. 73 yrs.
PROCTOR, Benjamin, d. Mar. 23, 1854, ae. 86 yrs.
RUST, Nathaniel, d. May 27, 1814, ae. 75 yrs.
 Hannah, d. June 2, 1832, ae. 88 yrs.

ALTON

BAKER, Thomas, d. Jan. 31, 1841, ae. 84 yrs.

OLD "GORE ROAD" BURIAL PLOT

BEAN, Joel, d. 1833, ae. 86 yrs.
 Mary, d. 1835, ae. 80 yrs.
COFFIN, Jonathan, d. Apr. 11, 1813, ae. 66 yrs.

ALTON, WEST

DAVIS, Betsy, b. Feb. 19, 1770, d. Dec. 13, 1854.
DORMAN, Olive B., w. of Capt. Nathaniel, d. Dec. 1, 1840, ae. 73 yrs.
FLANDERS, Ezekiel, Oct. 8, 1767-Apr. 8, 1862.
    Susanna, w. of Ezekiel, Mar. 6, 1769-Oct. 11, 1850.
McDUFFEE, Jonathan, 1763-1815.
    Lois, w. of Jonathan, 1766-1859.
MOONEY, Major Joseph, d. Jan. 25, 1835, ae. 70 yrs.
    Betsy, w. of Joseph, d. Mar. 23, 1811, ae. 72 yrs.
PAGE, Deacon Benjamin, d. June 6, 1836, ae. 73 yrs., 4 mos., 4 days.
    Ruth, w. of Benjamin, d. Feb. 3, 1859, ae. 91 yrs., 8 mos., 21 days.
ROLLINS, Colonel John, d. Dec. 16, 1847, ae. 91 yrs.
    Betsy, d. Feb. 19, 1846, ae. 87 yrs.

ON FARM

KNIGHT, Joseph, d. Sept. 20, 1846, ae. 74 yrs.
    Lydia, w. of Joseph, d. Oct. 26, 1845, ae. 71 yrs.

AMHERST
(Settled 1735)

CENTER CEMETERY

ADAMS, Levi, b. June 14, 1764, d. Sept. 12, 1805.
    Lydia Farrar, wid. of Levi, w. Jacob Danforth, b. 1766, d. 1845.
ALLEN, Abigail, w. of Peter, d. Apr. 11, 1832, ae. 68 yrs.
ARBUCKLE, Rachel, w. of John, d. Mar. 3, 1814, ae. 63 yrs.
ATHERTON, Joshua, d. 1809, ae. 73 yrs.
    Abigail, d. 1801, ae. 52 yrs.
BALDWIN, Colonel Nahum, d. May 7, 1788, in his 54th year.
BARKER, Dea. Ephraim, d. Sept. 29, 1800, ae. 68 yrs.
    Molly, wid. of Dea. Ephraim, d. Oct. 5, 1806, ae. 55 yrs.
BARNARD, Lydia, dau. of Robert and Mary, d. Sept. 17, 1839, ae. 102 yrs.
    Mary Holman, b. Mar. 29, 1722, d. Mar. 13, 1823, ae. 101 yrs., dau. of
        Jeremiah Holman, w. of Robert Barnard, and mother of Rev. Jere-
        miah Barnard of Amherst, New Hampshire.
BATCHELDER, Lieut. Jrch's, d. Dec. 18, 1823, ae. 77 yrs.
BOUTELL, Lieut. Joseph, d. July 7, 1828, ae. 62 yrs.
    Sarah, w. of Ens. Joseph Boutell, d. Nov. 3, 1829, ae. 66 yrs.
    Joseph, d. Jan. 6, 1807, ae. 74 yrs.
    Hannah, w. of Joseph, d. May 11, 1808, ae. 70 yrs.
BOUTWELL, Dea. Joseph, d. May 19, 1795, in his 89th year.
    Hannah, w. of Dea. Joseph, d. Nov. 4, 1784, in her 77th year.
BRADFORD, Mary, w. of Lieut. William, d. Feb. 18, 1770, in her 33rd year.
BRYANT, Mrs. Mary, of Marblehead, Mass., d. Dec. 3, 1802, ae. 73 yrs.
BURNS, John, d. Aug. 4, 1789, in his 81st year.
    Elisabeth, w. of John, d. Apr. 26, 1789.

BUTLER, Elizabeth, 1758-1822.
CAMPBELL, Daniel, d. Oct. 7, 1838, in his 100th year.
    Jane Hylands, w. of Daniel, d. Nov. 23, 1815, ae. 77 yrs.
CLARK, Calvin, d. July 8, 1859, ae. 74 yrs.
    Timothy, d. Sept. 1, 1820, ae. 71 yrs.
    Lucy, w. of Timothy, d. Sept. 23, 1820, ae. 75 yrs.
CODMAN, Dr. Henry, d. Mar. 14, 1819, ae. 68 yrs.
    Agnes, w. of Dr. Henry, d. Jan. 19, 1808, ae. 69 yrs.
CONVERSE, Robert, d. Mar. 30, 1826, ae. 91 yrs.
    Mary, w. of Robert, d. Dec. 15, 1827, ae. 87 yrs.
CROSBY, Esther, w. of Joseph Crosby, d. Nov. 9, 1794, ae. 37 yrs.
CURTIS, Samuel, Esq., d. Mar. 31, 1822, ae. 74 yrs.
    Abigail, w. of Samuel, d. Dec. 17, 1821, ae. 68 yrs.
DANFORTH, David, d. July 4, 1827, ae. 74 yrs.
    Elizabeth, w. of David, d. June 6, 1817, ae. 64 yrs.
    Captain Jacob, d. Nov. 15, 1851, ae. 85 yrs.
DODGE, Bartholomew, d. Nov. 15, 1824, ae. 78 yrs.
    Anna R., w. of David, d. Apr. 3, 1782, in her 64th year.
    Samuel, d. Sept. 17, 1785, in his 42nd year.
    Rachel, w. of Samuel, d. July 23, 1785, in her 23rd year.
DUNCKLE, Damaris, dau. of Hezikiah and Damaris, d. July 29, 1769, in
    her 24th year.
    David, d. Aug. 13, 1826, ae. 80 yrs.
    Phebe, w. of David, d. Jan. 6, 1839, ae. 89 yrs.
    Ruth, w. of Daniel, d. Dec. 5, 1820, ae. 50 yrs.
    John, d. Aug. 4, 1792, ae. 51 yrs.
EATON, Lieut. John, d. Feb. 18, 1827, ae. 76 yrs.
    Sybil, w. of Lieut. John, d. May 8, 1818, ae. 65 yrs.
ELLSWORTH, Jonathan, d. May 16, 1814, ae. 56 yrs.
FISKE, William, d. June 4, 1831, ae. 76 yrs.
    Eunice, w. of William, d. Mar. 13, 1819, ae. 66 yrs.
FLETCHER, Sarah, wid., d. Mar. 29, 1798, ae. 52 yrs.
FOWLE, Samuel, d. June 11, 1825, ae. 72 yrs.
    Rachael, w. of Samuel, d. Oct. 12, 1831, ae. 71 yrs.
FRENCH, Hannah, w. of Ephraim, d. Mar. 28, 1793, in her 42nd year.
FULLER, Israel, d. Feb. 23, 1864, ae. 86 yrs.
GRAY, Samuel, d. Oct. 3, 1709, ae. 59 yrs.
HARTSHORN, William, d. June 22, 1831, ae. 78 yrs.
    Mary, w. of William, d. July 15, 1789, in her 33rd year.
    Hepsibath, w. of William, d. Jan. 11, 1851, ae. 103 yrs., 7 mos..
    Deacon John, d. Nov. 28, 1842, aged 83 yrs.
    John, d. May 25, 1830, ae. 86 yrs.
    Mrs. Naomi and Mrs. Hannah, wives of John, Mrs. Naomi, d. Jan. 20,
        1773, ae. 27 yrs.; Mrs. Hannah, d. Dec. 19, 1795, ae. 43 yrs.
    Mrs. Lovey, third w. of John, d. Sept. 13, 1822, ae. 75 yrs.
    Joanna Burdit, w. of Dea. John, d. Oct. 16, 1818, ae. 62 yrs.

HENCHMAN, Dr. Nathaniel, d. May 27, 1800, in his 39th year.
　　Doctor Nathaniel, d. Sept. 5, 1819, ae. 32 yrs. "In him closed the fifth
　　　　successive generation of the same name.
HILDRETH, Jacob, d. Sept. 13, 1815, ae. 77 yrs.
　　Elizabeth, w. of Capt. Ephraim, d. May 27, 1784, in her 45th year.
　　David, d. Feb., 1831, ae. 88 yrs.
　　Mary, w. of David, d. Dec., 1836, ae. 85 yrs.
　　Jonathan, d. July 5, 1816, ae. 49 yrs.
HOGG, William, d. May 30, 1801, ae. 71 yrs.
　　Agnes, w. of William, d. June 18, 1807, ae. 73 yrs.
　　Jane, d. Dec. 18, 1843, ae. 90 yrs.
HOPKINS, Benjamin, d. June 11, 1787, in his 86th year.
　　Hannah, w. of Benjamin, d. July 30, 1792, in her 94th year.
HUTCHINSON, Mrs. Susana, d. Aug. 25, 1834, ae. 79 yrs.
　　Lieut. Benjamin, d. Sept. 12, 1832, ae. 78 yrs.
KENDALL, Capt. Nathan, d. Nov. 10, 1791, ae. 65 yrs.
KENDRICK, Benjamin, d. Nov. 13, 1813, ae. 89 yrs.
　　Sarah, w. of Benjamin, d. May 27, 1818, ae. 88 yrs.
　　Stephen, d. June 7, 1811, ae. 56 yrs.
　　Sarah Hartshorn, wid. of Stephen Kendrick, w. of Dea. John Hartshorn,
　　　　d. Sept. 5, 1810, ae. 83 yrs.
LANE, Ziba, d. Aug. 25, 1807, ae. 51 yrs.
　　Lydia, w. of Ziba, d. Aug. 30, 1801, ae. 47 yrs.
LEAVITT, Abigail, w. of Andrew, d. Feb. 20, 1834, ae. 66 yrs.
LOW, William, Esq., d. Sept. 11, 1826, ae. 73 yrs.
MEANS, Robert, d. 1823, ae. 80 yrs.
　　Mary, d. 1838, ae. 85 yrs.
MELENDY, Hephzibah, w. of William Melendy, d. Oct. 1783, ae. 55 yrs.
MORRISON, Jane, w. of Capt. Samuel, d. Feb. 19, 1814, ae. 60 yrs.
NICHOLS, Hon. Moses, d. May 23, 1790, in his 50th year.
　　Hannah, w. of Moses, b. May 11, 1739, d. June 17, 1802.
ODELL, William, d. Mar. 3, 1812, ae. 85 yrs.
　　Phebe, w. of William, d. Jan. 25, 1817, ae. 85 yrs.
PATTERSON, Lieut. John, d. Dec. 16, 1829, ae. 87 yrs.
　　Sarah, w. of Lieut. John, d. Oct. 28, 1795, ae. 52 yrs.
PEABODY, Abigail, d. Feb. 11, 1827, ae. 81 yrs.; relict of Wm. Peabody,
　　　　Esq., only dau. of Rev. Dan'l Wilkins.
PEACOCK, William, d. Oct. 14, 1824, ae. 73 yrs.
　　Abigail, w. of William, d. Dec. 12, 1840, ae. 92 yrs.
PRINCE, Lieut. Joseph, d. Nov. 28, 1789, ae. 88 yrs.
　　Elizabeth, w. of Lieut. Joseph, d. June 29, 1823, ae. 98 yrs.
PRIOR, Daniel, 1760-1808.
　　Abigail, 1759-1811.
RAMSEY, David, d. Dec. 12, 1775, ae. 27 yrs.
READ, Colonel Robert, d. Sept. 11, 1803, in his 83rd year.
ROBY, James, d. Apr. 20, 1813, ae. 61 yrs.
SECOMBE, John, d. Jan. 14, 1796, ae. 63 yrs.

SECOMBE, Mrs. Molly, d. Apr. 6, 1781, in her 29th year.
　　Elizabeth, wid., 2nd w. of John, d. Aug. 27, 1807, ae. 53 yrs.
SHEPARD, Colonel John, d. Nov. 29, 1785, in his 80th year.
　　Sarah, w. of Col. John, d. Oct. 31, 1802, in her 80th year.
　　Benjamin, d. Mar. 27, 1810, ae. 66 yrs.
SMITH, Jonathan, b. Feb. 21, 1733, d. Apr. 1, 1795.
　　Mrs. Abigail, b. Nov. 27, 1735, d. Mar. 19, 1801.
　　Jedediah K., d. Dec. 17, 1828, ae. 59 yrs.
　　Mavorick, d. Sept. 11, 1830, ae. 66 yrs.
　　Rebecca, w. of Mavorick, d. Feb. 15, 1831, ae. 63 yrs.
　　Timothy, d. Mar. 13, 1798, in his 69th year.
　　Mary, w. of Timothy, d. Sept. 30, 1798, in her 71st year.
SNELLEN, Miss Phebe, d. Apr. 25, 1807, ae. 75 yrs.
SPALDING, Matthias, b. 1769, d. 1865.
STANLEY, Samuel, d. Apr. 19, 1814, in his 62nd year.
　　Jane, w. of Samuel (no dates).
STEWART, Samuel, d. May 27, 1776, in his 60th year.
　　David, Esq., d. Nov. 14, 1821, ae. 61 yrs.
　　Susanna, w. of David, d. Aug. 24, 1816, ae. 77 yrs.
TAYLOR, Ebenezer, d. Aug. 10, 1835, ae. 74 yrs.
　　Lucy, w. of Ebenezer, d. July 24, 1834, ae. 62 yrs.
TENANT, Sarah, w. of Moses, d. Apr. 26, 1815, ae. 53 yrs.
TOWNE, Israel, d. Nov. 22, 1791, in his 87th year.
　　Grace, w. of Israel, (no dates).
　　Elizabeth, dau. of Israel and Grace, d. July 16, 1794, ae. 50 yrs.
　　Hannah, w. of Thomas, d. May 23, 1779, in her 45th year.
　　Mary, w. of Moses, d. Oct. 19, 1775, ae. 32 yrs.
　　Patty, w. of Capt. Archalaus, d. Aug. 13, 1773, ae. 37 yrs.
UPHAM, Jacob, d. Apr. 1, 1849, ae. 83 yrs.
　　Sarah P., w. of Jacob, d. Nov. 17, 1826, ae. 67 yrs.
　　Sarah W., 2nd w. of Jacob,, d. Apr. 28, 1849, ae. 75 yrs.
　　Mrs. Ruth, d. Mar. 21, 1810, ae. 47 yrs.
WAKEFIELD, William, d. Nov. 9, 1826, ae. 69 yrs.
WARNER, Colonel Daniel, d. Mar. 20, 1813, ae. 68 yrs.
WATSON, Eliza, w. of John Watson, d. Dec. 12, 1801, ae. 35 yrs.
WHITING, Samuel, d. Mar. 24, 1805, ae. 42 yrs.
WILKINS, Aaron, d. Apr. 23, 1800, ae. 54 yrs.
　　Lydia, w. of Aaron, d. Mar. 25, 1837, ae. 82 yrs.
　　Elisabeth, w. of Lieut. Robert, d. July 7, 1784, in her 33rd year.
　　Rev. Daniel, d. Feb. 11, 1783, in the 73rd year of his age and in the
　　　42nd year of his ministry.
　　Sarah, w. of Rev. Daniel, d. Apr. 23, 1790, in her 73rd year.
　　Dea. Samuel, d. Dec. 27, 1832, ae. 90 yrs.
　　Abigail, w. of Samuel, d. Feb. 4, 1786, in her 39th year.
　　Jonathan, d. Apr. 18, 1824, ae. 75 yrs.
WOODBURY, Nathaniel, 1729-1823.
WOOLSON, Martha, dau. of Thomas and Martha, 1763-1788.

WYATT, Margaret, w. of Samuel, d. Mar. 18, 1826, ae. 70 yrs.

CRICKET CORNER CEMETERY

CALDWELL, Dea. Alexander, d. Aug. 5, 1842, ae. 90 yrs.

GOULD, Benjamin, d. July 1, 1845, ae. 77 yrs.

KIDDER, Sampson, d. Dec. 25, 1834, ae. 70 yrs.

    Jane, w. of Sampson, d. Oct. 4, 1840, ae. 70 yrs.

SHEPARD, Capt. Samuel, d. Jan. 11, 1835, ae. 85 yrs.

    Elizabeth, w. of Samuel, d. Dec. 16, 1837, ae. 84 yrs.

UNDERWOOD, Hannah, d. Nov. 1, 1841, ae. 90 yrs.

CHESTNUT HILL CEMETERY

BARNARD, Stephen, 1767-1848.

    Martha, w. of Stephen, 1768-1827.

DAGGETT, Ebenezer, b. Oct. 2, 1762, d. (Sept. 11—Dec. 11), 1812.

HARVILL, John, d. Apr. 6, 1821, ae. 85 yrs.

    Rebecah, w. of John, d. Sept. 8, 1801, ae. 65 yrs.

    Priscilla, w. of John (McAllaster or McKinney), d. 1840, ae. 88 yrs.

MELENDY, Nathaniel, d. July 18, 1848, ae. 89 yrs.

    Elizabeth, w. of Nathaniel, d. May 9, 1847, ae. 86 yrs.

    Sarah, w. of Thomas, b. July 14, 1759, d. June 16, 1820.

TUFFTS, Miriam, w. of Eliakim Tuffts, d. Dec. 29, 1835, ae. 70 yrs.

AUBURN

CLARK, Elizabeth C., w. of John, d. Mar. 14, 1838, ae. 80 yrs., 8 mos.

McDUFFEE, Daniel, d. Apr. 5, 1855, ae. 85 yrs., 6 mos.

STEVENS, Solomon, 1761-1854.

    Anna Eaton, w. of Solomon, 1762-1847.

BARNSTEAD

(Granted 1727)

Center, Parade, Crystal Lake and several Private in N. H. His. Soc. Lib. Cemetery left side of road from Half Moon Lake to Gilmanton Iron Works.

DUDLEY, Capt. Stephen, d. Feb. 4, 1830, ae. 61 yrs.

    Sarah, w. of Capt. Stephen, d. Sept. 16, 1852, ae. 78 yrs.

    Major Nicholas, d. Apr. 20, 1828, ae. 36 yrs.

SECOND CEMETERY
Same Road

AYERS, Joshua, d. Feb. 1, 1836, ae. 82 yrs.

    Ann N., w. of Joshua, d. Aug. 18, 1827, ae. 76 yrs.

KENISTON, Jonathan, d. Jan. 14, 1854, ae. 85 yrs.

PICKERING LOT
On Road from White Oak School to Gilmanton Iron Works

PICKERING, Mary, w. of James, d. Oct. 13, 1855, ae. 91 yrs.

On Stephen Pickering Homestead, West of Province Road, in field.

PICKERING, Stephen, d. July 2, 1825, ae. 86 yrs.
  Mehitable, w. of Stephen, d. Dec. 4, 1819, ae. 82 yrs.
  James, d. Aug. 4, 1837, in his 76 year.
  Daniel, d. Nov. 19, 1849, ae. 75 yrs., 6 mos., 15 days.

PARADE CEMETERY

NUTTER, John, Esq., b. Mar. 1, 1757, d. Nov. 8, 1840.
  Betty, w. of John, d. Dec. 24, 1817, ae. 62 yrs.

BARNSTEAD, NORTH
NUTTER HILL CEMETERY

NUTTER, Eebenezer, b. Oct. 10, 1756, d. Apr. 18, 1843. Revolutionary soldier.

PIERCE CEMETERY

PIERCE, Alpheus, d. Dec. 24, 1854, ae. 73 yrs.
  Rebecca, w. of Alpheus, d. Jan. 9, 1821, ae. 30 yrs.
  Rebecca, w. of Alpheus, d. May 31, 1841, ae. 52 yrs.

BARRINGTON
(Settled 1732)
HALE CEMETERY
On Dover Road, Route 9

HALE, Thomas W., son of Maj. Samuel and Mary Wright, 1760-1843.
  Lydia Drew, w. of Thomas W., b. Oct. 10, 1760, d. Nov. 29, 1818.

HAYES FARM

WINKLEY, William, d. July 29, 1845, ae. 82 yrs.
  Mary, w. of William, d. Oct. 6, 1835, ae. 69 yrs., 7 mos.
  Martha, w. of William, d. Oct. 11, 1786, ae. 23 yrs.
  Samuel, d. Nov. 29, 1807, ae. 77 yrs.
  Mrs. Mary, d. Nov. 4th, 1816, ae. 85 yrs.

PRIVATE CEMETERY

WALDRON, David, 1756-Apr. 26, 1841. Revolutionary soldier.
WATERHOUSE, Timothy. Revolutionary soldier.

BARRINGTON, EAST

BALCH, Rev. Benjamin, d. May 4, 1815, ae. 74 yrs.
"OLD AGGIE," Colored slave of Capt. Mark Hunkin, later with Rev. Benjamin Balch family, 1740-1840.
HANSON, John B., d. Mar. 3, 1840, ae. 75 yrs.
  Prudence, w. of John B., d. Mar. 2, 1840, ae. 73 yrs.

BATH

(Granted 1761)

BATH CEMETERY

ADAMS, Priscilla, d. Sept. 22, 1830, ae. 70 yrs. Relict of Rev. Phineas
Adams of Haverhill, Mass.

BACON, Ebenezer, d. Feb. 11, 1818, ae. 63 yrs., 6 mos., 7 days.
Edith, w. of Ebenezer, d. Aug. 8, 1818, ae. 43 yrs., 11 mos.

BARRON, Olive, w. of Capt. Timothy, d. Oct. 11, 1807, in her 77th year.

BARTLETT, Elizabeth, w. of Stephen, Esq., d. Nov. 14, 1793, ae. 56 yrs.
John, d. Oct. 24, 1825, in the 61st year of his age.
Rhoda, w. of John, d. Apr. 29, 1831, in her 63rd year.
Michael, d. June 21, 1840, ae. 80 yrs., 24 days.
Dorcas, w. of Michael, d. Aug. 20, 1846, ae. 80 yrs., 10 mos.
Josiah, d. Sept. 14, 1851, ae. 77 yrs.

BEDEL, Gen. Moody, b. May 12, 1764, d. Jan. 13, 1841, ae. 77 yrs.

CLEMENT, John, b. 1762, d. 1853, ae. 91 yrs. Revolutionary soldier.

COUCH, Stephen, d. Apr. 21, 1813, ae. 49 yrs.
Ann, d. Apr. 6, 1813, ae. 49 yrs.

COX, Mrs. Mary, d. Jan. 10, 1813, ae. 35 yrs., 6 days.

EDSON, Anna, mother of Nancy K. French, 1772-1848.

GORDON, Jonathan, d. Sept. 9, 1812, ae. 67 yrs.
Esther, w. of Jonathan, d. July 14, 1839, ae. 87 yrs.
Joanna Pattee, w. of Phineas, d. Jan. 3, 1829, ae. 58 yrs.
Peasley, d. Aug. 19, 1854, ae. 83 yrs.

HIBBARD, Dea. Timothy, d. June 4, 1820, in his 72nd year.
Sarah, w. of Dea. Timothy, d. Apr. 30, 1827, ae. 64 yrs.

HOYT, Mary, w. of Dea. John, of Amesbury, d. Feb. 11, 1819, ae. 89 yrs.

HUTCHINS, Col. James, d. July 21, 1832, ae. 61 yrs.
Jane Reed, w. of Col. James, d. Feb. 4, 1857, ae. 89 yrs.
Jeremiah, d. Nov. 11, 1816, in his 80th year. One of the first settlers.
Elizabeth, w. of Jeremiah, born in France, June 1743, d. Nov. 25, 1817.
Mahitable, w. of Jeremiah, d. Oct. 28, 1783, ae. 43 yrs.

MORRILL, John, b. May 13, 1757, d. Nov. 2, 1837.
Hannah Barnett, w. of John, b. Aug. 26, 1754, d. Nov. 6, 1854.

OAKES, Fred M., son of Asa and Jennette, d. Aug., 1803, ae. 30 yrs., 10 mos.

PAYSON, Miss Deborah, from Rowley, Mass., b. Apr. 17, 1769, d. 1814.
Hon. Moses Paul, d. Oct. 30, 1828, ae. 57 yrs., 10 mos., 2 days.

ROWELL, Moses, d. Aug. 26, 1849, ae. 75 yrs., 11 mos.
Phoebe, w. of Moses, d. Sept. 24, 1826, in her 54th year.

SMITH, Jonathan, d. Apr. 23, 1832, ae. 65 yrs.
Priscilla, w. of David, d. Apr. 28, 1817, ae. 45 yrs.

SNOW, Benjamin, d. June 17, 1817, in his 63rd year.

TEWKSBERRY, Ezekiel, b. in Amesbury, Mass., May 13, 1763, d. 1832.
Sarah Barron, w. of Ezekiel. b. Haverhill, Nov. 12, 1771, d. 1855.

WEBBER, Andrew, d. May 10, 1845, ae. 84 yrs., 3 mos.
Lucy, w. of Andrew, d. June 11, 1828, ae. 63 yrs.

WEBBER, Mary, w. of Andrew, d. June 6, 1844, ae. 65 yrs.
WISER, Sally Turner, w. of Benjamin, d. 1818, ae. 46 yrs.
YOUNG, Abiah, d. Dec. 20, 1818, ae. 57 yrs., w. of Joshua of Haverhill.

BEDEL CEMETERY

BEDEL, Jacob, d. Sept. 17, 1858, ae. 86 yrs., 3 mos.
DODGE, John, d. May 22, 1820, ae. 57 yrs., 8 mos.
    Mary, w. of John, d. Mar. 4, 1861, ae. 95 yrs.

CARBEE PRIVATE CEMETERY

BLODGETT, Benjamin, d. Feb. 10, 1858, ae. 86 yrs.
    Polly, w. of Benjamin, d. Nov. 11, 1825, in her 50th year.
RICKER, Joshua, d. Mar. 5, 1818, ae. 81 yrs.
    Betsey, w. of Joshua, d. Nov. 4, 1811, ae. 71 yrs.
    Nahum, d. Oct. 29, 1827, ae. 50 yrs.
SMITH, Joseph, d. June 23, 1800, in his 68th year.
    Naomi, w. of Joseph, d. June 16, 1831, ae. 92 yrs.

CARBEE DISTRICT CEMETERY

CARBEE, Lois, w. of Joel, d. Aug. 11, 1844, ae. 83 yrs.
DOWNER, Elizabeth, d. July 1, 1842, ae. 69 yrs.
    Ruth, d. July 27, 1853, ae. 78 yrs.
SPAULDING, Mary, w. of Phineas, d. Dec. 26, 1841, ae. 69 yrs.

CHILD DISTRICT CEMETERY

BARTLETT, Amos, d. Aug. 20, 1828, ae. 58 yrs.
    Eunice Kinsman, w. of Amos, d. Aug. 5, 1853, ae. 79 yrs.
BUCK, Dea. Amasa, d. Nov. 17, 1840, in his 85th year.
    Anna, w. of Thomas, mother of Amasa, d. Dec. 18, 1815, ae. 82 yrs.
CARRIER, Janel, w. of Thomas, d. July 9, 1848, ae. 86 yrs.
CHILD, Abigail, w. of Richard, d. Aug. 1, 1000, ae. 00 yrs.
    Capt. John, d. Apr. 18th, 1841, ae. 74 yrs.
    Martha, w. of Capt. John, d. Oct. 29, 1863, ae. 90 yrs.
GATES, Eunice, w. of Ezra, d. Dec. 6, 1843, in her 80th year.
    Ezra, d. Jan. 31, 1844, in his 86th year.
HIBBARD, Aaron, 1761-1835, Revolutionary soldier.
    Sarah Merrill, w. of Aaron, 1772-1842.
HUNT, Luthroran, w. of Zebulon, d. Nov. 13, 1837, ae. 75 yrs.
    Zebulon, d. June 21, 1830, ae. 79 yrs., 11 mos.   Revolutionary soldier.
LANG, Dea. Samuel, d. Sept. 8, 1829, in his 75th year.
    Susan, w. of Dea. Samuel, d. Nov. 5, 1845, ae. 89 yrs., 11 mos.
MINOT, Samuel, d. Mar. 3, 1849, in his 75th year.

PETTYBORO DISTRICT CEMETERY

DOW, Caleb, d. Apr. 9, 1843, ae. 69 yrs.
    Cyrus, d. Jan. 22, 1851, ae. 79 yrs.
    Mary, w. of Cyrus, d. Aug. 13, 1841, ae. 71 yrs.
MERRILL, Annis, d. Feb. 1, 1847, ae. 95 yrs., 7 mos.   Revolutionary soldier.
    Lydia, w. of Annis, d. May 10, 1845, ae. 82 yrs., 10 mos.

SMITH, James, b. Jan. 10, 1763, d. Oct. 8, 1844.
    Ruth, w. of James, d. Nov. 18, 1861, ae. 89 yrs., 10 mos.
WEEKS, David, d. Jan. 22, 1827, ae. 82 yrs.
    Ruth, w. of David, d. Mar. 9, 1829, ae. 77 yrs.
    David, Jr., d. June 13, 1842, in his 68th year.
    Jonathan, d. Nov. 20, 1794, ae. 87 yrs.

SWIFTWATER DISTRICT CEMETERY

DODGE, Joseph, d. Feb. 14, 1852, ae. 77 yrs.
GOODWIN, Ezra, d. June 27, 1867, ae. 94 yrs., 5 mos., 15 days.
GORDARD, Sarah, w. of Joseph, d. Jan. 10, 1848, ae. 80 yrs., 8 mos., 10 days.
MERRILL, Isabel, w. of Moses, d. Jan. 4, 1853, ae. 86 yrs., 4 mos.
MARTIN, Hannah, w. of Jireh, d. Sept. 17, 1843, ae. 74 yrs.
    Jireh, d. Feb. 17, 1843, ae. 81 yrs.
PARSONS, Walter, d. Dec. 31, 1865, ae. 95 yrs.
WEST, Mercy, w. of Obadiah, d. June 19, 1842, ae. 69 yrs.

BEDFORD
(Inc. 1750)
CENTER

MERRILL, Adams, d. Feb. 6, 1824, ae. 69 yrs.
SHEPHERD, Capt. George, d. July 13, 1819, ae. 62 yrs.

SOUTH CEMETERY

MOORE, Dea. William, b. Feb. 19, 1760, d. May 5, 1844.
    Isabella, w. of William, d. Aug. 11, 1822, ae. 53 yrs.
    Hannah G., w. of William, d. Apr. 2, 1855, ae 81 yrs.
Others in N. H. Hist. Soc. Lib.
Others in G. B. C. Book—(1913) pp. 2-3.

OLD CEMETERY

MORRISON, Mary, w. of Samuel, of Londonderry, d. Jan. 29, 1764, ae. 66 yrs.
McDUFEE, Matthew, d. Apr. 15, 1799, ae. 79 yrs.
    Susanna, w. of Matthew, d. Dec. 9, 1799, ae. 69 yrs.
CALDWELL, Lettice, w. of James, d. Nov. 29, 1776, ae. 74 yrs.

BELMONT
(Set off from Gilmanton 1859)
ADAMS HILL CEMETERY

SMITH, Edward, d. Jan. 6, 1833, ae. 78 yrs.

BEAN HILL CEMETERY

LYFORD, Francis, d. May 25, 1821, ae. 60 yrs.
    Mary, w. of Francis, d. July 14, 1851, ae. 91 yrs.

JUDKINS CEMETERY

FRENCH, Israel, d. Oct. 10, 1833, ae. 68 yrs.
Deborah, w. of Israel, d. Jan. 23, 1852, ae. 86.
TAYLOR, Jonathan, d. Oct. 4, 1846, ae. 82 yrs.
Judith, w. of Jonathan, d. Aug. 16, 1826, ae. 56 yrs.
TUCKER, Daniel, d. Sept. 19, 1848, ae. 80 yrs.
Betsey, w. of Daniel, d. Sept. 20, 1848, ae. 84 yrs.
WADLEIGH, Jonathan, d. Mar. 31, 1832, ae. 81 yrs.

BENTON

(Granted 1764 as Coventry, 1840 as Benton)

BENTON CEMETERY

BATCHELDER, Sally, w. of Able, d. Feb. 16, 1833, ae. 65 yrs., 5 mos.
BISHOP, Samuel, d. Sept. 27, 1858, ae. 83 yrs.
DAVIS, Jonathan, 1773-1843.
HINKLEY, Asa, d. Mar. 11, 1848, ae. 88 yrs.
Margaret, w. of Asa, d. May 14, 1848, ae. 75 yrs.
TORSEY, Moses, d. Apr. 29, 1842, ae. 71 yrs.
YOUNG, Eunice, w. of Joseph, d. Aug. 21, 1853, ae. 80 yrs., 2 mos.
Joseph, d. Mar. 30, 1850, ae. 82 yrs., 9 mos.

BETHLEHEM

(Granted 1774 as Lloyd's Hills, Inc. 1799)

BETHLEHEM CEMETERY

ALEXANDER, Hannah, w. of Joseph, d. Nov. 23, 1845, ae. 83 yrs., 10 mos.
BAKER, Caleb, d. Nov. 21, 1850, ae. 80 yrs., 6 mos., 2 days.
Elizabeth, w. of Caleb, d. Nov. 19, 1857, ae. 87 yrs., 12 days.
BARRETT, Thorinton, d. June, 1806, ae. 67 yrs.
Abigail, d. Feb., 1816, ae. 75 yrs.
BEAN, Joseph, d. Nov. 6, 1837, in his 78th year.
BREED, Miss Martha, d. Oct. 16, 1821, ae. 61 yrs.
BROOKS, Dea. Jonas, d. Dec. 9, 1850, ae. 97 yrs.
Lucy, w. of Dea. Jonas, d. July 16, 1830, in her 74th year.
BROWN, Adah, w. of Benjamin, d. May 23, 1844, ae. 76 yrs., 7 mos.
Benjamin, d. Aug. 23, 1836, ae. 70 yrs.
BULLOCK, Rest, 2nd w. of Dea. Jonas Brooks, b. 1774, d. 1860.
GALE, Joseph, d. Sept. 18, 1854, ae. 80 yrs.
Elizabeth, w. of Joseph, d. Aug. 11, 1863, ae. 88 yrs.
Sally, w. of Dan L., d. July 11, 1815, ae. 54 yrs.
HALE, Jerusha, w. of Thomas, d. Apr. 10, 1853, ae. 78 yrs.
Thomas, b. Feb. 14, 1776, d. Mar. 31, 1862, ae. 86 yrs.
KELSO, Hugh (dates illegible)
Lucretia, w. of Hugh, d. May 24, 1854, ae. 82 yrs., 10 mos.

KNIGHT, Sarah, w. of Capt. Thomas, d. Mar. 22, 1837, ae. 89 yrs.
OAKES, Major Edward, d. Mar. 12, 1812, ae. 39 yrs.
ROBBINS, Ephriam, d. Aug. 14, 1831, in his 84th year.
ROBINS, Hannah, d. July 22, 1837, ae. 88 yrs.
SANBORN, Elisha, d. Apr. 6, 1856, ae. 87 yrs.
    Sarah, w. of Elisha, d. Mar. 1, 1813, ae. 40 yrs.
SAWYER, William, d. Sept. 12, 1859, ae. 87 yrs., 11 mos.
WARREN, Elizabeth, w. of Jonas, Esq., d. Mar. 6, 1797, ae. 33 yrs.
WHIPPLE, Lydia, consort of Tho., d. May 17, 1795, ae. 39 yrs.
WILDER, Relief, wid., d. May 14, 1839, in her 80th year.
    Willis, d. Aug. 7, 1807, ae. 50 yrs.
WOODBURY, Elizabeth, w. of Lot, d. June 19, 1851, ae. 85 yrs., 7 mos.
    Lot, Esq., d. Aug. 21, 1842, ae. 82 yrs., 5 mos.

    Others in G. B. C. Book p. 37.

BRADFORD
(Grant 1735-6)

PRESBURY BURYING GROUND

BEMENT, Samuel, d. Mar. 31, 1837, ae 69 yrs., 1 mo., 21 days.
    Lucy, w. of Samuel, d. Dec. 8, 1835, ae. 61 yrs., 18 days.
BROWN, John, d. June 28, 1818, in his 77th year.
    Mary, wid. of John, d. Aug. 13, 1828, in her 83rd year.
CRESSEY, Edward, d. June 22, 1822, in his 54th year.
    Sarah, w. of Edward, d. May 5, 1797, in her 30th year.
    Sarah, w. of Edward W., d. Jan. 18, 1858, ae. 82 yrs.
EMERY, Moses, d. Aug. 30, 1835, ae. 71 yrs., 3 mos.
FULLER, Rufus, d. Sept., 1840, ae. 80 yrs.
    Hannah, w. of Rufus, d. Oct. 11, 1847, ae. 85 yrs.
MARSHALL, Joseph, d. Apr. 9, 1823, in his 63rd year.
MARTIN, Dr. William, d. Sept. 14, 1825, ae. 63 yrs.
    Sarah, w. of Dr. William, d. Jan. 1, 1858, ae. 78 yrs.
MAXFIELD, Joshua, d. Sept. 21, 1825, in his 85th year.
    Sarah, w. of Joshua, d. June 9, 1818, in her 74th year.
PRESBURY, William, d. Dec. 13, 1814, in his 80th year.
    Dorcus, w. of William, d. Feb., 1834, ae. 96 yrs.
PRESBY, George, d. Oct. 22, 1829, ae. 70 yrs.
    Lydia, w. of George, d. Apr. 20, 1846, ae. 82 yrs.
RAYMOND, Nancy, w. of John, d. March 30, 1823, ae. 72 yrs.
SARGENT, Rachel, w. of William, d. Dec. 16, 1827, in her 74th year.

OLD POND CEMETERY

CHENEY, Jonathan D., d. June 25, 1838, ae. 79 yrs.
    Lovina, w. of Jonathan, d. Oct. 17, 1841, ae. 67 yrs.
    Joseph, d. Jan. 22, 1827, in his 72nd year.
    Betsey, w. of Joseph, d. Sept. 12, 1854, ae. 98 yrs., 11 mos.

DAVIS, Daniel, d. Nov. 8, 1842, ae. 76 yrs.

    Polly, w. of Daniel, d. Jan. 11, 1850, ae. 80 yrs.

FARSON, James, d. Feb. 20, 1812, in his 70th year.

    Catherine, w. of James, d. Oct. 1, 1821, in her 65th year.

SARGENT, Timothy, d. Jan. 17, 1839, ae. 75 yrs.

    Hannah, w. of Timothy, d. Dec. 24, 1849, ae. 82 yrs.

WARD, Josiah, d. Apr. 20, 1824, ae. 67 yrs.

    Hannah, d. May 26, 1845, ae. 87 yrs.

BRADFORD CENTER

AIKEN, Andrew, d. Mar. 6, 1835, ae. 80 yrs.

    Margaret, w. of Andrew, d. Oct. 5, 1832, ae. 80 yrs.

ANDREWS, Joshua, d. Aug. 22, 1837, ae. 84 yrs.

    Deborah, w. of Joshua, d. Oct. 24, 1831, ae. 79 yrs.

AYER, William, d. June 6, 1827, ae. 74 yrs.

    Mary, w. of William, d. Apr. 22, 1842, ae. 84 yrs.

BROCKWAY, Capt. Asa, d. June 25, 1829, ae. 71 yrs., 2 mos.

    Hephzibah, w. of Asa, d. Oct. 21, 1813, ae. 54 yrs.

CRESEY, Richard, d. Sept. 9, 1809, in his 73rd year.

CURRIER, Abraham, d. Sept. 22, 1825, ae. 61 yrs.

CUTTER, Moses, d. Apr. 12, 1820, ae. 55 yrs.

EATON, Ebenezer, d. Jan. 5, 1806, ae. 49 yrs.

    Hannah, w. of Ebenezer, d. June 29, 1823, ae. 67 yrs.

GEORGE, Austin, d. Jan. 15, 1817, in his 69th year.

HARRIMAN, Ebenezer, d. Mar. 28, 1842, ae. 77 yrs.

    Abigail, w. of Ebenezer, d. Aug. 3, 1832, in her 62nd year.

HOWLET, John, d. Mar. 29, 1813, in his 49th year.

    Phebe, w. of John, d. Feb. 22, 1826, in her 63rd year.

HOYT, Lieut. Stephen, d. May 17, 1824, ae. 78 yrs.

    Sarah, w. of Lieut. Stephen, d. Oct. 7, 1821, ae. 73 yrs.

KNIGHT, Jonathan, d. Apr., 1845, ae. 93 yrs.

    Mehitable, d. July, 1834, ae. 74 yrs.

MARSHALL, Ebenezer, d. Jan. 30, 1830, in his 66th year.

PRESBY, James, d. Apr. 6, 1837, ae. 76 yrs.

    Molly, w. of James, b. Dec. 20, 1761, d. Jan. 7, 1818.

    Joseph, d. Oct. 11, 1827, in his 74th year.

    Hannah, w. of Joseph, d. May 22, 1809, in her 55th year.

    Phebe, w. of Nathaniel, d. Jan. 25, 1806, ae. 76 yrs.

ROWE, Josiah, d. Nov. 6, 1844, ae. 84 yrs.

    Mary, w. of Josiah, d. Sept. 25, 1829, ae. 70 yrs.

SAWYER, Capt. William, d. Jan. 17, 1816, in his 58th year.

    Elizabeth, w. of Capt. William, d. Mar. 25, 1839, ae. 68 yrs.

SEVERANCE, Abel, d. Aug. 26, 1842, ae. 88 yrs.

    Martha, w. of Abel, d. Aug. 2, 1836, ae. 76 yrs.

SMITH, Abraham, d. Jan. 2, 1849, ae. 93 yrs.

    Keziah, w. of Abraham, d. Sept. 11, 1844, ae. 85 yrs.

    Amos, d. May 12, 1832, ae. 71 yrs.

SMITH, Eunice, w. of Amos, d. May 26, 1832, ae. 72 yrs.
John, b. June 6, 1762, d. Feb. 3, 1845.
Mary, w. of John, d. Jan. 24, 1820, ae. 58 yrs.

BRADFORD NEW CEMETERY

BUTMAN, Eben, d. May 30, 1857, ae. 91 yrs., 8 mos.
COLBY, Isaac, d. Oct., 1860, ae. 93 yrs.
Mehitable, w. of Isaac, d. Oct. 14, 1840, ae. 76 yrs.
CRESSY, Andrew, d. Apr. 3, 1860, ae. 94 yrs.
Huldah, w. of Andrew, d. Jan. 13, 1859.
CURRIER, Mary Cressy, w. of Abraham, b. Apr. 1, 1770, d. Jan. 29, 1852.
ELLSWORTH, Lucy, w. of Thomas E., and mother of Mary, w. of Joseph
Hartshorn, d. June 26, 1841, ae. 92 yrs.
HALE, Daniel, d. Mar. 25, 1848, ae. 92 yrs., 6 mos.
Betsey, w. of Daniel, d. July 30, 1839, ae. 77 yrs.
HOYT, Gen. Stephen, d. Sept. 18, 1861, ae. 92 yrs.
Phebe, w. of Stephen, d. July 29, 1847, ae. 75 yrs.
JACKMAN, Humphrey, b. July 16, 1761, d. July 10, 1840.
Judith Pettingill, w. of Humphrey, b. July 23, 1761, d. July 30, 1842.
MORSE, Jonathan, d. Apr. 27, 1842, ae. 82 yrs.
Mary, w. of Jonathan, d. Apr. 10, 1811, ae. 40 yrs.
Joseph, d. Jan. 10, 1808, ae. 44 yrs.
Judith, w. of Joseph, (2nd w. of Joseph Presby), d. 1845, ae. 79 yrs.
PRESBY, James, d. Apr. 6, 1837, ae. 76 yrs.
SHATTUCK, Joseph, d. Apr. 15, 1810, ae. 43 yrs.

MARSHALL-COLLINS PRIVATE CEMETERY

MARSHALL, Richard, d. Jan. 4, 1834, ae. 82 yrs., 10 mos., 20 days.
Esther, w. of Richard, d. Feb. 27, 1842, ae. 87 yrs., 10 mos., 11 days.

BRENTWOOD
(Set off from Exeter 1742)
TUCK CEMETERY

JUDKINS, Benjamin, d. May 18, 1790, ae. 42 yrs.
TUCK, Anna, w. of Samuel, (Rev. soldier), d. Aug. 8, 1836, ae. 92 yrs.
Edward, d. Apr. 30, 1843, ae. 79 yrs.
Mercy, w. of Edward, d. Aug. 11, 1849, ae. 81 yrs.

WADLEIGH CEMETERY

COLCORD, Ebenezer, d. Jan. 4, 1824, ae. 98 yrs.
Patience Stevens, w., d. July 17, 1819, ae. 87 yrs.
Hannah, d. June 6, 1854, ae. 94 yrs.
John, d. Jan. 6, 1826, ae. 68 yrs.
Lydia, w. of John, d. Feb. 25, 1844, ae. 81 yrs.
FOSTER, Dr. Samuel, d. Jan. 15, 1826, ae. 67 yrs.
SMITH, Rachel, w. of Joseph, d. Apr. 12, 1821, ae. 73 yrs.

STEVENS, Edward, d. Jan. 10, 1827, ae. 65 yrs.
    Agnes, w. of Edward, d. Oct. 2, 1841, ae. 72 yrs.
    Mary, w. of Nathaniel, d. May 4, 1844, ae. 86 yrs.
    Samuel, d. Nov. 12, 1834, ae. 77 yrs.
    Betsey, w. of Samuel, d. Apr. 15, 1839, ae. 77 yrs.
WADLEIGH, Joseph, d. Jan. 23, 1792, ae. 80 yrs.
    Anna, w. of Joseph, d. Feb. 10, 1777, ae. 61 yrs.
    Joseph, d. Apr. 5, 1821, ae 77 yrs.
    Elizabeth, w. of Joseph, d. Apr. 12, 1826, ae 82 yrs.
WOODMAN, Joseph, d. Apr. 6, 1829, ae 87 yrs.
    Anna, w. of Joseph, d. Apr. 25, 1830, ae 84 yrs.

SMITH FAMILY CEMETERY

SMITH, Gilman, d. Oct. 5, 1810, ae. 50 yrs.

PRIVATE CEMETERY ON ROAD TO COUNTY FARM

MORSE, Caleb, d. at Lexington, Mass., Apr. 19, 1775, ae. 28 yrs.
    Lydia, w. of Caleb, d. Apr. 8, 1830, ae. 79 yrs.
THING, John, d. June 30, 1838, ae. 72 yrs.
    Marcy, w. of John, d. Feb. 10, 1804, ae. 39 yrs.
THYNG, Rev. Jonathan, d. Dec. 20, 1840, ae. 80 yrs.
    Sally, w. of Rev. Jonathan, d. Mar. 2, 1842, ae. 75 yrs.

OFF KINGSTON ROAD

SMITH, Ruben, d. Apr. 21, 1782, in his 57th year.
    Robert, d. Nov. 2, 1831, ae. 96 yrs.

ROWELL-SWASEY CEMETERY—PICKPOCKET ROAD

ROWELL, John, d. Jan. 27, 1844, ae. 79 yrs.
    Mehitable, w. of John, d. Mar. 19, 1811, ae. 42 yrs.

GORDON CEMETERY

GORDON, Scribner, d. Mar. 12, 1817, ae. 72 yrs.
    Hannah, w. of Scribner, d. Aug. 23, 1839, ae. 93 yrs.
    Capt. Thomas, d. July 28, 1819, in his 78th year.
    Mary, 2nd w. of Capt. Thomas, d. June 29, 1825, ae. 67 yrs.
LEAVITT, Benjamin, 1770-1843.
    Thomas, 1748-1833.
    Sarah, w. of Thomas, 1750-1821.
    Thomas, d. Oct. 10, 1832, ae 85 yrs.
    Sarah, d. Sept. 8, 1821, ae. 71 yrs.

PRIVATE CEMETERY

BEAN, Loammi, d. Aug. 26, 1823, ae. 66 yrs.
DUDLEY, Peter C., d. Mar. 26, 1808, ae. 47 yrs.
    Mary, w. of Peter C., d. Dec. 12, 1839, ae. 72 yrs.
GORDON, Dorothy Gilman, w. of Capt. Thomas, d. Jan. 12, 1792, ae. 45 yrs.

LEAVITT-DUDLEY-KIMBALL PRIVATE CEMETERY—DUDLEY ROAD

DUDLEY, Samuel, d. Oct. 11, 1781, ae. 28 yrs.
    Mary, w. of Samuel, d. Dec. 17, 1839, ae. 86 yrs.

KIMBALL, Dudley, d. Aug. 17, 1824, ae. 75 yrs.

Mrs. Rebekah, d. Jan. 3, 1835, ae. 83 yrs.

Betsey, d. July 15, 1853, ae. 78 yrs.

SMITH, Sam, d. May 7, 1767, ae. 66 yrs., w. was Elizabeth Gordon.

SLATE STONE marked "T. L." and "A. L." probably Dea. Timothy Leavitt and his w. Anna (Lyford) Leavitt.

DUDLEY CEMETERY

DUDLEY, Capt. John, d. Nov. 6, 1786, ae. 75 yrs.

Elizabeth, w. of John, d. Feb. 17, 1790, ae. 82 yrs.

John, d. Oct. 5, 1802, ae. 58 yrs.

Joanna, w. of John, d. June 21, 1815, ae. 69 yrs.

Josiah, d. Aug. 1, 1826, ae. 77 yrs.

Mary Chase, w. of Josiah, d. May 16, 1830, ae. 77 yrs.

Samuel, d. Dec. 21, 1788, ae. 52 yrs.

Rebakah, w. of Samuel, d. Apr. 10, 1782, ae. 50 yrs.

LEAVITT, Hannah, w. of Capt. James, d. Dec. 20, 1774, ae. 85 yrs.

THING, Eliphalet, d. Feb. 15, 1829, ae. 77 yrs.

Abigail, w. of Eliphalet, d. Mar. 22, 1792, ae. 44 yrs.

THYNG, Samuel, d. Sept. 7, 1816, ae. 78 yrs.

Sarah, w. of Samuel, d. Aug. 19, 1830, ae. 83 yrs.

PRIVATE CEMETERY

SANBORN, Debarah, d. Apr. 1, 1804, ae. 40 yrs.

Elisha, d. Sept. 16, 1813, ae. 72 yrs.

Elizabeth, w. of Elisha, d. Sept. 30, 1816, ae. 75 yrs.

Lydia, d. May 12, 1814, ae. 70 yrs.

Edward, d. Feb. 2, 1829, ae. 80 yrs.

Isabella, w. of Edward, d. Feb. 14, 1830, ae. 75 yrs.

OLD TOWN CEMETERY

BULLET, Stephen, d. Aug. 19, 1775, in his 68th year.

FLINT, Rev. Ebenr., ord. 1801, d. Oct. 1811, ae. 42 yrs.

Mary, w. of Rev. Ebenr., d. Nov. 9, 1841, ae. 72 yrs.

GILMAN, James, d. May 2, 1814, ae. 54 yrs.

Alcy, d. July 18, 1806, ae. 70 yrs.

Mary, d. May 25, 1815, ae. 59 yrs.

GRAVES, Mary, w. of Lieut. Nathaniel, d. Dec. 13, 1837, ae. 80 yrs.

William, d. July 17, 1827, ae. 75 yrs.

Sarah, d. Dec. 27, 1844, ae 90 yrs.

HOOK, Jacob, d. Dec. 12, 1838, ae. 74 yrs.

Loiza, w. of Jacob, d. Feb. 2, 1839, ae. 72 yrs.

Hannah, d. Aug. 9, 1837, ae. 75 yrs.

Josiah, d. Aug. 7, 1817, ae. 80 yrs.

Elizabeth, d. Apr. 21, 1824, ae. 82 yrs.

Sarah, d. Feb. 25, 1856, ae. 81 yrs.

William, d. Mar. 4, 1829, ae. 54 yrs.

JEWELL, Joseph, d. Aug. 11, 1822, ae. 81 yrs.

JEWELL, Susan, w. of Joseph, d. May 19, 1776, in her 33rd year.
MARSHALL, Henry, d. Apr. 23, 1843, ae. 80 yrs.
    Hannah, w. of Henry, d. July 2, 1825.
MARSTIN, Samuel, d. Feb. 9, 1826, ae. 82 yrs.
    Molly, w. of Samuel, d. Mar. 10, 1813, ae. 63 yrs.
MORRILL, Lieut. Abraham, d. June 12, 1823, ae. 85 yrs.
    Mary, w. of Abraham, d. Dec. 31, 1835, ae. 88 yrs.
    Elizabeth, w. of A. Morrill, d. Aug., 1777, in her 23rd year.
    William, d. Jan. 28, 1812, ae. 76 yrs.
    Lydia, w. of William, d. Aug. 15, 1817, in her 86th year.
    Capt. William, d. Aug. 22, 1838, ae. 70 yrs.
    Mary, w. of Capt. William, d. May 26, 1799, ae. 31 yrs.
    Elizabeth, 2nd w. of Capt. William, d. Oct. 12, 1865, ae. 90 yrs.
    Nathaniel, d. Dec. 30, 1844, ae. 72 yrs.
    Judith, w. of Nathaniel, d. Jan., 1865, ae. 95 yrs.
RANNY, Hannah, w. of Thomas S., d. July 9, 1790, ae. 59 yrs.
ROBINSON, Lieut. David, d. May 4, 1819, ae. 71 yrs.
    Agnes, w. of Lieut. David, d. June 23, 1800, ae. 54 yrs.
    Dudley, d. Apr. 24, 1833, ae. 81 yrs.
    Jemima, w. of Dudley, d. Aug. 8, 1813, ae. 62 yrs.
    Edward, d. Dec. 6, 1819, ae. 78 yrs.
    Elizabeth, wid. of Edward G., d. Feb. 21, 1826, ae. 76 yrs.
    Capt. James, d. Jan. 22, 1767, in his 56th year.
    Mary, w. of Capt. James, d. May 13, 1750.
    Capt. James, d. Dec. 18, 1803, ae. 65 yrs.
    Dorothy, wid. of James, d. July 24, 1830, ae. 84 yrs.
    Jona, d. Sept. 20, 1825, ae. 52 yrs.
SANBORN, Mrs. Abigail, d. Sept. 8, 1817, ae. 52 yrs.
SMITH, Caleb, d. Jan. 12, 1854, ae. 93 yrs.
    Mary, w. of Caleb, d. Nov. 20, 1840, ae. 70 yrs.
    Elizabeth, w. of Joseph, d. Dec. 21, 1799, ae. 81 yrs.
    Jabec, d. Dec. 19, 1835, ae. 91 yrs.
    Lydia, w. of Jabec, d. May 22, 1838, ae. 64 yrs.
    John, d. Sept. 1, 1837, ae. 87 yrs.
    Mehitable, w. of John, d. Apr. 18, 1834, ae. 82 yrs.
STEVENS, Anna, w. of Hale Stevens, d. July 19, 1844, ae. 79 yrs.
TRASK, Rev. Nathan, first minister of the Cong. Church, 1721-1789.
    Parnel, d. July 21, 1762, ae. 32 yrs.
    Samuel, d. Feb. 7, 1833, ae. 70 yrs.
    Sarah, w. of Samuel, d. Feb. 22, 1826, ae. 68 yrs.
TUCK, John, d. Sept. 9, 1805, in his 70th year.
    Mary, w. of John, d. Nov. 12, 1762, in her 29th year.
VEASEY, Benjamin, s. of John, d. June 15, 1784, ae. 22 yrs.
    Benjamin, d. May 8, 1764, in his 62nd year.
    Deborah, w. of Benjamin, d. June 2, 1768, in her 65th year.
    Lieut. Jonathan, d. Mar. 4, 1792, ae. 65 yrs.
    Bethiah, w. of Jonathan, d. Dec. 15, 1801, ae. 73 yrs.

VEASEY, Jonathan, d. Nov. 13, 1833, ae. 75 yrs.
Anna, w. of Jonathan, d. July 13, 1831, ae. 73 yrs.
WHITCHER, Isaac, d. Sept. 6, 1807, in his 70th year.
Mary, w. of Isaac, d. July 8, 1825, ae. 85 yrs.

BRIDGEWATER
(Set off from Hill 1788)

BATCHELDER, Simeon, d. July 10, 1836, ae. 71 yrs.
Mary, w. of Simeon, d. Mar. 22, 1831, in her 65th year.
SMITH, Abraham, d. Mar. 16, 1852, ae. 91 yrs., 3 mos., 6 days.
Deborah, w. of Abraham, d. Sept. 12, 1848, ae. 80 yrs., 8 mos.

WHITTEMORE'S CEMETERY—NEW FOUND LAKE
TILTON, Isaac C., d. Feb. 12, 1805, ae. 76 yrs., 3 mos.

BRISTOL

FULLER, Thomas D., d. Nov. 25, 1819, ae. 73 yrs.   Revolutionary soldier.
Sarah, w. of Thomas D., d. Dec. 13, 1824, ae. 102 yrs.

CAMPTON
(Granted 1761)
BLAIR'S YARD

BLAISDELL, Daniel (date gone).
Susanna, w. of Daniel, d. Jan. 16, 1859, ae. 83 yrs.
BURBANK, Elizabeth, w. of J. Burbank, d. Dec. 21, 1855, ae. 98 yrs.
Capt. Gershom, d. May 14, 1817, ae. 82 yrs., 8 mos., 22 days.
Anna, w. of Capt. Gershom, d. Jan. 9, 1818, ae. 79 yrs., 4 mos., 5 days.
CHENEY, Daniel, d. Dec. 18, 1849, ae. 79 yrs.
Lucy, w. of Daniel, d. Mar. 15, 1829, ae. 51 yrs.
CLARK, Henry L., d. Aug. 24, 1824, ae. 70 yrs.
John, d. Dec. 21, 1831, ae. 71 yrs.
Lydia, w. of John, d. Dec. 6, 1830, ae. 71 yrs.
JENGLER, Franklin S., d. 1820, ae. 86 yrs.
Angie, w. of Franklin S., d. 1823, ae. 88 yrs.
McLELLAN, John, 1742-1817.
NOYES, Crisp B., d. May 8, 1849, ae. 80 yrs.
Martha R., w. of Crisp B., d. Mar. 6, 1851, ae. 77 yrs.
Samuel, 1759-1816.
Abigail Burbeck, w. of Samuel, 1767-1843.
PULSIFER, Joseph, 1745-May, 1832.
Mary, w. of Joseph, 1751-May, 1830.
Capt. Joseph, d. Aug. 11, 1851, ae. 80 yrs., 10 mos.
Abigail, w. of Capt. Joseph, d. July 6, 1845, ae. 74 yrs.

TAYLOR, Oliver, 1760-1812.
   Thamar Eaton, w. of Oliver, 1761-1812.
WYATT, Daniel, b. Mar. 21, 1743, d. Dec. 5, 1822.

CAMPTON CEMETERY

BARTLETT, David, d. Aug. 30, 1844, ae. 83 yrs.
   Joanna H., w. of David, d. Oct. 1, 1825, ae. 68 yrs.
HALL, Capt. Jesse, d. May 20, 1849, ae. 84 yrs., 8 mos.
   Mary, w. of Capt. Jesse, d. June 5, 1823, ae. 59 yrs.
HOLMES, Elaner, w. of Joel, d. Feb. 26, 1846, ae. 78 yrs.
   John, d. March 27, 1811, ae. 77 yrs., 4 mos.
   Mary, w. of John, d. May 18, 1810, ae. 68 yrs.
   Col. Samuel, d. Jan. 1, 1823, ae. 72 yrs.
   Mehitable, w. of Col. Samuel, d. Oct. 10, 1823, ae. 77 yrs.
MARSH, Edmund, d. Dec. 12, 1845, ae. 87 yrs.
WOODMAN, Judith, w. of Stephen, d. July 21, 1812, ae. 44 yrs., 5 mos.

CAMPTON HOLLOW

WILLEY, Abel, d. March 20, 1834, ae. 85 yrs.
   Lydia, w. of Abel, d. Mar. 28, 1814, ae. 63 yrs.

CAMPTON VILLAGE CEMETERY

COOK, Cutting, d. Nov. 29, 1827, ae. 67 yrs.
   Elizabeth, w. of Cutting, d. Apr. 30, 1845, ae. 79 yrs.
FOX, Isaac, d. June 17, 1849, ae. 83 yrs., 9 mos.
LADD, Thankful, w. of Jesse, d. June 10, 1845, ae. 76 yrs.
WILLEY, Darius, d. Mar. 18, 1829, ae. 91 yrs.
   Mary, w. of Darius, d. Mar. 19, 1816, ae. 75 yrs.
   Mary, d. Jan. 28, 1837, ae. 73 yrs.
   Darius, d. Jan. 7, 1849, ae. 83 yrs.
   ———, w. of Darius, d. Sept. 12, 1839, ae. 66 yrs.
   Isaac, b. East Haddam, Conn., Dec. 31, 1769, d. Jan. 25, 1851.

TURNPIKE YARD

MORSE, Samuel, d. Mar. 8, 1848, ae. 98 yrs.
   Sarah, w. of Samuel, d. Nov. 17, 1847, ae. 84 yrs.

WEST CAMPTON

JOHNSON, Sarah, w. of Hervey, d. Nov. 22, 1831, ae. 64 yrs.
STRAW, Abigail, w. of ——— Straw, d. Apr. 16, 1831, ae. 90 yrs.
THIRSTON, Polly, w. of Josiah, d. Mar. 5, 1835, ae. 66 yrs.

CANDIA
(First Cemetery Laid Out 1754)

SMITH CEMETERY—(PRIVATE)

SMITH, James, d. Feb. 12, 1815, ae. 46 yrs.
   Anna Clough, w. of James, d. May 16, 1824, ae 66 yrs.
   Joseph C., d. Mar. 16, 1842, ae. 83 yrs.

SMITH, Elizabeth, w. of Joseph C., d. Dec. 27, 1837, ae. 81 yrs.
Sarah, w. of Joseph C., d. Jan. 29, 1812, ae. 92 yrs.

LANG CEMETERY—(PRIVATE)

LANG, Capt. Benjamin, d. Nov. 24, 1818, ae. 53 yrs.
Deborah, d. May 27, 1830, ae. 64 yrs.
Deborah, relict of Benjamin, d. Sept. 13, 1836, ae. 83 yrs.

CRITCHET CEMETERY—(PRIVATE)

COLCORD, Samuel, d. Oct. 7, 1842, ae. 85 yrs.
Sally, wid. of Samuel, d. Feb. 3, 1845, ae. 71 yrs.

EAST CANDIA

GLEASON, Edward, d. Sept. 26, 1829, ae. 70 yrs.
GRIFFIN, David, d. Feb. 5, 1850, ae. 92 yrs.

CANDIA ISLAND CEMETERY

BEAN, Dea. Abraham, d. Oct. 29, 1833, ae. 67 yrs.
Mary, w. of Dea. Abraham, d. Mar. 1, 1845, ae. 74 yrs.
GORDON, Mrs. Abigail, d. Jan. 3, 1827, ae. 87 yrs.

CANDIA HILL CEMETERY

ANDERSON, William, d. Sept. 19, 1808, ae. 52 yrs.
Mary, w. of William, d. May 19, 1822, ae. 69 yrs.
BEAN, David, d. Apr. 10, 1793, ae. 69 yrs.
Mary, wid. of David, d. Nov. 22, 1808, ae. 81 yrs.
Nathan, d. May 11, 1827, ae. 69 yrs.
Elizabeth, w. of Nathan, d. Sept. 9, 1832, ae. 71 yrs.
BROWN, Mary, w. of Caleb, d. Nov. 15, 1818, ae. 49 yrs.
David, d. Jan. 6, 1832, ae. 68 yrs.
Elizabeth, w. of David, d. Feb. 21, 1836, ae. 65 yrs.
Nathan, d. Aug. 24, 1834, ae 74 yrs., 10 mos., 26 days.
Anna, w. of Nathan, d. June 11, 1833, ae. 73 yrs.
Nehemiah, d. July 12, 1793, ae. 76 yrs.
Anna, w. of Nehemiah, d. Nov. 5, 1799, ae. 80 yrs.
Sewall, d. Jan. 22, 1837, ae. 83 yrs.
Susan, w. of Sewall, d. June 24, 1838, ae. 79 yrs.
BURPEE, Nathanial, d. Mar. 9, 1835, ae. 82 yrs.
Dorothy, w. of Nathaniel, d. May 12, 1818, ae. 61 yrs., 6 mos.
BUSWELL, John, d. July 12, 1851, ae. 83 yrs.
Mehitable, w. of John, d. June 30, 1867, ae. 93 yrs., 5 mos.
CARR, John, d. May 24, 1813, ae. 76 yrs.
Mary, w. of John, d. Apr. 3, 1828, ae. 93 yrs.
Col. John, 1776.
CASS, Benjamin, 1776.
CLARK, Henry, d. Nov. 28, 1823, ae. 66 yrs.
Hannah, w. of Henry, d. Mar. 30, 1836, ae. 77 yrs., 4 mos., 3 days.

CLARK, John, d. Jan. 21, 1827, ae. 75 yrs.
Sarah, w. of John, d. Feb. 23, 1842, ae. 87 yrs.
CLAY, John, d. June 28, 1832, ae. 75 yrs.
Abigail, w. of John, d. Sept. 12, 1821, ae. 63 yrs.
Walter, 1776.
CLOUGH, Theophilus, b. Oct. 12, 1761, d. June 7, 1819.
Sarah, w. of Theophilus, b. Mar. 24, 1778, d. Oct. 30, 1858.
COLBY, Nehemiah, d. Dec. 14, 1840, ae. 81 yrs.
Mary, w. of Nehemiah, d. July 12, 1843, ae. 71 yrs.
CRAWFORD, John, d. Nov. 8, 1831, ae. 76 yrs.
CURRIER, Timothy, d. Mar. 25, 1844, ae. 77 yrs., 8 mos.
Lydia, w. of Timothy, d. Jan. 10, 1851, ae. 78 yrs., 9 mos.
DEARBORN, Samuel, d. Sept. 7, 1817, ae. 68 yrs.
Sherburn, d. in Chester, Oct. 7, 1852, ae. 94 yrs.
DUSTIN, Col. Moses, d. Jan. 10, 1795, in his 52nd year.
Mary Lock, w. of Col. Moses, d. July 13, 1827, in her 77th year.
EATON, Benjamin, d. Apr. 8, 1835, ae. 76 yrs.
Anna, w. of Benjamin, d. Jan. 25, 1830, ae. 59 yrs.
Paul, d. Apr. 5, 1830, ae. 92 yrs., 7 mos.
Eben, 1776.
EMERSON, Moses, d. June 3, 1839, ae. 84 yrs.
Lydia, w. of Moses, d. Dec. 17, 1835, ae. 75 yrs.
Col. Nathaniel, 1741-1824. Fought under Stark at Bennington.
Sarah, w. of Nathaniel, 1743-1814.
Nathaniel, d. Oct. 22, 1858, ae. 84 yrs.
FOLLANSBEE, Francis, d. Apr. 22, 1818, ae. 67 yrs.
Hannah, w. of Francis, d. May 30, 1822, ae. 66 yrs.
FOSTER, Joseph, d. Aug. 30, 1835, ae. 84 yrs.
FRENCH, Comfort, w, of Simon, d. Nov. 6, 1814, ae. 73 yrs.
John, d. Dec. 24, 1845, ae. 75 yrs.
Comfort, w. of John, d. Dec. 1, 1834, ae. 65 yrs.
HALL, Polly, w. of Benjamin, d. May 18, 1829, ae. 60 yrs., 3mos.
Caleb, d. May 10, 1842, ae. 74 yrs.
Obedom, d. Sept. 11, 1805, ae. 61 yrs.
Mary, w. of Obedom, d. Dec. 25, 1799, ae. 53 yrs.
HILLS, William, d. May 22, 1795, ae. 45 yrs.
HUBBARD, Benjamin, d. Feb. 19, 1834, ae. 88 yrs.
Mary, w. of Benjamin, d. Sept. 5, 1839, ae. 86 yrs.
Joshua, d. Mar. 31, 1853, ae. 79 yrs.
Sarah, w. of Joshua, d. Oct. 23, 1862, ae. 85 yrs.
LANE, John, d. Mar. 12, 1823, ae. 72 yrs.
Hannah G., w. of John, d. Oct. 15, 1845, ae. 90 yrs.
LYFORD, Thomas, 1756.
MARDEN, Stephen, d. Nov. 18, 1824, ae. 69 yrs.
McCLUER, James, d. Apr. 20, 1814, ae. 70 yrs.
Mehitable, w. of James, d. Dec. 29, 1810, ae. 91 yrs.

MOORE, Dr. Coffin, d. Oct. 30, 1784, ae. 45 yrs.
    Joshua, d. Feb. 15, 1816, ae. 73 yrs.
    Jean, w. of Joshua, d. Apr. 13, 1837, ae. 76 yrs.
MOOERS, Samuel, d. Oct. 28, 1793, in his 65th year.
MORRILL, Samuel, d. Oct. 7, 1824, ae. 74 yrs.
    Hannah, w. of Samuel, d. Feb. 5, 1821, ae. 68 yrs.
MURRY, Samuel, d. Jan. 18, 1828, ae. 91 yrs.
    Hannah, w. of Samuel, d. Nov. 29, 1820, ae. 85 yrs., 2 mos.
PALMER, Joseph, 1749-1816.
    Mary Dearborn, w. of Joseph, 1752-1820.
    Stephen, 1724-1780. Priscilla Hoyt, w. d.
PATTEN, William, d. Apr. 30, 1842, ae. 80 yrs.
    Abigail, w. of William, d. Jan. 5, 1835, ae. 63 yrs.
PEARSON, Timothy M., d. Feb. 8, 1840, ae. 83 yrs.
    Deborah, w. of Timothy, d. Jan. 6, 1843, ae. 85 yrs.
PILLSBURY, Abijah, d. Mar. 13, 1830, ae. 81 yrs.
    Sarah, w. of Abijah, d. Dec. 15, 1810, ae. 50 yrs.
    David, d. Oct. 9, 1808, ae. 58 yrs.
    Sally, d. Jan. 22, 1851, ae. 83 yrs.
    Jonathan, d. Dec. 22, 1826, ae. 77 yrs.
    Bridget, w. of Jonathan, d. Jan. 12, 1811, ae. 57 yrs.
POTTER, David, d. Apr. 28, 1835, ae. 67 yrs.
PRESCOTT, Edward, d. May 22, 1847, ae. 77 yrs.
ROBIE, John, d. May 6, 1825, ae. 79 yrs.
    Mehitable, w. of John, d. July 15, 1832, ae. 80 yrs.
    Levi, d. Jan. 12, 1832, ae. 67 yrs.
    Anna, w. of Levi, d. Oct. 20, 1815, ae. 47 yrs.
    Walter, d. Dec. 17, 1845, ae. 81 yrs.
    Dorothy, w. of Walter, d. Mar. 25, 1857, ae. 93 yrs., 7 mos.
    Walter, d. June 28, 1818, in his 78th year.
    Suse, w. of Walter, d. Oct. 21, 1827, in her 78th year.
ROWE, Daniel, d. 1798.
    Abigail Stockman, w. of Daniel, d. 1804.
    Isaiah, d. Sept. 18, 1810, ae. 72 yrs.
    Sarah, w. of Isaiah, d. Feb. 11, 1821, ae. 74 yrs.
SARGENT, John, d. Nov. 17, 1834, ae. 88 yrs., 8 mos.
    Mary, 1st w. of John, d. June 22, 1823, ae. 71 yrs.
    Hannah, 2nd w. of John, d. Aug. 4, 1833, ae. 84 yrs.
SMITH, Biley, d. Oct. 3, 1829, ae. 84 yrs., 7 mos.
    Mary, d. May 2, 1820, ae. 73 yrs., 3 mos.
    Jonathan, d. Apr. 23, 1808, ae. 59 yrs.
    Phebe Sargent, w. of Jonathan, formerly w. of Eben Eaton, d. Sept.
        14, 1840, ae. 89 yrs.
    Abigail Rowe, 1st w. of Jonathan, d. Aug. 26, 1778.
TAYLOR, John, d. Oct. 24, 1821, ae. 62 yrs.
    Hannah, w. of John, d. Apr. 7, 1848, ae. 88 yrs.
THORN, Nathan, d. Apr. 9, 1851, ae. 91 yrs.

TURNER, Moses, 1776.
    Elizabeth, w. of Moses, d. Jan. 7, 1827, ae. 69 yrs.
WARD, Capt. Simon, d. Sept. 6, 1836, ae. 69 yrs., 4 mos., 5 days.
WEBSTER, John, d. Mar. 24, 1852, ae. 84 yrs., 8 mos.
    Anna, w. of John, d. Apr. 14, 1853, ae. 90 yrs.
WIGGIN, Joseph, d. Oct. 28, 1853, ae. 84 yrs.
WILSON, Lieut. Thomas, d. May 6, 1808, ae. 51 yrs.
    Margaret, w. of Lieut. Thomas, d. Mar. 14, 1859, ae. 89 yrs.
    Thomas, d. May 15, 1831, ae. 80 yrs.
    Sarah, w. of Col. Thomas, d. Jan. 8, 1832, ae. 77 yrs.

CANTERBURY
(Granted 1727 Inc. Loudon and Northfield)

MORRILL, Capt. David, d. June 22, 1863, ae. 91 yrs., 5 mos.
PALLETT, Nathaniel, d. Nov. 26, 1846, ae. 91 yrs.

ZIONS HILL

AMES, Phebe, w. of David, d. Oct. 30, 1830, ae. 82 yrs.
CLOUGH, Leavitt, d. Apr. 9, 1827, ae. 76 yrs.
    Hannah, w. of Leavitt, d. Jan. 8, 1782, ae. 24 yrs.
    Peggy, w. of Leavitt, d. Apr. 6, 1839, ae. 79 yrs.
PARKER, Ebenezer, d. June 13, 1854, ae. 89 yrs., 5 mos.
    Abigail, w. of Ebenezer, d. May 18, 1866, ae. 83 yrs., 7 mos.
BATCHELDER, Huldah, d. Apr. 17, 1840, ae. 93 yrs.

ON BEAN HILL

HAM, John, d. Jan. 30, 1846, ae. 82 yrs.
    Mary, w. of John, d. Apr. 9, 1852, ae. 79 yrs.

CHARLESTOWN
(Grant 1735)

ALLEN, Benjamin, d. Apr. 26, 1788, ae. 64 yrs.
    Henry, d. Nov. 16, 1809, ae. 39 yrs.
ARMS, Sarah, d. July 7, 1805, ae. 39 yrs.
BAKER, Mary, d. Nov. 2, 1851, ae. 77 yrs.
    Nathaniel, d. June 28, 1831, ae. 64 yrs.
BELLOWS, Mary, d. Dec. 22, 1867, ae. 82 yrs.
    Sarah, d. Feb. 15, 1837, ae. 72 yrs.
    Theodore, d. May 6, 1835, ae. 73 yrs.
BLOOD, Benjamin, d. Oct. 3, 1795, ae. 47 yrs.
BOND, Sarah, d. Sept. 8, 1845, ae. 80 yrs.
    William, d. Oct. 22, 1851, ae. 94 yrs.
BOUTWELL, Eunice, d. June 9, 1816, ae. 42 yrs.
    Josiah, d. Oct. 17, 1817, ae. 49 yrs.

BOWMAN, Sophia, d. Apr. 26, 1860, ae. 85 yrs.
CARPENTER, Ephraim, d. June 1, 1807, ae. 50 yrs.
    Mary, d. Oct. 28, 1807, ae. 60 yrs.
CARRIEL, Sally, d. Sept. 9, 1840, ae. 66 yrs.
COLLIER, Jane, d. Mar. 8, 1820, ae. 48 yrs.
    Jonathan, d. Aug. 4, 1809, ae. 33 yrs.
CORNWELL, Daniel, d. Feb. 1, 1852, ae. 80 yrs.
DARRAH, David, d. June 9, 1835, ae. 86 yrs.
    Joseph, d. Mar. 9, 1863, ae. 88 yrs.
DEAN, Aaron, d. July 22, 1829, ae. 64 yrs.
    Moses, d. Sept. 19, 1828, ae. 72 yrs.
    Phylia, d. Nov. 15, 1849, ae. 76 yrs.
    Rebekah, d. May 28, 1813, ae. 80 yrs.
DECAMP, Abigail, d. Dec. 13, 1819, ae. 75 yrs.
    David, d. Dec. 4, 1825, ae. 77 yrs.
DELANO, Abisha, d. July 24, 1763, ae. 67 yrs.
    Elisabeth, d. May 30, 1811, ae. 79 yrs.
DUNMOOR, John, d. Mar. 1, 1854, ae. 84 yrs.
    Polly, d. July 30, 1855, ae. 81 yrs.
FAIRBANKS, Tabithy, d. May 11, 1824, ae. 75 yrs.
FARNSWORTH, Stephen, d. Sept. 6, 1771, ae. 57 yrs.
FARWELL, Betsey, d. Dec. 31, 1791, ae. 47 yrs.
    Col. Isaac, d. Dec. 29, 1856, ae. 89 yrs.
FITCH, Berrah, d. Oct. 7, 1825, ae. 53 yrs.
    Sarah, d. Oct. 11, 1847, ae. 73 yrs.
FROST, Thomas, d. Apr. 28, 1849, ae. 73 yrs.
GARFIELD, John, d. July 5, 1842, ae. 71 yrs.
    Josiah, d. May 15, 1851, ae. 88 yrs.
    Susan, d. June 1, 1837, ae. 63 yrs.
GLIDDEN, Grace, d. Oct. 4, 1807, ae. 67 yrs.
GRINNELL, Temperance, d. Oct. 20, 1829, ae. 74 yrs.
    Wise, d. June 24, 1820, ae. 68 yrs.
GROUT, Amasa, d. May 18, 1838, ae. 78 yrs.
    Berthana, d. Apr. 18, 1819, ae. 50 yrs.
    Maj. Jonathan, d. Sept. 29, 1853, ae. 93 yrs.
HACKETT, John, d. July 28, 1852, ae. 82 yrs.
    Martha, d. Apr. 16, 1856, ae. 87 yrs.
HAMLIN, Thankful, d. May 18, 1856, ae. 88 yrs.
    Dea. William, d. Dec. 29, 1831, ae. 78 yrs.
    Capt. William, d. Apr. 25, 1821, ae. 97 yrs.
HARLOW, Anna, d. Mar. 10, 1830, ae. 78 yrs.
    Levi, d. Oct. 7, 1848, ae. 74 yrs.
HASHAM, Stephen, d. Feb. 4, 1861, ae. 100 yrs.
HASTINGS, Olive, d. May 15, 1847, ae. 80 yrs.
    W. Oliver, d. Oct. 3, 1823, ae. 61 yrs.
    Moses Willard, d. July 21, 1834, ae. 77 yrs.
    Theodosia, d. June 23, 1841, ae. 72 yrs.

HENRY, Polly, d. July 18, 1807, ae. 45 yrs.
    William, d. July 26, 1805, ae. 47 yrs.
HEYWOOD, Rebekah, d. Mar. 11, 1836, ae. 65 yrs.
HOLDEN, Dolly, d. Feb. 2, 1705, ae. 67 yrs.
    Hannah, d. July 11, 1800, ae. 30 yrs.
    Timothy, d. Aug. 9, 1833, ae. 73 yrs.
HOLTON, Hannah, d. Jan. 20, 1792, ae. 45 yrs.
    Capt. John, d. Nov. 19, 1821, ae. 78 yrs.
    Nancy, d. June 29, 1840, ae. 76 yrs.
HOWE, Silas, d. Oct. 7, 1840, ae. 73 yrs.
HULL, Cynthia, d. Dec. 14, 1820, ae. 56 yrs.
HUNT, Josiah, d. Apr. 10, 1832, ae. 81 yrs.
    Mehetabelle, d. Aug. 1, 1790, ae. 39 yrs.
    Susannah, d. Feb. 8, 1808, ae. 51 yrs.
KNAPP, Mary, d. May 28, 1816, ae. 71 yrs.
LANGLEY, Rebecca, d. Apr. 16, 1819, ae. 59 yrs.
    Samuel, d. May 20, 1820, ae. 68 yrs.
McCLAUFLIN, Mary, d. Nov. 16, 1829, ae. 72 yrs.
McCLINTOCK, Nancy, d. May 25, 1790, ae. 46 yrs.
McCOLLEY, Jane, d. Oct. 20, 1816, ae. 83 yrs.
    James, d. Nov. 2, 1817, ae. 54 yrs.
MILES, Abel, d. Jan. 1, 1844, ae. 75 yrs.
MILLIKEN, James, d. Mar. 4, 1830, ae. 86 yrs.
MORRIS, Lewes, d. Dec. 29, 1825, ae. 65 yrs.
    Lewis, d. Oct. 14, 1828, ae. 54 yrs.
    Theoda, d. Feb. 16, 1800, ae. 35 yrs.
NEVERS, Abby, d. Sept. 4, 1849, ae. 77 yrs.
    Joseph, d. Mar. 10, 1839, ae. 64 yrs.
NILES, Elisabeth, d. Oct. 16, 1836, ae. 64 yrs.
OLCUTT, Rev. Bulkey, d. June 26, 1793, ae. 59 yrs.
    Simeon, d. Feb. 22, 1815, ae. 79 yrs.
OLIVE, Abigail, d. Apr. 14, 1818, ae. 72 yrs.
    Mrs. J. B., d. June 16, 1798, ae. 50 yrs.
OSGOOD, Fanny, d. Jan. 24, 1821, ae. 45 yrs.
PAGE, Sarah, d. Feb. 11, 1780, ae. 25 yrs.
PARKER, Amos, d. July 8, 1835, ae. 72 yrs.
    Amos, d. Apr. 8, 1835, ae. 70 yrs.
    Lois, d. Aug. 13, 1835, ae. 72 yrs.
PUTNAM, Dea. Abijah, d. May 22, 1840, ae. 75 yrs.
    Experience, d. May 27, 1814, ae. 78 yrs.
    Rachael, d. June 12, 1812, ae. 76 yrs.
    Ruth, d. May 21, 1855, ae. 84 yrs.
    Samuel, d. Dec. 20, 1848, ae. 86 yrs.
    Sarah, d. Nov. 24, 1840, ae. 79 yrs.
    Thomas, d. Aug. 20, 1814, ae. 86 yrs.
    Timothy, d. May 18, 1835, ae. 74 yrs.
REED, Howard, d. June 9, 1835, ae. 86 yrs.

SHEPARD, Azuba, d. Oct. 19, 1796, ae. 41 yrs.
SHUMWAY, Hannah, d. May 1, 1852, ae. 84 yrs.
 Obadiah, d. Jan. 25, 1837, ae. 73 yrs.
SIMONDS, Hazel, d. July 3, 1835, ae. 84 yrs.
SPRAGUE, Rosalinda, d. Nov. 4, 1852, ae. 88 yrs.
SUMMER, F. A., d. Aug. 13, 1834, ae. 64 yrs.
STONE, Alice, d. June 10, 1863, ae. 89 yrs.
TAYLOR, W. David, d. July 1, 1822, ae. 80 yrs.
 Mary, d. Nov. 5, 1837, ae. 78 yrs.
 Rachael, d. Sept. 20, 1796, ae. 53 yrs.
WATSON, Lavinia, d. May 12, 1839, ae. 68 yrs.
WELLMAN, Adam, d. Aug. 27, 1802, ae. 55 yrs.
WELLS, Huldah, d. Dec. 16, 1808, ae. 39 yrs.
WEST, Benjamin, d. July 29, 1817, ae. 71 yrs.
 Frances, d. Nov. 11, 1838, ae. 72 yrs.
 Lois, d. Nov. 19, 1831, ae. 83 yrs.
 Mary, d. Aug. 23, 1803, ae. 52 yrs.
 Timothy, d. Feb. 24, 1833, ae. 83 yrs.
WHEELER, Amos, d. Apr. 7, 1817, ae. 63 yrs.
 Eunice, d. July 3, 1813, ae. 53 yrs.
 Elizabeth, d. Dec. 12, 1816, ae. 92 yrs.
 Moses, d. July 9, 1805, ae. 85 yrs.
WHITE, Josiah, d. Dec. 16, 1852, ae. 83 yrs.
WILLARD, Elizabeth, d. Jan. 11, 1864, ae. 82 yrs.
 Eunice, d. June 21, 1830, ae. 68 yrs.
 John, d. July 3, 1832, ae. 79 yrs.
 Lydia, d. Apr. 28, 1837, ae. 85 yrs.
 Marcian, d. Aug. 16, 1855, ae. 86 yrs.
 Moses, d. Aug. 17, 1822, ae. 84 yrs.

CHICHESTER

(Granted 1727)

BEAR HILL ROAD

MAXFIELD, Richard, Revolutionary War.
 Mary, w. of Richard, d. May 18, 1829, ae. 61 yrs., 9 mos.
LANE, Asa, d. June 30, 1847, ae. 83 yrs.
FELLOWS, John, d. June 23, 1797, ae. 73 yrs.
 Rachel, w. of John, d. Mar. 3, 1799, ae. 73 yrs., 7 mos.
 Jonathan, d. Mar. 6, 1808, ae. 46 yrs., 11 mos.
 Sarah, d. Jan. 29, 1836, ae. 73 yrs., 2 mos., 5 days.
LAKE, John, d. Apr. 20, 1822, ae. 71 yrs., 11 mos., 13 days.
TOWLE, Joshua, d. Dec. 31, 1840, ae. 76 yrs.
 Olive, w. of Joshua, d. Aug. 27, 1863, ae. 95 yrs.

WINSLOW CEMETERY

WINSLOW, Bartholemew, d. Feb. 26, 1838, ae. 80 yrs.
    Hannah, w. of Bartholemew, d. Nov. 4, 1857, ae. 90 yrs.

BETWEEN KELLEY'S CORNER AND RING CORNER

KELLEY, Amasa, M. D., d. Apr. 7, 1847, ae. 82 yrs.
    Betsey, w. of Amasa, d. Sept. 30, 1850, ae. 86 yrs.
RING, Theodore, d. Jan. 29, 1859, ae. 85 yrs.
DOW, Joseph, Revolutionary War.
PRESCOTT, Dea. Ebenezer, d. June 26, 1834, ae. 77 yrs.   Revolutionary
    soldier.

PLEASANT STREET

LANE, Dea. Jeremiah, d. July 18, 1848, ae. 80 yrs.
    Hannah (Tuck), w. of Jeremiah, d. May 18, 1848, ae. 71 yrs.
MAXFIELD, Michel, d. July, 1800, ae. 84 yrs.
    John N., b. Salisbury, Mass., d. May 11, 1836, ae. 81 yrs., 1 mo., 16 days.
    Rhoda French, w. of John, b. Salisbury, Mass., d. Sept. 1, 1841, ae. 86
    yrs.
PERKINS, Stephen, d. Dec. 27, 1857, ae. 86 yrs., 10 mos.
    Sally, d. Aug. 25, 1841, ae. 64 yrs.
RING, Simeon, d. Dec. 26, 1826, ae. 59 yrs.

MORRILL CEMETERY

MORRILL, Paul, 1st settler in Chichester, b. May 5, 1706.
    Micajah, d. Mar. 21, 1824, ae. 67 yrs.
    Sally, w. of Micajah, d. Sept. 22, 1831, ae. 69 yrs.
HAINES, Malock, d. Apr. 6, 1830, ae. 63 yrs.

HORSE CORNER CEMETERY

LANGLEY, Hannah, w. of Samuel, d. Sept. 19, 1850, ae. 84 yrs.
    Samuel, d. Jan. 21, 1836, ae. 70 yrs., 2 mos.
MASON, Benjamin, d. Feb. 2, 1818, ae. 80 yrs.
    Mary, w. of Benjamin, d. July 15, 1831, ae. 95 yrs.
    Andrew, d. Apr. 24, 1829, ae. 86 yrs.
MUNSEY, Sally, w. of Jonathan, d. Mar. 9, 1852, ae. 84 yrs.
LANGMAID, Col. Samuel, d. Mar. 29, 1819, ae. 49 yrs.
    Sarah, w. of Samuel, d. Oct. 22, 1812, ae. 42 yrs.
DRAKE, Thomas, d. Aug. 16, 1816, ae. 64 yrs.
STANYAN, Martha H., w. of Jonathan, d. Mar. 3, 1848, ae. 79 yrs.
STEVENS, N., Revolutionary War.
PRESCOTT, Mary, w. of James H., d. Sept. 26, 1829, ae. 65 yrs.
CARPENTER, Rev. Josiah, native of Stamford, Conn., Grad. Dartmouth
        College in 1787; was ordained Pastor of the church and people
        Nov. 2, 1791; d. Mar. 1, 1851, ae. 86 yrs.
    Hannah (Morrill), w. of Rev. Josiah, d. Feb. 21, 1847, ae. 80 yrs., 4 mos.

CORNISH
(1763)

SOUTH CORNISH CEMETERY

ALDEN, Jesse, d. Apr. 2, 1813, ae. 51 yrs.
  Isaac, d. Aug. 25, 1845, ae. 75 yrs.
BARTLETT, Joseph, d. Feb. 22, 1852, ae. 92 yrs.
  Hannah, w. of Joseph, d. Nov. 14, 1858, ae. 90 yrs.
DENNIG, Dea. Harvey, d. Feb. 26, 1835, ae. 67 yrs.
  William, d. Sept. 11, 1833, ae. 77 yrs.
  Sarah, w. of William, d. Aug. 18, 1851, ae. 84 yrs.
EDMINSTER, Zebedee, d. June 17, 1837, ae. 90 yrs.
  Mary, w. of Zebedee, d. Oct. 15, 1818, ae. 69 yrs.
FOSS, Walter, d. Oct. 4, 1852, ae. 89 yrs.
  Lucy, w. of Walter, d. Feb. 7, 1854, ae. 87 yrs.
HILLIARD, Luther, d. Dec. 2, 1850, ae. 91 yrs.
JACKSON, Lieut. Eleazar, d. Apr. 19, 1834, ae. 80 yrs.
  Huldah, d. Oct. 4, 1820, ae. 59 yrs.
LANE, Hannah, d. Aug. 19, 1829, ae. 64 yrs.
MARTINDALE, Betsey, w. of Peletiah, d. Sept. 6, 1829, ae. 58 yrs.
SMITH, Aaron, d. June 19, 1824, ae. 66 yrs.
  Huldah, w. of Aaron, d. Oct. 27, 1842, ae. 75 yrs.
TASKER, James, d. Feb. 24, 1837, ae. 87 yrs.
WHITE, Thomas, d. Aug. 20, 1831, ae. 85 yrs.
WINTON, John, d. Mar. 19, 1838, ae. 78 yrs.
  Susannah, w. of John, d. Apr. 10, 1847, ae. 82 yrs.
YORK, William, d. Feb. 1, 1849, ae. 91 yrs.
  Lucy, d. Feb. 5, 1823, in her 60th year.

CROYDON
(Granted 1763)

"BRIGHTON" SECTION OF CORBINS PARK

POWERS, Abigail Leland, grandmother of Abigail Powers Fillmore, w. of 13th President of U. S.

CORBINS PARK

WALKER, Moses, 1761-1822.

THE PINACLE

ARNIS, Elizabeth, d. Feb. 13, 1814, ae. 65 yrs.
BARTON, Melinda, w. of Calton, d. Mar. 19, 1813, ae. 91 yrs.
COOPER, Dea. John, d. Aug. 10, 1803, ae. 81 yrs.
  Mary (Sheman) of Grafton, w. of John, d. Sept. 14, 1796, ae. 69 yrs.
  Lois, d. 1791.
  Mary, w. of Barnabas, d. Jan. 11, 1805.
  Jedidah, w. of Joel, d. May 10, 1795, ae. 28 yrs.

COOPER, Ezra, d. Mar. 6, 1813, ae. 66 yrs.
  Ruth, w. of Ezra, d. Sept. 24, 1810, ae. 65 yrs.
  Nathaniel, d. Mar. 30, 1793, ae. 77 yrs.
CUTTING, Jonathan, d. Feb. 12, 1798, ae. 32 yrs.
DURKEE, Asa, d. Jan. 26, 1803, ae. 34 yrs.
  Rufus came from Brunfield, Conn., was the father of Ruel Durkee, the
    Jethro Bass of Winston Churchill's "Coniston."
FRY, Lydia, d. Sept. 24, 1812, ae. 43 yrs., wid. of David, of Worcester.
GUSTIN, Ezra, d. May 13, 1815, ae. 61 yrs., 3 mos., 11 days.
  Lucy, w. of Ezra, d. May 26, 1816, ae. 66 yrs., 11 mos.
HALL, Capt. Edward, d. May 14, 1817, ae. 57 yrs.
  Sarah, w. of Capt. Abijah, d. Aug. 8, 1791, ae. 34 yrs.
HAVEN, Asenath, w. of Rev. Jacob, d. Feb. 4, 1822, ae. 59 yrs.
HUMPHREY, John, d. Apr. 8, 1823, ae. 60 yrs., 3 mos., 3 days.
  Melitah, d. Oct. 1, 1842, ae. 76 yrs.
  Judith (Stow), w. of Whipple, d. Nov. 25, 1827, ae. 57 yrs.
METCALF, Samuel, d. Apr. 2, 1817, ae. 78 yrs.
  Lois, w. of Samuel, d. Dec. 27, 1825, ae. 83 yrs.
POWERS, Ezekial, b. Grafton, Mass., Mar. 27, 1745, d. Nov. 11, 1808.
  One of first settlers of Croydon.
PUTNAM, Judith (Sibley), w. of Caleb, d. Mar 27, 1811, ae. 54 yrs.

ON OLD CORNISH TURNPIKE

BARTON, Mehitable, w. of Benjamin, d. Jan. 11, 1842, ae. 79 yrs.
  Phebe, w. of Barzillar, d. Nov. 7, 1841, ae. 82 yrs.
COOPER, Sherman, d. Aug. 3, 1850, ae. 89 yrs.
LOVERIN, Betty, w. of John, d. Mar. 21, 1848, ae. 79 yrs.
  John, d. Sept. 23, 1843, ae. 81 yrs.
MARSH, Samuel, d. Mar. 31, 1832, ae. 94 yrs.
METCALF, Abigail, w. of Obed, d. July, 1852, ae. 89 yrs.
  Capt. Obed, d. Dec. 27, 1836, ae. 73 yrs.
WHIPPLE, Aaron, d. May 18, 1839, ae. 78 yrs.

DALTON

(Granted 1764 as Chiswick)

DALTON CEMETERY

BEMIES, Henry, d. June 24, 1833, in his 84th year.
BRAGG, Nicholas, 1759-Jan. 22, 1836. Revolutionary soldier.
BROOKS, Benjamin, 1764-Dec. 27, 1857. Revolutionary soldier.
CUSHMAN, Parker, d. June 4, 1872, ae. 99 yrs., 5 mos., 1 day.
EASTMAN, Obed, d. Nov. 14, 1836, ae. 87 yrs.
  Mrs. Obed, d. Jan. 20, 1830, ae. 81 yrs.
LEWISS, Capt. Naboth, d. Mar. 27, 1833, ae. 77 yrs.
  Phebe, w. of Naboth, d. July 10, 1840.
MORSE, Joseph W., d. Feb. 21, 1842, ae. 78 yrs., 2 mos., 20 days.

OSGOOD, Monassah, d. Jan. 20, 1820, ae. 51 yrs.
PINGREE, Ebenezer, d. July 3, 1833, in his 78th year.
    Sarah, w. of Ebenezer, d. Feb. 18, 1832, in her 72nd year.
RIX, Nath., d. Oct. 12, 1828.
    Mrs. Nath., d. July 18, 1832, ae. 74 yrs.
WILLIAMS, James, d. June 14th, 1822, in his 63rd year.
    Susannah, w. of James, d. Aug., 1820, in her 54th year.

DANBURY
CEMETERY ON ROAD FROM DANBURY TO HILL

GORDON, Jesse, d. May 9, 1844, ae. 80 yrs.
    Susan, w. of Jesse, d. Mar. 7, 1837, ae. 67 yrs.
HALL, Sarah, D., w. of Reuben, d. July 16, 1818, ae. 71 yrs.

DANVILLE
OLD CEMETERY

BATCHELDER, Elisha, d. Feb. 25, 1825, ae. 80 yrs.
    Theodate, w. of Elisha, d. Mar. 25, 1807, ae. 75 yrs.
    Sarah, w. of Nathan, d. Nov. 23, 1799, ae. 27 yrs.
COLBY, Moses, d. 1777, ae. 45 yrs.
EASTMAN, Ensign Edward, d. Nov. 7, 1815, ae. 82 yrs.
    Sarah, w. of Ensign Edward, d. Dec. 30, 1782, in her 55th year.
    Prudence, w. of Ensign Edward, d. Apr. 9, 1815, in her 79th year.
ELKINS, Obediah, d. Sept. 29, 1766, ae. 50 yrs.
FRENCH, Lieut. Jonathan, d. Sept. 13, 1785, ae. 72 yrs.
    Joanna, wid. of Lieut. Jonathan, d. Jan. 4, 1801, in her 86th year.
HOOK, Lieut. Dyer, d. Mar. 11, 1776, in his 56th year.
    Hannah, wid. of Lieut. Dyer, d. Sept. 20, 1800, in her 78th year.
    Humphrey, d. Jan. 8, 1801, in his 79th year.
    Hannah, w. of Humphrey, d. Aug. 28, 1771, in her 48th year.
    Israel, d. Mar. 23, 1813, ae. 59 yrs.
    Dorothy, w. of Israel, d. Nov. 30, 1836, in her 82nd year.
MORRILL, Anna, w. of Henry, wid. Moses Colby, d. 1804, ae. 78 yrs.
PAGE, Jabez, d. May 4, 1782, in his 71st year.
    Abigail, relict of Jabez, d. Oct. 15, 1791, ae. 79 yrs.
    John, d. July 8, 1767, in his 39th year.
    Anna, wid. of John, d. Apr. 29, 1822, in her 93rd year.
    Rev. John, d. Jan. 29, 1782, ae. 43 yrs.
    Mary, wid. of Rev. John, d. Sept. 12, 1820, ae. 75 yrs.
    Simon, d. Nov. 6, 1819, ae. 56 yrs.
    Phebe, w. of Simon, d. Dec. 24, 1804, ae. 39 yrs.
    Thomas, d. June 26, 1829, ae. 86 yrs.
    Mary, w. of Thomas, d. Dec. 19, 1816, in her 72nd year.

QUIMBY, Benjamin, d. Aug. 31, 1811, ae. 63 yrs.
    Col. David, d. Dec. 19, 1794, ae. 63 yrs.
    Mary, d. Oct. 31, 1814, ae. 82 yrs.
SANBORN, Lieut. Joseph C., d. Apr. 13, 1810, ae. 72 yrs.
    Lieut. Jonathan, d. Mar. 30, 1813, ae. 53 yrs.
SAWYER, Gideon, d. Dec. 26, 1806, ae. 87 yrs.
    Sarah, w. of Gideon, d. Mar. 3, 1797, in her 73rd year.
    Hannah, d. May 4, 1820, in her 60th year.
SPOFFORD, Benjamin, d. Nov. 25, 1814, in his 59th year.
    Margaret, w. of Benjamin, d. Dec. 26, 1825, in her 70th year.
TOWLE, Caleb, Jr., d. Aug. 9, 1765, ae. 27 yrs., 7 mos., 7 days.
    James, d. Dec. 31, 1825, ae. 78 yrs.
    Abigail, d. Feb. 12, 1820, ae. 71 yrs.
WILLIAMS, Mary, w. of Joseph, d. Jan. 1, 1804, in her 60th year.

PRIVATE CEMETERY

ELKINS, Jeremiah, d. May 30, 1837, ae. 78 yrs.
    Elizabeth, w. of Jeremiah, d. June 22, 1852, ae. 84 yrs., 5 mos.
FRENCH, Jonathan, d. Aug. 30, 1823, ae. 71 yrs.
SAWYER, James, d. Nov. 8, 1828, ae. 74 yrs.
    Alla, w. of James, d. July 21, 1833, in her 75th year.

PRIVATE CEMETERY

EASTMAN, Samuel, d. Nov. 26, 1815, ae. 66 yrs.

NEW CEMETERY

BUSEL, Sarah, d. Apr. 8, 1843, ae. 77 yrs.
COLBY, Enos, d. May 30, 1827, ae. 66 yrs., 17 days.
DIMOND, Abigail, w. of Israel, d. Aug. 22, 1847, ae. 90 yrs., 4 mos., 20 days.
FELCH, Phineas, d. Apr. 3, 1810, ae. 73 yrs.
STEVENS, Peter, d. Mar. 31, 1835, ae. 70 yrs.
    Hannah, w. of Peter, d. July 30, 1830, ae. 62 yrs.

DEERFIELD

(Set off from Nottingham 1766)

OLDEST CEMETERY

AMBROSE, Nathaniel, d. Mar. 25, 1835, ae. 83 yrs., 4 mos.
CHASE, Moses, 1762-1841.
    Theodate, w. of Moses, 1761-1824.
FOLSOM, Asa, d. July 15, 1843, ae. 87 yrs.
    Mary, w. of Asa, d. Sept. 12, 1855, ae. 82 yrs.
MILLS, Joseph, d. Jan. 14, 1809, ae. 58 yrs.
    Lucy, w. of Joseph, d. Mar. 16, 1805, ae. 38 yrs.
PRESCOTT, Josiah, d. Apr. 26, 1826, ae. 84 yrs., 6 mos., 25 days.
    James, d. May 21, 1848, in his 85th year.
    Mary, w. of James, d. Aug. 28, 1846, ae. 82 yrs., 4 mos., 17 days.

TRUE, Ebenezer, d. July 21, 1801, ae. 21 yrs.
  Jacob, d. Feb. 7, 1815, ae. 65 yrs., 10 mos.
Ref. Boston Transcript, Aug. 19, 1918.

DEERFIELD PARADE CEMETERY

BARTLETT, John L., d. Apr. 11, 1825, ae. 30 yrs.
BUTLER, Benjamin, Adjutant General of N. H., d. 1828, ae. 68 yrs. Revolutionary soldier.
  Betsey, w. of Gen. Benjamin, d. Jan. 12, 1835, ae. 68 yrs.
GOVE, Rachel, w. of Samuel, d. June 11, 1828, ae. 78 yrs.

DEERING, EAST

CHASE, William S., d. July 1, 1852, ae. 80 yrs., 8 mos., 12 days.
  Lydia, w. of William S., d. Feb. 5, 1850, ae. 86 yrs.
HADLOCK, Hezekiah, d. Sept. 1, 1837, ae. 84 yrs.
  Judith, w. of Hezekiah, d. Nov. 1, 1814, ae. 63 yrs.

DERRY
FOREST HILL CEMETERY

KAST, Dr. Philip Godfrid, d. Sept. 6, 17—
BOND, Gilbert, b. 1757, d. May 4, 1834.
BURNHAM, Major John. b. Dec. 10, 1749, d. June 8, 1843. Revolutionary soldier.
GRAGG, Lt. Samuel.
  Capt. John, 1722-1808.
  Maj. Joseph, 1740-Mar. 6, 1804.
  See Addendum.

DORCHESTER
(Grant 1761)

CHEEVER CEMETERY

CHEEVER, Nathan, d. Nov. 21, 1842, ae. 77 yrs.
  Mehitable, d. May 27, 1861, ae. 93 yrs., 8 mos.
FOLSOM, James, d. Mar. 31, 1845, ae. 78 yrs.
MOORE, Capt. James, d. Sept. 27, 1848, ae. 81 yrs.
  Betsey, w. of James, d. June 26, 1845, ae. 76 yrs., 8 mos.

KING CEMETERY

WOODWORTH, John, Revolutionary soldier, Capt. Hayward's Co., Col. Gilman Reg. 1776.
  Sylvanus, b. Jan. 2, 1748, d. Feb. 8, 1798. Revolutionary soldier, battle of Bunker Hill and in siege of Boston under Gen. Putnam.

DOVER
(Settled 1623)

PINE HILL

BELKNAP, Abigail, dau. of Joseph and Sarah, d. Feb. 18, 1816, ae. 65 yrs.
COFFIN, Eliphalet, d. Aug. 4, 1808.
    Patience, w. of Eliphalet, d. Feb. 24, 1825, ae. 70 yrs.
CUSHING, Rev. Jonathan, Minister of the Gospel, d. Mar. 25, 1769, ae. 80 yrs.
    Elizabeth, w. of Rev. Jonathan, d. Dec. 3, 1730, ae. 39 yrs.
DREW, Leah, w. of Joseph, d. Aug. 4, 1815, ae. 63 yrs.
ELA, Nathaniel W., d. Feb. 21, 1843, ae. 77 yrs.
EVANS, Elizabeth, w. of Joseph, d. Dec. 8, 1820, ae 59 yrs.
    Joseph, d. Aug. 30, 1797, ae. 44 yrs.
FARRAR, Anna, w. of Hon. Timothy, of New Ipswich, d. May 1, 1817, ae. 60 yrs.
GAGE, Miss Abigail, d. Aug. 22, 1826, ae. 58 yrs.
GERRISH, Capt. Samuel, d. June 7, 1800, ae. 41 yrs.
GREEN, Dr. Ezra, b. Malden, Mass., grad. Harvard 1765, Surgeon on the Ranger, under command of John Paul Jones, d. July 25, 1847, ae. 101 yrs.
    Susanna Hayes, w. of Dr. Ezra, d. Feb. 14, 1836, ae. 77 yrs.
HALE, William, d. Nov. 8, 1848, ae. 83 yrs.
HANSON, Abigail, d. Dec. 11, 1842, ae. 86 yrs.
    Elijah, b. Mar. 12, 1771, d. Mar. 11, 1848.
HAYES, Hannah, d. Jan. 23, 1804, ae. 52 yrs.
    Dr. Ichabod, d. June 1, 1734, ae. 43 yrs.
    Dea. John, 1st born of the N. E. Hayes family, d. 1739, ae. 73 yrs.
HODGDON, Ann, d. Mar. 27, 1826, ae. 84 yrs.
    Elizabeth G., w. of Shadrach, d. May 1, 1816, ae. 47 yrs.
    Shadrach, d. June 24, 1805, ae. 39 yrs.
    William, d. Jan. 16, 1812, ae. 67 yrs., 6 mos.
HORN, Benjamin, d. Mar. 28, 1736, ae. 30 yrs.
KIMBALL, Mrs. Exra, d. Oct. 13, 1801, ae. 36 yrs.
    Mary, w. of Exra, d. Apr. 29, 1848, ae. 78 yrs.
KING, William, b. at Portsmouth, d. in this town Feb. 27, 1808, ae. 70 yrs.
KITTREDGE, Dr. George, d. July 4, 1838, ae. 86 yrs.
MELLON, Elizabeth, w. of Henry, Esq., d. Aug. 1, 1793, ae. 21 yrs.
PERKINS, Mrs. Amy, d. Nov. 1, 1812, ae. 50 yrs.
    Elijah, d. Feb. 18, 1816, ae. 51 yrs.
    Mercy, w. of William, d. Sept. 8, 1816, ae. 44 yrs.
    Mrs. William, d. March 4, 1825, ae. 57 yrs.
PHILPOT, Mary, w. of Richard, d. Oct. 20, 1841, ae. 85 yrs.
    Richard, d. Oct. 18, 1837, ae. 82 yrs.
RILEY, Capt. John, d. Nov. 6, 1818, ae. 66 yrs.
    Mary, w. of John, b. Jan. 4, 1751, d. Aug. 24, 1841, ae. 87 yrs., 7 mos.
SHANNON, Eleanor, w. of William, d. Jan. 27, 1806, ae. 51 yrs.

SISE, Ann, w. of Capt. Edward, d. Jan. 9, 1809, ae. 36 yrs.
    Col. Edward, b. Jan. 11, 1762, d. July 26, 1842.
TAYLOR, Josiah, d. Nov. 3, 1819, ae. 55 yrs.
    Mary, w. of Josiah, d. Mar. 19, 1835, ae. 75 yrs.
TITCOMB, Daniel, d. Jan. 16, 1821, ae. 46 yrs.
    Capt. Benjamin, b. 1743, d. 1799. 1775-77 Revolutionary War.
TIBBETTS, Lieut. Ebenezer, d. Mar. 19, 1804, ae. 56 yrs. Revolutionary
    War.
WHEELER, Thomas, d. Dec. 26, 1837, ae. 83 yrs.
WINGATE, F., d. May 12, 1704, ae. 80 yrs.
    Col. Joshua, b. Stratham, d. Dover 1796. With Gen. Sullivan in R. I.

WALDRON CEMETERY

WALDRON, Major Richard, killed by Indians, 1689. One of 1st settlers
    of Cochecho.
    Thomas Westbrook, d. Apr. 3, 1785, ae. 64 yrs.
    Constant, w. of Thomas W., d. Sept. 25, 1783, ae. 49 yrs.
SMITH, James, d. Aug. 15, 1811, ae. 50 yrs.
    Eleanor, w. of James, d. Dec. 4, 1792, ae. 26 yrs.
HERD, Nathaniel, d. Apr. 3, 1700, ae. 31 yrs.
WALKER, Abigail, w. of Mark, wid. of David Boardman, b. Dec. 14, 1770,
    d. Dec. 30, 1857.

WENTWORTH MONUMENT, TURNPIKE

WENTWORTH, Elder William. Founder of the family in North America;
    baptized, Alford Lincoln, England, 1615; arrived Boston, 1636, died
    Dover, 1697. His farm granted in 1652, extended to Garrison Hill.
    His unmarked grave is in cemetery 800 yards west of this monu-
    ment. From him came the Royal Governors: John Wentworth,
    Lieutenant Governor, 1717-1730; Benning Wentworth, Governor,
    1741-1767; and John Wentworth, Governor, 1767-1775; also, John
    Wentworth, Speaker of the House, 1771-1775.

DAME FARM

TRICKEY, John, d. June 11, 1849, ae. 87 yrs. Revolutionary soldier.
    Bethiah, w. of John, d. Sept. 11, 1841, ae. 86 yrs.
The old Furbers buried at right on road to Point, site of Furber wharf.

MESERVE-DREW HOMESTEAD, BACK RIVER

MESERVE, Israel, Feb., 1767, Feb., 1804.
DREW, William, 1764-May, 1857.

DOVER POINT CEMETERY

BURLEY, Paul, d. Mar. 10, 1858, ae. 85 yrs.
CLEMENTS, William, d. Mar. 17, 1845, ae. 67 yrs.
HENDERSON, Capt. Howard, d. Nov. 20, 1791, ae. 75 yrs.
    Elizabeth, w. of Capt. Howard, d. Nov. 12, 1813, ae. 86 yrs.

PERKINS, Abigail, d. Apr. 17, 1847, ae. 87 yrs.
TREFETHEN, Henry, d. Sept. 27, 1797, ae. 63 yrs.
TRIPE, Love, w. of Sylvanus, d. Nov. 15, 1832, ae. 60 yrs.
ROBERTS, Thomas, b. 1600, d. 1674. Pioneer settler at Dover Point, with
    Edward Hilton, 1623; Colonial Governor of Dover 1640-1643.

FAMILY BURIAL GROUND ON THE DOVER AND DURHAM ROAD

REYNOLDS, Joseph, d. Mar. 20, 1846, ae. 86 yrs.
    Abigail, w. of Joseph, d. Mar. 15, 1828, ae. 72 yrs.
TORR, Andrew, Esq., d. Mar. 8, 1817, ae. 71 yrs. Revolutionary soldier.
    Molly, w. of Andrew, d. Sept. 10, 1808, ae. 56 yrs.
    Vincent, d. Sept. 3, 1815, ae. 38 yrs.
    Lois, w. of Joseph L., d. Mar. 8, 1816, ae. 38 yrs.
TWOMBLY, Isaac, d. Dec. 22, 1817, ae. 52 yrs.

Old Homestead Cemeteries in and around Dover, N. H.—Dover Public
Library.

DURHAM

(Set off from Dover 1669)

OLD TOWN CEMETERY

BALLARD, Joshua, b. at Andover, Mass., Aug. 10, 1760, d. Apr. 27, 1844.
    Lydia, w. of Joshua, d. 1824, ae. 75 yrs.
    William, d. Oct. 14, 1811, ae. 52 yrs.
BLYDENBURGH, John, A. M., b. at Smithtown, Jan. 18, 1748, d. 1831.
    Margaret, b. Dec. 13, 1760, d. Dec. 18, 1836.
LEIGHTON, James, d. Feb. 22, 1824, ae. 75 yrs. Navy Revolutionary War.
    Sarah, w. of James, d. Jan. 17, 1807, ae. 48 yrs.
PERKINS, Lydia, w. of Abraham, d. Jan. 23, 1811, ae. 45 yrs.
RICHARDSON, Capt. Joseph, b. Dec. 25, 1756, d. Nov. 22, 1824. Ensign
    Revolutionary War.
SMITH, Ebenezer, Esq., d. Sept. 24, 1831, ae. 73 yrs.
    Mehitable, w. of Eben'r, Esq., d. Sept. 4, 1843, ae. 83 yrs.
STARBOARD, Lieut. John, d. Dec. 17, 1811, ae. 87 yrs.
THOMPSON, Martha, w. of Ebenezer, d. Apr. 11, 1796, ae. 27 yrs.
VARNEY, Marcy, d. Jan. 26, 1846, ae. 80 yrs.
WILLEY, Mary, w. of Robert, d. May 21, 1813, ae. 77 yrs.
WORMWOOD, Elizabeth, w. of Joseph, d. Mar. 29, 1852, ae. 82 yrs.
YEATON, Joseph, d. Oct. 6, 1819, ae. 57 yrs.

CEMETERY ON "TURN O' THE ROAD FARM"

DREW, Andrew, d. Dec. 19, 1854, ae. 97 yrs.
    Joann, w. of Andrew, d. July 31, 1852, ae 92 yrs.
SIMPSON, Andrew, d. July, 1835, ae. 66 yrs.

WOODMAN CEMETERY

WOODMAN, Capt. Jonathan, b. Jan. 4, 1743, d. Aug. 31, 1811, ae. 68 yrs.
Nathan B., b. Dec. 29, 1789, d. 1869.
Abigail H., w. of Nathan, b. 1799, d. 1864.
John S., 1819-1871. Prof. of Math. Dart. College.

NEAR COE'S CORNER

CHESLEY, Capt. Jonathan, s. of Phillip and Sarah, d. 1785.
Mary Weeks, dau. of Joshua and Comfort Weeks, w. of Capt. Jonathan, d. Greenland, 1710.

ON OYSTER RIVER—DAVIS GARRISON

DAVIS, Col. James, d. Sept. 5, 1751, in his 88th year.

NEAR SITE OF SMITH GARRISON

SMITH, Joseph, d. Dec. 15, 1728, ae. 84 yrs. First European settler.

CHESLEY FARM ON OYSTER RIVER

Grave of seven unknown dead, slain on way home from prayer meeting at Davis Garrison. Marked in 1939 by Northam Colonists.

DURHAM POINT

On Mathes Land (now owned by Andrew Langley). Site of Adams Garrison.
ADAMS, Charles, and fourteen others massacred by Indians, 1694. Marked by Northam Colonist Society, 1941.

DURHAM CEMETERY ON TURNPIKE

THOMPSON, Hon. Ebenezer, Esq., d. Aug. 14, 1802, ae. 65 yrs.
Mary, w. of Ebenezer, Esq., d. Nov. 14, 1807, ae. 67 yrs.
Mary Torr Thompson, wife of a Revolutionary patriot.
THOMPSON, Benjamin, Esq., d. Jan. 21, 1838, ae. 72 yrs.
Mary, w. of Benjamin, Esq., d. Oct. 1, 1849, ae. 75 yrs.

ON HERBERT TUTTLE FARM

BENNETT, Capt. Ebenezer, b. June 17, 1750, d. Dec. 25, 1851, ae. 101 yrs.
GRIFFIN, John, b. Gloucester 1740, d. 1788.
ADAMS, Lieut. Col. Winborn, mortally wounded 1777 in Battle of Stillwater.

DURHAM POINT

MESERVE, Clement. Revolutionary soldier.
Sarah Decker, w. of Clement.

EAST KINGSTON
(Set off from Kingston 1738)

UNION CEMETERY

BATCHELDER, Adjutant Nathaniel, b. 1735, d. Apr., 1809.
BICKFORD, Dennis, b. 1741, d. 1826.

CURRIER, Capt. John, b. Mar. 7, 1752, d. May 12, 1809.
  Capt. Ezra, b. Mar. 5, 1745, d. Apr. 27, 1813.
FRENCH, Edward, b. 1755, d. Dec. 11, 1847.
GEORGE, Samuel, b. in Seabrook Aug. 15, 1757, d. about 1845.
GRAVES, Jacob, b. Nov. 17, 1755, d. Sept. 3, 1831.
GREELEY, Edward, b. 1754, d. Nov. 5, 1817.
  Jonathan, b. 1748, d. Mar. 3, 1813.
MORRILL, John, b. 1743, d. Oct. 8, 1825.
  Jacob, b. 1728, d. Jan. 11, 1811.
  Philip, b. 1744, d. Oct. 11, 1821.
ORDWAY, Lieut. Jacob, b. 1741, d. Sept. 4, 1811.
ROWE, Dr. Benjamin, b. 1750, d. Nov. 8, 1818.
TOWLE, Sgt. William, b. Epping about 1740, d. Raymond, Mar. 28, 1825.
  More records in N. H. Hist. Soc. Lib., Bos. Trans., Aug. 21, 1918.

EASTON
(Set off from Landaff)
KINSMAN CEMETERY

EDWARDS, Bemsley, d. Mar. 9, 1849, ae. 79 yrs.
  Sarah, w. of Bemsley, d. Feb. 15, 1849, ae. 76 yrs.
JUDD, Amon, d. Dec. 22, 1847, in his 75th year.
  Elizabeth B., w. of Amon, d. July 30, 1857, in her 81st year.
KENDALL, Dorothy, w. of Joshua, d. Sept. 28, 1833, in her 83rd year.
  Joshua, d. June 28, 1837, ae. 91 yrs., 9 days.
KINSMAN, Elizabeth, w. of Nathan, d. June 6, 1798, in her 54th year.
  Nathan, d. Feb. 8th, 1822, in his 81st year.
MOODY, Abigail, w. of Benjamin, d. May 12, 1844, in her 72nd year.
  Benjamin, d. Jan. 9, 1847, in his 85th year. Soldier of the Revolution.
OAKES, Martha, w. of Isa, d. July 3, 1834, in her 70th year.
TAYLOR, John, d. Jan. 13, 1842, ae. 67 yrs., 11 mos.
TUTTLE, Jonathan, d. Apr. 3, 1813, in his 60th year. Revolutionary soldier.

EFFINGHAM
(1749)

COLCORD, Josiah, d. Apr. 5, 1837, ae. 82 yrs.
DEARBORN, Asabel, d. Oct. 23, 1821, ae. 53 yrs.
GARNSEY, Eunice, w. of Benjamin, d. July 9, 1825, ae. 55 yrs.
LORD, Rev. Wentworth, d. Feb. 26, 1818, ae. 89 yrs.
  Eunice H., w. of Samuel, d. Dec. 31, 1839, ae. 86 yrs., 5 mos., 6 days.
MARSTON, Abraham, d. Oct. 13, 1850, ae. 91 yrs.
  Elizabeth, w. of Abraham, d. July 7, 1815, ae. 50 yrs.
TUTTLE, George, d. Apr. 12, 1816, ae. 82 yrs.
  George, Jr., d. June 24, 1816, ae. 49 yrs.
  Sarah, w. of George, Jr., d. Sept. 14, 1849, ae. 79 yrs., 9 mos.

EPPING

(Set off from Exeter 1741-42)

BROWN FAMILY BURYING GROUND

BROWN, Joanna, w. of Jeremiah, d. June 6, 1829, ae. 69 yrs.

QUAKER CEMETERY—WEST EPPING

FOLSOM, Benjamin, d. Aug. 26, 1850, ae. 93 yrs., 7 mos., 20 days.
Abigail, w. of Benjamin, d. Apr. 28, 1846, ae. 86 yrs.
Thomas, d. Apr. 5, 1819, ae. 74 yrs.
Sarah, w. of Thomas, d. Dec. 3, 1836, ae. 88 yrs.

SAMUEL HADLEY FARM

HADLEY, Samuel, d. June 12, 1837, ae. 78 yrs., son of Thomas of Exeter.
Martha, w. of Samuel, d. Sept. 23, 1843, ae. 85 yrs.

LAWRENCE YARD, EPPING, AT NORTH RIVER

DOW, Zebulon, d. Dec. 20, 1843, ae. 88 yrs.
Alice Burley, w. of Zebulon, d. Oct. 20, 1842, ae. 83 yrs.
LAWRENCE, Abigail, w. of Joseph S., b. Dec. 23, 1772, d. Feb. 12, 1834.
Joseph S., b. July 7, 1768, d. Jan. 26, 1837.

NORRIS, Israel, d. Oct. 27, 1826, ae. 86 yrs., 5 mos., 17 days.
Sarah, w. of Israel, d. Dec. 22, 1844, ae. 90 yrs., 5 mos., 27 days.
Theophilus, d. July 29, 1833, ae. 75 yrs., 6 mos., 9 days.
Elizabeth, w. of Theophilus, d. Sept. 12, 1811, ae. 60 yrs., 6 mos., 7 days.

PLUMMER FAMILY GRAVEYARD

On Farm of Mrs. Bessie Norris

PLUMMER, William, b. Jan. 26, 1759, d. Dec. 22, 1850. Governor of N. H.
1812-16-17-18. Senator 1802-7.
Sarah, w. of William, b. July 21, 1762, d. Apr. 1, 1852.

TOWLE FAMILY BURYING GROUND—HIGH ROAD

TOWLE, Levi, d. May 24, 1827, ae. 70 yrs.
Parna, w. of Levi, d. Aug. 28, 1857, ae. 92 yrs.

EPSOM

CEMETERY ON LAWRENCE HILL

TABLET on Cemetery wall—First Meeting House in Epsom. Erected on
this site 1764. Occupied by Congregational Society till 1846.
BABB, Aaron, d. 1816, ae. 54 yrs.
Hannah, w. of Aaron, d. Oct. 17, 1848, ae. 81 yrs.
BARTLETT, Abigail, dau. of Seth and Rebecca, d. June 30, 1806, ae. 44 yrs.
Lois, dau. of Seth and Rebecca, d. Sept. 15, 1826, ae. 62 yrs.
Seth, d. July 25, 1809, ae. 77 yrs.
Rebecca, w. of Seth.
BLAKE, Samuel, d. Aug. 19.
Sarah, w. of Samuel, d. June 27, 1804, ae. 68 yrs.

CILLEY, Col. Daniel, d. Dec. 4, 1842, ae. 71 yrs.
    Hannah, d. Feb. 19, 1850, ae. 80 yrs.
DICKEY, Hanover, d. May 13, 1845, ae. 72 yrs.
GOSS, Daniel, d. Dec. 20, 1851, ae. 71 yrs., 6 mos.
HALL, Andrew J., d. 1873, ae. 39 yrs., 6 mos.
JOHNSON, Catherine, w. of Dea. Samuel, d. Feb. 8, 1859, ae. 91 yrs.
LOCKE, Capt. Samuel, d. Mar. 28, 1816, ae. 55 yrs.
McCRILLIS, William, d. Apr. 16, 1813, ae. 55 yrs.
    Hannah, w. of William, d. Sept. 26, 1839, ae. 80 yrs.

McCLARY CEMETERY—CENTER HILL

McCLARY, Gen. Michael, d. Mar. 27, 1824, ae. 71 yrs.   Revolutionary War.
    John, 1719-June 16, 1801.   Revolutionary soldier.
PETTINGILL, Judith, d. Aug. 2, 1825, ae. 49 yrs.
PEARSON, Mary Locke, w. of Caleb, d. Nov. 20, 1820, ae. 55 yrs.
STEELE, Jonathan, d. Sept. 12, 1858, ae. 66 yrs.
SANBORN, Dea. Frederick, d. May 9, 1881, ae. 91 yrs., 6 mos.
    Lucy L., w. of Dea. Frederick, d. June 16, 1863, ae. 70 yrs.
    Eliphalet, d. July 27, 1794, ae. 61 yrs.   Revolutionary soldier.
    Simon, d. Sept. 16, 1818, in his 40th year.
    Dea. Ira, d. Jan. 10, 1845, in his 77th year.
    Josiah, Esq., d. June 10, 1842, ae. 79 yrs.
    Anna Locke, w. of Josiah, d. Aug. 18, 1838, in her 90th year.
WALLACE, John, d. Feb. 14, 1839, ae. 55 yrs., 5 mos.
YEATON, William, Jr., d. May 14, 1816, ae. 87 yrs.
    Sally, w. of William, d. Sept. 15, 1850, ae. 86 yrs.

GOSSVILLE

GOSS, Capt. Samuel, d. Feb. 7, 1831, ae. 75 yrs. Revolutionary War.
    Abigail Lucas, w. of Capt. Samuel, d. Nov. 24, 1824, ae. 75 yrs.
MOSES, Sylvanus, Aug. 25, 1754-Jan. 18, 1782.

ETNA CENTRE

SARGENT, Amasa, d. Dec. 6, 1868, ae. 98 yrs.
WILLIAMS, John, d. June 24, 1849, ae. 80 yrs.

ETNA CEMETERY ON LEBANON ROAD

BUCK, William, d. June 14, 1854, ae. 87 yrs.
    Sally, w. of William, d. Dec. 25, 1855, ae. 82 yrs.
BUCKMAN, Elias, d. Feb. 23, 1850, ae. 89 yrs.
COTTING, Isaac, d. Sept. 12, 1842, ae. 77 yrs.
LEACH, Silas, d. Sept. 7, 1849, ae. 96 yrs.
    Alice, w. of Silas, d. June 16, 1846, ae. 94 yrs.
STEVENS, Lemuel, d. Mar. 16, 1839, ae. 80 yrs.
    [Polly, w. of Lemuel, d. Oct. 10, 1839, ae. 76 yrs.
WASHBURN, Eli, d. June 30, 1849, ae. 90 yrs.
    Mary, w. of Eli, d. Jan. 7, 1851, ae. 86 yrs.

EXETER
CONGREGATIONAL CHURCH YARD

BRISCO, Robert, d. Feb. 6, 1728, in his 68th year.

CLARK, Rev. Ward, Pastor at Kingston, d. May 6, 1737, ae. 34 yrs.

Rev. John, father of Rev. Ward, and first minister of the church.

COFFIN, Hon. Peter, member Royal Council, d. Mar. 21, 1715, ae. 85 yrs.

DYER, Joanna Gilman Coffin, w. of Henry, ·d. Dec. 24, 1720, ae. 42 yrs.

FOULSAM, Dea. John, d. Dec. 11, 1715, in his 74th year.

GILMAN, John, d. Dec. 6, 1722, in his 23rd year.

Moses, d. 1747.

LIGHT, John, d. Jan. 9, 1717-18, in his 35th year.

Olive, w. of John, d. Mar. 23, 1747, in her 26th year.

HALE, Elizabeth Somerby Clark, w. of Rev. John Hale, d. Mar. 15, 1716, ae. 71 yrs. Mother of Rev. John Clark. Ref. News Letter, 1938.

EXETER CEMETERY

GILMAN, Nicholas, Esq., Senator from N. H. in the U. S. Congress, b. Exeter, Aug. 3, 1755, d. Philadelphia, May 2, 1811, ae. 58 yrs., 9 mos. (Signer of the Constitution.)

Daniel, (brother to Nicholas), b. May 22, 1770, d. N. Y., Jan. 8, 1804.

FOLSOM FAMILY BURYING GROUND
High Street

FOLSOM, Lieut. Peter, b. 1649, d. 1717.

Peter, son of Lieut. Peter, b. 1682, d. 1718.

James, Minuteman in Rev., b. July 22, 1756, d. Aug. 17, 1855.

SECOND BURYING GROUND

Newmarket Road. (Water Street, also called Gas House Hill Cemetery.)

CUNNINGHAM, Timothy, d. Apr. 16, 1712, ae. 46 yrs.

DUDLEY, Rev. Samuel, (bapt. Nov. 30, 1608), d. 1682-3, ae. 75 yrs. Minister of Exeter, 1650-1683.

Sarah, b. Feb. 25, 1666-7, d. Jan. 24, 1712-13.

Samuel, Jr., d. Feb. 16, 1717-18, ae. 32 yrs., 2 mos.

GILMAN, Jonanna, w. of Andrew, d. Nov. 16, in her 31st year.

LADD, Nathaniel, first of name who settled in Exeter, b. Haverhill, Mar. 10, 1650. He was mortally wounded in fight with Indians at Macquoit, Aug. 11, 1691.

Elizabeth, w. of Nathaniel, and dau. of Councillor John Gilman, b. Exeter, Aug. 16, 1661.

Alexander, a descendant, b. Exeter, May 9, 1784.

Abigail, d. Aug. 1, 1757.

Mrs. Josiah, d. Nov. 17,—(defaced), ae. 78 yrs.

Ruth, w. of Simeon, d. Nov. 14, 1784, ae. 42 yrs.

Simeon, b. May 18, 1742, d. Dec. 17, 1811.

Alpha, w. of Simeon, d. Oct. 24, 1788, ae. 33 yrs.

PENN, Jonathan, d. 1757.

    Joseph (obliterated).

THING, Abigail, w. of Samuel, Esq., d. Nov. 7, 1728, ae. 54 yrs.

    Abigail, w. of Barth., d. May 29, ——, ae. 25 yrs.

    Capt. Jonathan, d. Oct. 31, 1694, ae. 40 yrs.

    Mary, w. of Capt. Jonathan, d. Aug., 1691, ae. 33 yrs.

    The above inscriptions copied in 1864 by Rev. Elias Nason, pastor of First Church in Exeter, 1860 to 1865.

WINTER STREET CEMETERY

BOARDMAN, Col. Benjamin, d. Dec. 24, 1807, ae. 70 yrs.

    Anna, w. of Col. Benjamin, d. Nov. 3, 1802, ae. 62 yrs.

BURLEY, James, d. Apr. 13, 1812, ae. 56 yrs.

    Susanna, w. of James, d. Aug. 30, 1836, ae. 81 yrs.

CLIFFORD, Ebenezer, b. Nov. 9, 1746, d. Oct. 19, 1821.

    Anne, w. of Ebenezer, b. July 24, 1752, d. Sept. 3, 1830.

COLCORD, Edward, d. Nov. 13, 1793, ae. 73 yrs.

    George, d. July 23, 1825, ae. 74 yrs.

CONNER, Jonathan, d. Nov. 13, 1820, ae. 83 yrs.

    Mary, w. of Jonathan, d. Nov. 25, 1816, ae. 73 yrs.

DEAN, Nathaniel, d. Dec. 7, 1829, ae. 71 yrs.

    Elizabeth, w. of Nathaniel, d. Mar. 4, 1834, ae. 70 yrs.

    Ward Clark, b. Apr. 27, 1747, d. July 15, 1828.

    John, eldest son of Maj. Thomas and Deborah Dean, d. Sept. 14, 1768, ae. 49 yrs.

DODGE, Jabez, d. Apr. 11, 1806, ae. 60 yrs.

    Lydia, w. of Jabez, d. Aug. 19, 1826, ae. 75 yrs.

DUTCH, Samuel, d. Sept. 11, 1817, ae. 64 yrs.

    Sarah, w. of Samuel, d. Mar. 4, 1816, ae. 64 yrs.

EMERY, Noah, Esq., d. Jan. 17, 1788, ae. 62 yrs.

    Joanna, w. of Noah, Esq., d. Apr. 22, 1815, ae. 82 yrs.

    Noah, Esq., d. Jan. 6, 1817, ae. 68 yrs.

    Jane, w. of Noah, Esq., d. June 19, 1813, ae. 62 yrs.

FOLSOM, Hon. Nathaniel (Major General), d. May 26, 1790, ae. 64 yrs.

    Dorothy, w. of Hon. Nathaniel, d. Feb., 1776, ae. 50 yrs.

    Col. Samuel, d. May 22, 1790, ae. 60 yrs.

    Anna, w. of Col. Samuel, d. Sept. 12, 1779, ae. 46 yrs.

GIDDINGS, Margaret, wid. of Col. Nathaniel, d. Dec. 3, 1846, ae. 83 yrs.

GILMAN, Sergt. John Taylor, s. of Nicholas and Ann, b. Dec. 19, 1755, d. Sept. 1, 1828.   Governor of New Hampshire XIV years.

    Deborah, (1st w. of Gov. John T. Gilman), d. Feb. 20, 1791, ae. 37 yrs.

    Hon. Nicholas, Esq., d. Apr. 7, 1783, ae. 51 yrs.

    Ann, w. of Hon. Nicholas, Esq., d. Mar. 17, 1783, ae. 50 yrs.

    Rev. Nicholas, pastor of Church in Durham, d. Apr. 13, 1748, ae 41 yrs.

    Priscilla, w. of Dr. Robert Gilman, d. Nov. 15, 1745, ae. 36 yrs.

    Col. Samuel, d. Jan. 3, 1785, ae. 86 yrs.

GORDON, John, d. Sept. 17, 1845, ae. 80 yrs.

HALE, Eliphalet, Esq., d. Jan. 29, 1801, ae. 59 yrs.
    Dorothy, wid. of Eliphalet, Esq., d. Apr. 7, 1804, ae. 62 yrs.
HALL, Kinsley, d. Oct. 21, 1838, ae. 78 yrs.
    Honor, w. of Kinsley, d. Sept. 9, 1805, ae. 45 yrs.
HALLIBURTON, Capt. George, d. Apr. 17, 1814, ae. 72 yrs.
JONES, Daniel, d. Apr. 25, 1809, ae. 62 yrs.
    Lydia, w. of Daniel, d. Sept. 22, 1820, ae. 72 yrs.
KIMBALL, Nathaniel, d. July 23, 1810, ae. 77 yrs.
    Hannah, w. of Nathaniel, d. Nov. 9, 1825, ac. 89 yrs.
    Robert, d. Oct. 24, 1808, ae. 74 yrs.
    Anne, wid. of Robert, d. Nov. 4, 1824, ae. 85 yrs.
LEAVITT, Benjamin, d. Aug. 23, 1826, ae. 73 yrs.
    Abigail, w. of Benjamin, d. Nov. 18, 1832, ae. 76 yrs.
    Jeremiah, d. Aug. 29, 1818, ae. 70 yrs.
    Mary, w. of Jeremiah, d. Mar. 14, 1813, ae. 67 yrs.
LIGHT, Robert, Esq., d. Dec. 11, 1756, ae. 45 yrs.
LORD, Hannah, w. of Thomas, d. Mar., 1764, ae. 74 yrs.
LOVERING, Benjamin, d. May 3, 1841, ae. 87 yrs.
    Patience, wid. of Benjamin, d. Oct. 31, 1845, ae. 85 yrs.
MOSES, Theodore, b. Sept. 20, 1766, d. Aug. 26, 1862.
    Deborah, w. of Theodore, d. Oct. 20, 1846, ae. 77 yrs.
MOULTON, Thomas, d. Aug. 23, 1850, ae. 72 yrs.
    Esther, w. of Thomas, d. Oct. 17, 1827, ae. 48 yrs.
ODIORNE, Dea. Thomas, d. Apr. 29, 1819, ae. 85 yrs.
ODLIN, Winthrop, d. Feb. 27, 1803, ae. 68 yrs.
PARKER, Hon. William, d. June 6, 1813, ae. 82 yrs.
    Elizabeth, wid. of Hon. William, d. Nov. 7, 1816, ae. 76 yrs.
    Dr. William, d. Sept. 16, 1798, ae. 42 yrs.
    Mary, w. of Dr. William, d. Oct. 7, 1850, ae. 87 yrs. "Latterly wid. of
        Maj. Jona Hale."
PEARSON, Maj. Edmund, d. Jan. 23, 1842, ae. 84 yrs.
    Dorothy, w. of Maj. Edmund, d. Feb. 1, 1820, ae. 60 yrs.
ROGERS, Rev. Daniel, d. Dec. 9, 1785, ae. 78 yrs. (Inscription traces an-
        cestry to John Rogers, who was burned at Smithfield, Feb. 14, 1555.
        First Martyr in Queen Mary's Reign.)
ROWE, Capt. Enoch, d. Apr. 20, 1843, ae. 84 yrs.
    Mary, w. of Capt. Enoch, d. Jan. 26, 1829, ae. 70 yrs.
RUST, Samuel, b. Nov. 26, 1749, d. Feb. 6, 1827.
    Ruth, w. of Samuel, d. Feb. 13, 1825, ae. 73 yrs.
SAFFORD, Benjamin, d. Nov. 28, 1827, ae. 93 yrs.
    Susanna, w. of Benjamin, d. Jan. 23, 1798, ae. 59 yrs.
SHERRIFF, Benjamin P., Esq., d. Sept. 14, 1833, ae. 70 yrs.
    Martha, w. of Benjamin P., Esq., d. Oct. 16, 1823, ae. 53 yrs.
SMITH, Jeremiah, Governor and Chief Justice of N. H., b. Peterborough,
        Nov. 29, 1759, d. Dover, Sept. 21, 1842.
    Elizabeth Ross (of Maryland), w. of Jeremiah, d. June 19, 1827, ae
    59 yrs.

SMITH, Theophilus, Esq., d. Feb. 26, 1772, ae. 67 yrs.
    Theophilus, Jr., Esq., d. Feb. 26, 1805, ae. 63 yrs.
    Sarah, w. of Theophilus, Jr., Esq., d. Sept. 2, 1827, ae. 85 yrs.
    Benjamin, d. Oct. 28, 1756, ae. 53 yrs.
SWASEY, Joseph, d. Jan. 8, 1829, ae. 84 yrs.
    Olive, w. of Joseph, d. Jan. 16, 1822, ae. 77 yrs.
THURSTON, Capt. James, d. July 13, 1808, ae. 75 yrs.
    Mary, w. of Capt. James, d. Oct. 29, 1787, ae. 52 yrs.
TILTON, Dr. Joseph, d. Dec. 5, 1838, ae. 93 yrs.
    Catherine, w. of Dr. Joseph, d. Jan. 19, 1812, ae. 67 yrs.
WILLIAMS, Dea. Isaac, d. Jan. 17, 1819, ae. 81 yrs.
    Sarah, w. of Dea. Isaac, d. Oct. 25, 1784, ae. 41 yrs.
    More historical records from this cemetery have been copied by Eliza-
beth K. Folsom of Exeter.

SMALL CEMETERY

ROBINSON, Lieut. Jeremiah, d. Oct. 6, 1842, ae. 84 yrs.
    Capt. Josiah, d. Oct. 6, 1802, ae. 84 yrs.
    Sarah, w. of Capt. Josiah, d. May 5, 1808, ae. 86 yrs.
    See Addendum.

FRANCONIA
(Granted 1764)
ELMWOOD CEMETERY

CROSSMAN, Dea. Zelotes, d. Feb. 17, 1846, ae. 76 yrs.
    Hannah, w. of Dea. Zelotes, d. Aug. 20, 1846, ae. 76 yrs.

WILLOW CEMETERY

ALDRICH, David, d. Feb. 14, 1845, ae. 73 yrs., 4 mos.
    John, d. 1841, ae. 75 yrs. From Douglas, Mass., to Franconia, 1780.
    Sarah, w. of John, d. Feb. 10, 1842, ae. 79 yrs., 10 mos., 12 days.
APPLEBEE, Ezail, d. Mar. 18, 1829, in his 56th year.
    Joanna, w. of Zebadee, d. Apr. 8, 1823, ae. 55 yrs.
    Zebidee, d. Oct. 9, 1829, ae. 72 yrs., 9 mos., 21 days.
BARRETT, Becca, w. of Lemuel, d. Sept. 3, 1825, ae. 70 yrs.
    Hannah, w. of Lemuel, d. Nov. 26, 1839, ae. 65 yrs.
    Dea. Lemuel, d. Jan. 8, 1846, ae. 85 yrs. Revolutionary pensioner.
BROOKS, Luke, b. June 23, 1768, d. Mar. 11, 1840.
    Susie Smith, w. of Luke, b. July 15, 1776, d. Dec. 24, 1866.
    Timothy, d. May 6, 1844, ae. 72 yrs.
DRURY, Buckminster, d. Feb. 4, 1852, ae. 76 yrs.
HOUGHTON, Martha White, w. of Solomon, d. Mar. 7, 1851, ae. 90 yrs.
    Solomon, 1759-1858.
JESSEMAN, George, b. Glasgow, Scotland, 1731, d. 1822. Soldier of Rev.
    Jemima Wood, w. of George, b. 1740, d. 1813.
    Patience, w. of Solomon, d. July 24, 1816, ae. 33 yrs.

KNAPP, Abigail, w. of Oliver, d. Apr. 10, 1846, ae. 91 yrs.
  Oliver, d. Feb. 15, 1827, ae. 76 yrs.
OAKES, Philana, w. of Simon, d. Mar. 8, 1845, ae. 74 yrs.
  Simon, d. July 1, 1835, ae. 70 yrs., 3 mos.
WALLACE, John, d. Jan. 8, 1851, ae. 89 yrs.
  Hannah, w. of John, d. May 15, 1855, ae. 82 yrs.

FRANKLIN
LARGE CEMETERY

EASTMAN, Ebenezer, d. Apr. 16, 1833, ae. 65 yrs., 6 mos.
  Esther Lyford, w. of Ebenezer, d. Oct. 1, 1854, ae. 82 yrs., 5 mos.
FLANDERS, Capt. David, d. Jan. 3, 1844, ae. 86 yrs. Revolutionary soldier.
HALE, Daniel, d. Aug. 26, 1848, ae. 74 yrs.
  Lydia, d. Mar. 21, 1863, ae. 91 yrs.
HANCOCK, John, d. Aug. 18, 1851, ae. 78 yrs.
  Miriam, w. of John, d. Mar. 24, 1860, ae. 84 yrs.
  Sarah, w. of George, d. Jan. 15, 1860, ae. 100 yrs., 11 mos.
JUDKINS, Samuel, d. Feb. 21, 1843, ae. 77 yrs.
  Abigail Greely, w. of Samuel, d. Feb. 6, 1858, ae. 86 yrs.
NOYES, Sarah, w. of Rev. Nathaniel, b. in Newbury, Mass., Dec. 18, 1743,
  d. Salisbury, N. H., Apr. 14, 1819, ae. 75 yrs., 4 mos.
PROCTOR, Martha, w. of Jonathan, d. Sept. 6, 1836, ae. 78 yrs., 8 mos.
WITCHER, Jona., d. Aug. 7, 1835, ae. 85 yrs., 6 days.
  Mary, w. of Jona., d. Aug. 21, 1832, ae. 80 yrs.

VERY OLD GROUND
Near Webster Birthplace. Known as Shaw Corner Cemetery.

EASTMAN, Ensign Benjamin, d. Apr. 25, 1814, ae. 55 yrs.
  Edward, d. Apr. 12, 1814, ae. 82 yrs.
  Anna, w. of Edward, d. Mar. 24, 1817, ae. 77 yrs.
  Nancy, dau. of Edward, d. Apr. 2, 1814, ae. 42 yrs.
  Phineas, d. Feb. 19, 1847, ae. 80 yrs.
  Judith, w. of Phineas, d. Feb. 15, 1855, ae. 70 yrs.
FIFIELD, Capt. Winthrop, d. Jan. 10, 1834, ae. 73 yrs.
  Mehitable, w. of Capt. Winthrop, d. Oct. 8, 1831, ae. 67 yrs.
GALE, Col. John C., d. Aug. 29, 1812, ae. 61 yrs., 9 mos.
  Rebekah, w. of John C., d. Sept. 29, 1811, ae. 61 yrs.
  Benjamin, b. May 18, 1772, d. Jan. 9, 1822.
HUNTOON, Elder Benjamin, d. Dec. 6, 1815, ae. 87 yrs.
  Hannah, w. of Elder Benjamin, d. Oct. 6, 1803, ae. 92 yrs.
  Hannah, w. of Dea. Ben, d. Mar. 28, 1843, ae. 68 yrs.
  Dea. Ben, d. Jan. 26, 1855, ae. 91 yrs.
  Martha, w. of Samuel, d. Oct. 18, 1850, ae. 73 yrs.
  Samuel, d. Dec. 13, 1835, ae. 67 yrs.
OSGOOD, Benjamin, d. Aug. 22, 1805, ae. 76 yrs.
  Hannah, w. of Benjamin, d. July 16, 1792, ae. 62 yrs.

QUIMBY, Edward, d. Feb. 3, 1830, ae. 66 yrs.
>   Sarah, w. of Edward, d. Sept. 2, 1849, ae 86 yrs.
SAWYER, Capt. Stephen, served in the American Revolution, b. Newbury, Mass., 1753, d. Salisbury, 1822.
SHAW, Lieut. Benjamin, d. Oct. 8, 1825, ae. 66 yrs.
SMITH, Capt. Robert, d. Feb. 25, 1789, ae. 42 yrs.
>   Sarah, w. of Capt. Robert, d. Feb. 25, 1319, ae. 75 yrs.
>   Major Jabez, d. Sept. 20, 1830, ae. 61 yrs.
>   Mirriam, w. of Major Jabez, d. Aug. 28, 1846, ae. 74 yrs.
WEBSTER, William, d. Dec. 16, 1823, ae. 72 yrs.
>   Susanna, w. of Capt. John, d. Mar. 20, 1804, ae. 91 yrs.

SIMONDS CEMETERY—HILL ROAD

BROWN, Calef, d. Mar. 8, 1842, ae. 82 yrs.
CALL, Hazen, d. May 26, 1853, ae. 80 yrs.
EVANS, Capt. Josiah, d. Feb. 8, 1847, ae. 77 yrs.
PIKE, Alice, w. of James, d. Oct. 2, 1837, ae. 81 yrs., 7 mos.
>   James, d. Nov. 30, 1830, ae. 84 yrs., 11 mos.

SMALL YARD—HEAD WEBSTER LAKE

PERVIER, Jane, w. of Nathaniel, d. May 14, 1846, ae. 84 yrs.
>   Nathaniel, b. 1766, d. Nov. 8, 1844, ae. 78 yrs.
SAWYER, John, d. Aug. 23, 1840, ae. 69 yrs.
>   Mercy, d. Feb. 27, 1860, ae. 86 yrs.

BURLEIGH CEMETERY

BURLEIGH, Joseph, d. 1838, ae. 83 yrs.
>   Molly Hilton, w. of Joseph, d. 1821, ae. 43 yrs.
GEORGE, Samuel, d. Nov. 5, 1861, ae. 75 yrs.
>   Susan, w. of Samuel, d. Apr. 5, 1864, ae. 75 yrs.
HADDUCK, William, d. June 3, 1828, ae. 57 yrs.
>   Lucrecia, w. of William, d. Jan. 10, 1852, ae. 79 yrs.
KENISTON, Lydia, w. of Lemuel, d. Feb. 10, 1869, ae. 78 yrs.
HOYT, William, d, Aug. 24, 1812, ae. 53 yrs.
>   Mehitable, w. of William, d. Sept. 25, 1806, ae. 38 yrs.
HUNTOON, Charles, d. Sept. 7, 1867, ae. 89 yrs.
>   Abigail, w. of Charles, d. Apr. 2, 1866, ae. 82 yrs.
SANBORN, Benjamin, d. Jan. 17, 1806, ae. 85 yrs.
>   Dorothy, w. of Benjamin, d. July 27, 1784, ae. 52 yrs.
>   Benjamin, Jr., d. May 14, 1786, ae. 24 yrs.
>   Sarah Ayers, w. of Benjamin, Jr., d. Sept. 24, 1870, ae. 83 yrs.
>   Rebecca, w. of Benjamin, d. Apr. 6, 1825, ae. 88 yrs.
>   John, died May 5, 1853, ae. 83 yrs.
>   Dorcas, w. of John, d. Feb. 20, 1834, ae. 61 yrs.
SMITH, Susanna, w. of William K., d. Dec. 29, 1855, ae. 85 yrs., 6 mos.
>   William K., d. Sept. 27, 1820, ae. 54 yrs.
STEVENS, Abraham, d. Aug. 27, 1864, ae. 86 yrs.
>   Judith, w. of Abraham, d. Feb. 9, 1869, ae. 93 yrs.

SWETT, Peter, Sr., d. 1822, ae. 65 yrs.
   Mary, w. of Peter, d. 1814, ae. 54 yrs.
   Joseph, Sr., d. 1806, ae. 74 yrs.
   Hannah, w. of Joseph, d. 1825, ae. 92 yrs.
WEBSTER, Ebenezer, Esq., (bro. of Daniel), d. Apr. 22, 1806, ae. 67 yrs.
   Abigail, w. of Ebenezer, d. Apr. 25, 1818, ae. 76 yrs.
   Ebenezer, d. June 3, 1861, ae. 74 yrs.

MARCH OR EMERY YARD

EMERY, Michael, d. Apr. 15, 1849, ae. 82 yrs.
   Lydia, w. of Michael, d. Oct. 27, 1842, ae. 75 yrs.
MARCH, Jacob, b. July 17, 1760, d. Apr. 28, 1819.
   Jacob, d. Apr. 23, 1819, ae. 58 yrs.
   Hannah, w. of Jacob, d. June 25, 1855, ae. 79 yrs., 10 mos.
   Joshua, d. Apr. 24, 1809, ae. 80 yrs.
   Rebekah, w. of Joshua, d. Mar. 10, 1818, ae. 86 yrs.
   Moses, d. June 23, 1823, ae. 70 yrs.
   Judith, w. of Moses, d. Feb. 27, 1844, ae. 86 yrs., 9 mos.

SANBORN YARD—ROAD TO GAZA

FRENCH, Jeremiah, d. May 23, 1845, ae. 87 yrs., 11 mos.
MORRISON, Anna, w. of Bradbury, b. 1771, d. 1848, ae. 77 yrs.
   Bradbury, b. July 24, 1767, d. Oct. 7, 1857, ae. 87 yrs.

SMALL YARD—OFF NEW BOSTON ROAD, TOWARD GAZA

KIMBALL, Mercy, w. of Abner, b. 1767, d. 1865, ae. 98 yrs.
   On a side road before New Boston Road
WHITTEMORE, Elizabeth, w. of Peter, b. Feb. 13, 1763, d. Sept. 4, 1826.

FREMONT
(Set off from Brentwood 1764)
OPPOSITE OLD CHURCH

BROWN, Elijah, d. June 10, 1825, ae. 65 yrs., 6 mos.
   Miriam, w. of Elijah, d. June 2, 1842, ae. 76 yrs.
HOOK, Jacob, d. Mar. 3, 1834, ae. 60 yrs.
   Sarah B., w. of Jacob, d. Aug. 27, 1837, ae. 60 yrs.
NEWHALL, Allen, d. Feb. 23, 1845, ae. 73 yrs.

SLEEPER CEMETERY

SLEEPER, Dea. Stephen, d. Sept. 4, 1801, ae. 72 yrs.
   Elizabeth, w. of Stephen, d. Jan. 20, 1808, ae. 77 yrs.

GILMANTON
(Granted 1727)
SMITH MEETING HOUSE

BADGER, Hon. Joseph, d. Apr. 4, 1803, in his 82nd year. Governor of N. H.
   Hannah, w. of Hon. Joseph, d. Feb. 19, 1817, ae. 95 yrs.

BADGER, Elizabeth, w. of Hon. Joseph, d. May 3, 1831, ae. 83 yrs.
  Sarah, dau. of Joseph, d. Jan. 24, 1784, in her 24th year.
  Nathaniel, son of Joseph, d. Apr. 20, 1780, in his 22nd year.
  Ebenezer, son of Joseph, d. Feb. 19, 1777, in his 21st year.
COGSWELL, Hon. Thomas, d. Sept. 30, 1810, in his 64th year.
DUDLEY, Hannah, d. Mar., 1816, ae. 93 yrs.
  Lt. John, 1747-Oct. 2, 1837. Revolutionary War.
  Ira S., d. Aug. 22, 1811, ae. 88 yrs.
FLANDERS, Joseph, 1747-June 16, 1804. Revolutionary War.
GILMAN, Col. Antipas, s. of Antipas and Lydia Thing, b. 1730, d. 1802.
  Joanna, w. of Col. Antipas, and dau. of Col. John Gilman of Exeter, b. 1733, d. Sept., 1773.
  Mary, 2nd w. of Col. Antipas.
  Deborah, w. of Capt. Winthrop and dau. of Antipas and Lydia Gilman, d. Apr. 2, 1776.
  John, 1747-1836. Revolutionary War.
PARRISH, Dr. Obadiah, d. Nov. 16, 1794, in his 31st year.
  Hannah, w. of Dr. Obadiah, d. Jan. 20, 1803.
PEASLEE, Anna, w. of Robert, d. Mar. 23, 1817, in her 82nd year.
  Robert, d. June 2, 1796, in his 62nd year.
PHILBRICK, Joseph, d. 1776, ae. 51 yrs. First person buried here.
PORTER, Emerson, d. 1817, ae. 52 yrs.
SMITH, Ens. Abraham, d. Apr. 1795, ae. 88 yrs.
  Rev. Isaac, Pastor of Cong. Church in Gilmanton, b. Stirling, Conn., d. 1817, ae. 72 yrs., in 43rd year of his ministry. Funeral sermon preached by Rev. Josiah Carpenter of Chichester.
  Mary, w. of Rev. Isaac, dau. of Hon. Joseph Badger, d. 1788, ae. 30 yrs.
  Sarah, w. of Isaac, d. Aug. 19, 1828, ae. 72 yrs.

  Cemetery between Laconia and Gilmanton, on Province Road.

BURNS, Thomas, Esq., d. Sept. 2, 1831, ae. 64 yrs.
DOW, Capt. Noah, d. Sept. 8, 1814, in his 66th year.
  Hannah, w. of Capt. Noah, d. June 7, 1822, in her 69th year.
EASTMAN, Ebenezer, d. Oct. 27, 1794, ae. 48 yrs. Revolutionary soldier.
EDWARDS, John, d. Sept. 17, 1789, ae. 51 yrs.
MOODY, Capt. John, a first settler of Gilmanton, d. Sept. 13, 1829, ae. 90 yrs.
  Moved to Gilmanton 1764; lived four miles from neighbors on the South, on North none nearer than Canada. Revolutionary War.
  Abigail, w. of Capt. John, d. Apr. 28, 1793, ae. 48 yrs.
  Hannah, w. of Capt. John, d. Aug. 21, 1826, ae. 77 yrs.
  Elisha, d. Sept. 21, 1833, ae. 59 yrs., 11 mos., 23 days.
ROBERTS, Mrs. Ann, d. Nov. 15, 1830, ae. 125 yrs.
YOUNG, William H., d. Sept. 26, 1797, in his 26th year.
  Joseph, Esq., d. Sept., 1821, ae. 72 yrs.

GRIFFIN CEMETERY—NEAR LOON POND

GREELY, Elizabeth, w. of Joseph, b. Exeter, 1722, d. Gilmanton, 1809.
LANE, Sally, w. of Simeon, d. Jan. 10, 1803, in her 28th year.

Cemetery on Province Road between Laconia and Gilmanton

FOLSOM, John, d. May 10, 1821, ae. 65 yrs. Revolutionary soldier.
    Mary, w. of John, d. Nov. 2, 1843, ae. 88 yrs.
SANBORN, Francis, d. Apr. 26, 1848, ae. 77 yrs.
    Ruth, w. of Francis, d. Mar. 25, 1828, in her 61st year.

CEMETERY ON ALTON ROAD AT GILMANTON IRON WORKS

CLOUGH, Jonathan, d. Nov. 3, ae. 87 yrs.

SECOND ROAD OFF LOON POND

PRESCOTT, Samuel, d. Oct. 8, 1839, ae. 71 yrs.

GREENLAND

(Set off from Portsmouth 1704 and 1721)

GREENLAND CEMETERY

ALLEN, Rev. William, b. Boston, Mar., 1676, first pastor of Cong. Church,
    ord. 1707, the fifth minister ord. in N. H., pastor 53 yrs., d. Sept.
    8, 1760, ae. 84 yrs.
    Eleanor, w. of Rev. William, d. Jan. 16, 1734, ae. 52 yrs.
    Mary, w. of Ensign William, d. Jan. 23, 1720, in her 67th year.
BRACKETT, Thomas, d. July 12, 1755, ae. 26 yrs.
    Lt. Thomas, 1756-1785. (Family Burial Ground)
CLARK, Enoch, Esq., d. Nov. 4, 1774, ae. 39 yrs.
    Enoch, d. Feb. 16, 1759, ae. 49 yrs.
KINGSBURY, Sally, w. of Capt. Joseph, d. Nov. 21, 1808, ae. 30 yrs.
MacCLINTOCK, Mary, w. of Rev. Samuel, d. Aug. 4, 1785, ae 48 yrs.
PACKER, Elizabeth, w. of Col. Thomas, d. Aug. 4, 1717, ae. 62 yrs.
STOODLEY, Mary, w. of William, and eldest dau. of Dr. Samuel McClin-
    tock of Greenland, d. Jan. 5, 1736, ae. 25 yrs.

TOSCAN-PARROTT FAMILY BURYING GROUND—OPP. R. R. STA.

On Parrott Farm opposite Greenland R. R. Station

TOSCAN, John Joseph Marie, son of George and Hypolitte Amasi, b. Ven-
    tavan, France, 1752, d. Greenland, May 18, 1805.
    Elizabeth French, w. of John J. M., dau. of John and Deborah Parrott,
    d. Mar. 15, 1819.
    Frederick, son of John and Elizabeth French, d. Mar. 20, 1832.
    Martha, w. of Frederick, dau. of John and Hannah Parrot, d. 1847.
    Messedor, son of John J. M. and Elizabeth F., d. June 6, 1818.
    Georgiana, dau. of John J. M. and Elizabeth, d. Sept. 11, 1824.
    Eliza Deliatudor, dau. of John J. M. and Elizabeth F., d. Sept. 5, 1825.
PARROTT, John Toscan, son of John Fabyan and Hannah, d. Dec. 16, 1855.
    Martha, w. of John, d. Dec. 7, 1825, ae. 80 yrs.

BERRY CEMETERY

On road from Breakfast Hill to R. R. Station

BERRY, Thomas, 1688-1760.
  Mehitable, w. of Thomas, 1697-1758.
  Capt. William, 1720-1775.
  Elizabeth Hobbs, w. of Capt. William, 1721-1770.
  Isaah, d. June 9, 1845, ae. 84 yrs., 2 mos.
  Bathsheba, w. of Isaah, d. May 17, 1845, ae. 84 yrs., 6 mos.

HAMPTON

(1639)

N. E. Gen. Reg. 1857, p: 77. Ins. by G. B. Carpenter, 1913, p. 16, 20, 52.
More records in N. H. His. Society Library.

SHAW FAMILY BURYING GROUND

Lafayette Road, beyond the R. R. bridge toward Hampton Falls.

SHAW, Benjamin, b. July, 1641, d. 1713.
  Mary, d. Aug. 14, 1840, ae. 91 yrs., 3 mos.
  Simeon, d. Sept. 6, 1842, ae. 85 yrs., 3 mos.
  Betsey G., w. of Simeon, d. Aug. 25, 1858, ae. 93 yrs., 5 mos.
  Edward, d. July 16, 1787, in his 64th year.
  Ruth, w. of Edward, d. May 29, 1798, in her 76th year.
  John, d. Aug. 9, 1844, ae. 93 yrs., 2 mos.

SURFSIDE PARK

ERICSSON, Thorvald, Norse explorer, bro. Lief Ericsson, 1st European to
  set foot on Hampton shores. Killed by Indians.

HAMPTON, SOUTH

BARNARD, Jacob, d. July 14, 1797, in his 57th year.
  Hannah, w. of Jacob, d. Mar. 14, 1779, ae. 39 yrs., 6 mos.
  Elisabeth, w. of Samuel, d. Apr. 13, 1798, in her 83rd year.
  Samuel, d. Apr. 21, 1774, in his 63rd year.
  Betsey, w. of Samuel, Esq., d. Mar. 13, 1833, ae. 56 yrs.
BROWN, Mehitabel, w. of Capt. Ephraim, d. Jan. 15, 1789, in her 84th year.
COLBY, Muriam, w. of Moses, d. Oct. 9, 1780, ae. 27 yrs.
CURRIER, Henry, d. June 19, 1757, in his 51st year.
DIMOND, Reuben, d. Nov. 25, 1770, in his 76th year.
  Dorothy, w. of Reuben, d. Apr. 25, 1751, in her 51st year.
  Reuben, Jr., d. Aug. 28, 1760, in his 31st year.
FLANDERS, Jeremiah, d. Sept. 14, 1805, ae. 77 yrs.

FRENCH, Obadiah, d. Mar. 27, 1793, in his 77th year.
  Hannah, w. of Obadiah, d. Dec. 19, 1789, in her 73rd year.
  William, son of Obadiah and Hannah, d. July 30, 1773, in his 28th year.
MERRILL, Dean Eliphalet, d. Apr. 11, 1803, in his 82nd year.
MORRILL, Smith, son of Joseph, d. Feb. 17, 1735.
NOYES, Sarah, w. of Rev. Nathaniel, 2nd Pastor of the Church of Christ in
  South Hampton, d. May 2, 1771, ae. 25 yrs., 8 mos., 8 days.
SAWYER, Miriam, w. of Israel, d. Sept. 2, 1825, in her 80th year.
WHITE, Thomas, d. Aug. 22, 1792, ae. 24 yrs.

HANOVER

(Granted 1761)

CENTER CEMETERY

Taken from photostat copy, Prof. J. Richards' records.

ADAMS, Rebecca, w. of Dea. Ephraim, d. 1822, ae. 88 yrs.
  Prof. Ebenezer, d. 1841, ae. 76 yrs.
ALCOTT, Peter, d. 1808.
ALDEN, Abigail, d. 1832, ae. 61 yrs.
  Dr. Samuel, d. 1842, ae. 74 yrs.
ALWOOD, Aaron, d. 1797, ae. 70 yrs.
  Mary, d. 1797, ae. 65 yrs.
BARRON, James, d. 1786.
BENTON, Reuben, d. 1855, ae. 86 yrs.
BERRY, Mrs. Martha, d. 1823, ae. 60 yrs.
BINGHAM, Samuel, d. 1792, ae. 50 yrs.
  Sarah, d. 1792, ae. 45 yrs.
  Mary, w. of Jabez, d. 1790, ae. 29 yrs.
BISSELL, Amelin, d. 1809, ae. 52 yrs.
BREWSTER, Maj. Gen. Ebenezer, d. 1814, ae. 74 yrs.
  Hannah, w. of Maj. Gen. Ebenezar, d. 1804, ae. 57 yrs.
  Miss Anna, d. 1786.
BROWN, Francis, d. 1820, ae. 36 yrs.
CARPENTER, Nathaniel, d. 1829, ae. 73 yrs.
CHAPMAN, Caroline, d. 1823, ae. 52 yrs.
CLAPP, Betsey, w. of Daniel, d. 1786, ae. 25 yrs.
CLEVELAND, Rev. Ebenezer, d. 1784, ae. 25 yrs.
CRANE, Dr. John, d. 1786.
CROSBY, Dr. Asa, d. 1836, ae. 70 yrs.
CURTIS, Abigail and infant, d. 1799.
CUTTING, Isaac, d. 1842, ae. 78 yrs.
DOW, Sanford, d. 1813, ae. 50 yrs.
DUGAIT, Mrs. Anne, d. 1819, ae. 70 yrs.
  Dr. Michael, d. 1808, ae. 70 yrs.
DEWEY, Dea. Benoni, d. 1823, ae. 72 yrs.
  Maria Anne, d. 1807, ae. 25 yrs.

FREEMAN, Sarah, d. 1846, ae. 98 yrs.
FULLER, Rev. Caleb, d. 1815, ae. 82 yrs.
    Hannah, w. of Rev. Caleb, d. 1805, ae. 64 yrs.
FOSTER, Jacob, d. 1788, ae. 40 yrs.
    Sarah, d. 1788, ae. 44 yrs.
GATES, Huldah, d. 1833, ae. 70 yrs.
    Dr. Laban, 1753-1836, ae. 83 yrs.   Revolutionary soldier.
GEORGE, Thomas, d. 1807, ae. 62 yrs.
GILBERT, Enos, d. 1786.
GLEASON, Solomon, d. 1841, ae. 70 yrs.
GOODRICH, Josiah, d. 1840, ae. 72 yrs.
    Submit, w. of Josiah, d. 1801, ae. 40 yrs.
GOULD, Lt. James, d. 1822, ae. 80 yrs.
GRANT, John, M. D.
    Hannah, w. of John, d. 1786.
GREENE, Samuel, d. 1807, ae. 85 yrs.
    Mary, d. 1797, ae. 40 yrs.
HASKELL, Thomas, d. 1856, ae. 83 yrs.
HAWLEY, Mrs. Experience, d. 1809, ae. 47 yrs.
HINDS, Justin, d. 1839, ae. 70 yrs.
HUBBARD, Johannes, d. 1801, ae. 52 yrs.
INGALLS, Capt. Chester, d. 1842, ae. 80 yrs.
    Ada, w. of Capt. Chester, d. 1839.
JONES, Hazikiah, d. 1806, ae. 40 yrs.
KELLOGG, Dea. Jabez, d. 1831, ae. 68 yrs.
    Sgt. Jabez, d. 1791, ae. 57 yrs.   Revolutionary War.
    Abigail, Mrs., d. 1788, ae. 47 yrs.
KIMBALL, Benjamin, d. 1822, ae. 55 yrs.
    Benjamin, d. 1824, ae. 62 yrs.
    Mrs. Betsey, d. 1813, ae. 72 yrs.
    Capt. Steven, d. 1807, ae. 61 yrs.
KINSMAN, Hannah, d. 1817, ae. 73 yrs.
KNAPP, Hannah, d. 1832, ae. 87 yrs.
LANE, Mrs. Joanna, d. 1786, ae. 40 yrs.
LANG, Sarah, d. 1825, ae. 71 yrs.
    Richard, d. 1840, ae. 70 yrs.
LONG, Dea. Samuel, d. 1856, ae. 82 yrs.
MALTBY, Rev. John, d. 1771, ae. 45 yrs.
MARKHAM, Hannah, d. 1826, ae. 73 yrs.
McGOWAN, Christine, d. 1848, ae. 85 yrs.
MOREY, Lt. Isaac, b. 1756, d. 1831, ae. 75 yrs.
    Jerusha, w. of Lt. Isaac, d. 1836, ae. 81 yrs.
OLCOTT, Hon. Mills, d. 1845, ae. 72 yrs.
OLIVER, Mrs. Sarah P., d. 1832, ae. 75 yrs.
OLMSTEAD, John, d. 1841, ae. 67 yrs.
ORDWAY, Dea. Daniel, d. 1798, ae. 80 yrs.
    Mrs. Daniel, d. 1798, ae. 75 yrs.

PHELPS, Miss Sarah, d. 1797, ae. 35 yrs.
PIERCE, Susanna, d. 1835, ae. 72 yrs.
PIKE, Jesse, d. 1849, ae. 80 yrs.
POOLE, Elisabeth, d. 1819, ae. 63 yrs.
PORTER, Benjamin, d. 1818.
    Martha, w. of Benjamin, dau. of Gov. Olcott, d. 1825, ae. 40 yrs.
    Sarah, d. 1794, ae. 73 yrs.
RIPLEY, Rev. Sylvanus, d. 1787, ae. 37 yrs.   (Killed)
ROBEY, Elizabeth, d. 1819, ae. 62 yrs.
SAUNDERS, Hon. John, d. 1797, ae. 73 yrs.
    Susanna, w. of Hon. John, d. 1800, ae. 83 yrs.
SMITH, Mrs. Anne, d. 1807, ae. 88 yrs.
    Mrs. Mary, d. 1784.
    John, d. 1809, ae. 56 yrs.
    Mary, w. of John.
STEVENS, Lemuel, d. 1839, ae. 81 yrs.
STIMSON, Mrs. Mary, d. 1786.
TILDEN, Achsah, wife of Joseph, d. 1776.
TURNER, Bela, d. 1807, ae. 67 yrs.
UTLEY, Elisabeth, d. 1816, ae. 71 yrs.
    Joseph, d. 1809, ae. 75 yrs.
WAIT, Esther, w. of Phineas, d. 1787, ae. 74 yrs.
WALTON, Benjamin, d. 1792.
WARD, Mrs. Esther, d. 1806, ae. 37 yrs.
WARDWELL, Amos, d. 1817, ae. 44 yrs.
WARREN, Winslow, d. 1837, ae. 70 yrs.
    Mrs. Margaret, d. 1784.
WELD, Hon. Elias, d. 1805, ae. 73 yrs.
    ————, w. of Hon. Elias, d. 1802, ae. 58 yrs.
WHEELOCK, Eleazer, D. D., d. 1799, ae. 69 yrs. Founder and first president of Dartmouth College and Moor's Charity School.
    Mary, w. of Eleazer, d. 1783, ae. 69 yrs.
    John, LL. D., b. Jan. 6, 1754, d. Apr. 1, 1817. President of Dartmouth College over 30 years.
    Maria, d. 1821, ae. 63 yrs.
    Rodolphus, d. 1817, ae. 70 yrs.
    Mrs. Lucy and infant, d. 1786, ae. 22 yrs.
    Mrs. Tryphena, d. 1790.
WOODWARD, Prof. Bezaleel, d. 1804, ae. 59 yrs.
    Mary, w. of Prof. Bezaleel, d. 1807, ae. 54 yrs.
    Delight, w. of Ebenezer, d. 1816, ae. 47 yrs.
    Hon. William H., d. 1818, ae. 44 yrs.
    Capt. Joseph, d. 1805, very aged.
    ————, w. of Joseph, d. 1802, ae. 70 yrs.
YOUNG, Hon. John, d. 1787, ae. 70 yrs.
    Miss Sarah, d. 1797, ae. 25 yrs.

ON HILL, SOMETIMES CALLED SMITH CEMETERY

Inscriptions on Smith Monument in enclosure

SMITH MONUMENT

Esther Webster, Mar. 9, 1793, ae. 85 yrs.
Edward Webster, Jan. 15, 1815, ae. 87 yrs.
Ruth Porter, Oct. 5, 1807, ae. 79 yrs.
Mary Porter, Dec. 18, 1804, ae. 76 yrs.
Josiah Goodrich, Jan. 23, 1806, ae. 89 yrs.
Rebecca Goodrich, Sept. 15, 1826, ae. 94 yrs.
Gideon Smith, Apr. 23, 1813, ae. 87 yrs.
Timothy Smith, Oct. 16, 1804, ae. 88 yrs.
Ruth Parsons, July 3, 1829, ae. 88 yrs.
Mary Gillett, Mar. 24, 1841, ae. 71 yrs.
Edward Gillett, Feb. 28, 1851, ae. 81 yrs.
John Smith, Jan. 5, 1808, ae. 64 yrs.
John Milton, son of Timothy.
Esther Smith, d. Aug. 6, 1875, ae. 89 yrs.
Gersham Risley, Feb. 9, 1815, ae. 84 yrs.
Jenniva Risley, Dec. 27, 1826, ae. 88 yrs.
Asa Parker, Mar. 28, 1808, ae. 72 yrs.
Abijah Parker, Sept. 14, 1800, ae. 61 yrs.
Elizabeth Goodrich, Oct. 9, 1803, ae. 51 yrs.
John Goodrich, d. Jan. 5, 1808, ae. 64 yrs.
Anna Hovey, Feb. 24, 1825, ae. 77 yrs.
Hannah Hovey, July 22, 1800, ae. 52 yrs.
Isaac Walbridge, Aug. 14, 1822, ae. 76 yrs.
Huldah Smith, d. Jan. 12, 1829, ae. 91 yrs.
Wm. Dewey, d. 1813, ae. 67 yrs.
Rebecca, his wife, 1837, ae. 91 yrs.
Ralph W. Goold, d. Oct. 20, 1825, ae. 56 yrs.
Nathaniel Lord, 1837, ae. 90 yrs.
Louise, his wife, 1841, ae. 84 yrs.
Asa Parker, 1808, ae. 73 yrs.
Jennica, his wife, 1826, ae. 88 yrs.
Asa Risley, d. July 15, 1810, ae 86 yrs.
Ruth Badger, his wife, d. Sept., 1829, ae. 76 yrs.   Natives of Conn.
Barna Tisdale, 1843, ae. 88 yrs.

Dr. Gilman Frost has made many Hanover cemetery records. G. B. C. Book, p. 20, 21.

HAVERHILL

(Granted 1763)

HAVERHILL CEMETERY

ADAMS, Elizabeth, wid., d. May 27, 1821, in her 84th year.
ATHERTON, James, d. July 4, 1842, ae. 75 yrs.

ATHERTON, Sarah Lamson, w. of James, d. Dec. 8, 1857, ae. 86 yrs.

AYER, Elizabeth, w. of Phineas, d. Feb. 16, 1821, ae. 50 yrs.

Phineas, d. May 6, 1816, ae. 52 yrs.

BARTLETT, Agnes, d. July 29, 1846, ae. 83 yrs.

Hon. Ezra, d. Dec. 5, 1848, ae. 78 yrs.

BEDEL, Elizabeth, w. of Col. Timothy, d. (date illegible).

Col. Timothy, 1740-1787. 1758-60 Lieut. in Franch War. 1775 Capt. Coos County Rangers. 1776 Col. 1st N. H. Regt. 1777-79 Col. Regt. for Defense.

BLAISDELL, Percis E., w. of John, dau. of Col. Jeremiah and Anna Ames, d. Nov. 7, 1833, ae. 82 yrs.

BRYANT, Elinor H., b. June 25, 1770, d. Mar. 14, 1863.

CROSS, Abigail, w. of William, d. Apr. 30, 1841, ae. 97 yrs.

William, d. Mar. 23, 1843, ae. 100 yrs., 7 mos.

DOW, Hon. Moses, d. Mar. 31, 1811, in his 64th year.

Phebe, w. of Hon. Moses, d. July 11, 1842, ae. 91 yrs., 4 mos.

FLANDERS, Ezra, d. Mar. 15, 1836, ae. 65 yrs.

Lucy, w. of Ezra, d. Jan. 23, 1822. ae. 48 yrs.

GOOKIN, Rebecca Damon, w. of Richard, d. Jan. 14, 1838, in her 70th year.

Richard, d. May 20, 1826, in his 57th year.

Samuel, d. Dec. 8, 1824, ae. 82 yrs.

GRAY, Ruth, w. of Ebenezer Gray, b. Aug. 31, 1768, d. Mar. 30, 1804.

HALE, Jonathan, d. Dec. 12, 1836, ae. 89 yrs.

JOHNSTON, Col. Charles, d. Mar. 5, 1813, in his 75th year.

Capt. Michael, d. Oct. 12, 1842, ae. 78 yrs.

Ruth, w. of Col. Charles, d. Aug. 29, 1816, in her 78th year.

Sarah A., w. of Capt. Michael, d. Apr. 28, 1849, ae. 84 yrs.

LADD, Cynthia, w. of Samuel, d. Jan. 6, 1738, ae. 72 yrs.

Ezekiel, Esq., d. July 12, 1818, in his 81st year.

Ezekiel, d. Nov. 17, 1844, ae. 77 yrs.

Elizabeth, w. of Ezekiel, d. Sept. 5, 1845, ae. 68 yrs.

Hannah, w. of Dea. James, d. Nov. 7, 1841, ae. 86 yrs.

Dea. James, d. Dec. 8, 1836, in his 85th year.

Ruth, w. of Hon. Ezekiel, d. July 8, 1817, ae. 76 yrs.

Sarah, w. of Joseph, d. Mar. 8, 1851, ae. 83 yrs.

William, d. May 6, 1823, ae. 53 yrs., 2 mos.

LEARNED, Azuba, w. of David, d. Mar. 9, 1821, ae. 48 yrs.

LEE, Susannah, w. of Joseph, d. Aug. 22, 1829, ae. 69 yrs.

MONTGOMERY, Elizabeth, w. of Gen. John Montgomery, dau. of Capt. Jonathan Ring, d. Apr. 21, 1816, in her 45th year.

OSGOOD, Holdah, w. of John, of Andover, Mass., d. Aug. 3, 1805, ae. 69 yrs.

John, d. July 29, 1840, ae. 70 yrs.

Sarah Porter, w. of John, d. Feb. 5, 1859, ae. 82 yrs.

PAGE, Hannah, w. of John, dau. of Samuel and Deborah Rice, d. July 29, 1827, ae. 70 yrs.

John, b. 1741. Came from Lunenburg, Mass., 1762, d. 1823.

PEARSON, Hannah, w. of Capt. Joseph, d. Oct. 7, 1830.
    Capt. Joseph, came to town in 1780, d. Oct. 25, 1828, ae. 73 yrs.
PIERCE, Mary, w. of James, formerly of Chester, d. 1835, ae. 86 yrs.
PORTER, Laetitia Wallace, w. of William, d. Oct. 8, 1848, ae. 78 yrs.
    William, d. Feb. 18, 1851, ae. 80 yrs.
RIX, Lucretia, w. of Nathaniel, d. Jan. 5, 1847, ae. 78 yrs.
    Nathaniel, d. Dec. 4, 1843, ae. 77 yrs.
ROWEL, William, d. May 21, 1807, ae. 62 yrs.
SANDERS, Jonathan, d. Jan. 1, 1774, in his 64th year.
SINCLAIR, Richard, d. Feb. 14, 1817, ae. 79 yrs.
SMITH, John, d. Oct. 29, 1858, in his 91st year.
    Rebecca, w. of John, d. Sept. 5, 1839, ae. 63 yrs.
STEARNS, Elias, d. Apr. 2, 1845, ae. 91 yrs., 6 mos.
    Sarah, w. of Elias, d. May 21, 1842, ae. 85 yrs., 5 mos.
SWAN, Abigail, w. of Lieut. Israel, dau, of Charles Johnston, 1772-1805.
    Lieut. Israel, d. Mar. 9, 1822, ae. 53 yrs.
    Phinehas, d. Jan. 16, 1829, ae. 77 yrs.
    Tryphena, w. of Phinehas, d. Mar. 23, 1843, ae. 90 yrs.
TARLETON, Col. William, d. Mar. 26, 1819, ae. 66 yrs.
TILTON, Mary, wid., d. Feb. 28, 1820, ae. 82 yrs.
TOWLE, Simon, d. Dec. 8, 1808, in his 50th year.
WARD, Capt. Uriah, d. Mar. 9, 1845, ae. 71 yrs.
WEBSTER, Mary, w. of Hon. Stephen P., b. Atkinson, 1775-1856.
    Hon. Stephen P., d. Sept. 8, 1841, ae. 70 yrs.
WILLIAMS, Abigail, w. of Jacob, d. May 8, 1849, ae. 74 yrs.
    Jacob, d. Sept. 30, 1839, ae. 65 yrs.
    James, d. Jan. 28, 1843, in his 79th year.
WOODS, Mary Richardson, w. of Nehemiah, d. Oct. 21, 1859, ae. 87 yrs.
    Nehemiah, d. Dec. 18, 1840, ae. 92 yrs.
WOODWARD, Elizabeth, w. of James, d. Dec. 12, 1846, ae. 84 yrs.
    Hannah, w. of Hon. James, d. Oct. 21, 1805, ae. 50 yrs.
    Jacob, d. June 29, 1848, ae. 80 yrs.
    Hon. James, d. Jan. 11, 1821, ae. 79 yrs.

CENTER HAVERHILL CEMETERY

BEMIS, Silas, d. June 18, 1850, ae. 89 yrs., 8 mos.
BOARDMAN, Hannah, w. of Benjamin, d. Dec. 27, 1851, ae. 80 yrs., 6 mos.
CANNELL, Elizabeth, w. of Amos, d. Dec. 30, 1851, ae. 80 yrs.
GEORGE, Henry, d. Aug. 12, 1843, ae. 73 yrs., 5 mos.
    James, d. June 24, 1845, ae 73 yrs.
    Jane, w. of James, d. June 5, 1863, ae. 87 yrs.
HILDRETH, Ephraim, d. Oct. 27, 1852, ae. 92 yrs.
    Rhoda, w. of Ephraim, d. Jan. 16, 1847, ae. 83 yrs., 11 days.
MASON, Comfort, w. of Francis, d. Nov. 5, 1854, ae. 84 yrs., 2 mos.
TAYLOR, Susannah, w. of John, d. Aug. 10, 1840, ae. 85 yrs.
WALKER, Mehitable, w. of Bruce, d. May 8, 1849, ae. 87 yrs.

EAST HAVERHILL CEMETERY

BLAKE, James, d. Sept. 6, 1855, ae. 81 yrs., 5 mos.

CORLISS, John L., b. Apr. 19, 1774, d. Jan. 13, 1844.

Sally, w. of John, b. Dec. 4, 176-, d. Dec. 28, 183-.

FRARY, Clarissas Dana, w. of Charles S., d. July 9, 1835, ae. 97 yrs.

GOOLD, Phineas, b. Hollis, July 18, 1767, d. May 14, 1851, ae. 84 yrs.

NILES, Amasa P., d. Jan., 1849, ae. 80 yrs., 5 mos.

STERNES, Isaac, d. Apr. 8, 1836, ae. 71 yrs.

WEBSTER, Benjamin, d. Mar. 29, 1845, ae. 70 yrs.

Roxalana, w. of Benjamin, d. Feb. 4, 1869, ae. 89 yrs.

WOODBURY, Benjamin, d. Mar. 19, 1845, ae. 78 yrs.

Sarah, w. of Benjamin, d. May 2, 1844, ae. 73 yrs.

NORTH HAVERHILL CEMETERY

BARRON, Capt. Timothy, d. Nov. 7, 1797, in his 58th year.

BRUCE, Capt. Charles, d. Feb. 5, 1813, in his 43rd year.

CARR, Daniel, d. Apr., 1822, in his 88th year.

Daniel, d. Nov. 15, 1852, ae. 79 yrs.

Elizabeth, w. of Daniel, d. Jan. 24, 1817, in her 76th year.

Elizabeth, w. of Daniel, d. Sept. 18, 1836, ae. 68 yrs.

Dea. John, d. Mar. 1, 1859, ae. 85 yrs.

Rhoda, w. of Daniel, Jr., d. Jan. 20, 1813, ae. 45 yrs.

COURIER, Hannah, w. of Benjamin, d. Mar. 14, 1853, ae. 84 yrs.

CROCKER, Andrew S., d. July 17, 1821, ae. 74 yrs.

Elizabeth, d. Aug. 21, 1820, ae. 83 yrs.

Shua, w. of Andrew S., d. Feb. 19, 1827, ae. 78 yrs.

DAVISON, Dea. Oliver, d. May 1, 1861, ae. 90 yrs.

Sally, w. of Dea. Oliver, d. Sept. 26, 1860, ae. 86 yrs.

DUTTON, Betsey B., w. of Rev. John Dutton, d. Jan. 19, 1812, ae. 57 yrs.

EASTMAN, James, d. Jan. 7, 1853, ae. 99 yrs., 3 mos.

Mary, w. of James, d. Oct. 23, 1837, ae. 77 yrs.

FRENCH, Richardson, d. Sept. 5, 1858, ae. 83 yrs.

HANCOCK, Abigail, w. of Henry, d. Feb. 28, 1831, in her 87th year.

Henry, a native of England, d. Dec. 17, 1817, in his 74th year.

HOWARD, Col. Joshua, d. Jan. 4, 1839, ae. 98 yrs., 9 mos.

Susan, w. of Col. Joshua, d. May 20, 1816, ae. 73 yrs.

HURLBUTT, Elijah, d. 1817, ae. 90 yrs.

Abigail, w. of Elijah, d. 1820, ae. 84 yrs.

Martha, dau. of Elijah and Abigail, d. Aug. 20, 1833, ae. 74 yrs.

JOHNSON, Isabel, w. of Peter, d. Feb. 7, 1837, ae. 78 yrs.

Peter, d. Aug. 29, 1806, ae. 50 yrs., 2 mos., 29 days.

KIMBALL, Abigail, w. of Capt. Amos, d. Oct. 11, 1803, in her 48th year.

Capt. Amos, d. Sept. 20, 1820, in his 72nd year.

Dea. John, d. May 4, 1869, ae. 94 yrs., 4 mos.

Mahitable C., w. of Dea. John, d. Nov. 11, 1839, ae. 64 yrs.

KING, Betsy, w. of James, d. July 6, 1825, in her 63rd year.

James, d. Dec. 2, 1850, ae. 86 yrs.

McINTOSH, Capt. Philip, d. 1816. A leader of the Boston Tea Party, 1773.
MERRILL, David, d. Nov. 19, 1824, in his 53rd year.
MORSE, Daniel, d. May 3, 1861, ae. 87 yrs., 11 mos.
    Sarah, w. of Dea. Stephen, d. Apr. 29, 1825, in her 75th year.
    Dea. Stephen, d. Nov. 13, 1836, in his 86th year.
    Sarah, w. of Stephen, d. Jan. 2, 1850, in her 87th year.
    Stephen, d. June 14, 1843, ae. 87 yrs.
    Tabathy, w. of Dea. Stephen, d. Sept. 20, 1827, ae. 73 yrs.
    Thomas, d. Nov. 10, 1858, ae. 83 yrs.
PALMER, Mary, w. of Abner, d. Feb. 5, 1850, in her 75th year.
POLLARD, Edward, d. Dec. 28, 1842, ae. 86 yrs., 8 mos.
    Mary, w. of Edward, d. Aug. 21, 1819, ae. 77 yrs.
PORTER, Mehitable, w. of Col. Asa, d. Feb. 7, 1821, ae. 80 yrs.
ROGERS, Abram, d. Oct. 13, 1852, ae. 67 yrs.
SANBORN, John, d. Apr. 4, 1826, in his 79th year.
    Susanna, w. of John, d. Apr. 3, 1810, in her 58th year.
SARTWELL, Betsey, w. of Obidiah, d. Aug. 18, 1835, ae. 81 yrs.
    Joel, son of Obidiah and Betsey, d. May 16, 1840, ae. 65 yrs.
SOUTHARD, Rachel, w. of Thomas, d. Nov. 14, 1823, ae. 75 yrs.
STEVENS, Polly, w. of Richard, d. Oct. 6, 1829, in her 83rd year.
TONE, Lydia, w. of John, d. Feb. 20, 1823, ae. 52 yrs., 3 mos.
WHITMAN, Daniel, d. Feb. 9, 1829, ae. 83 yrs.
    Martha, w. of Daniel, d. Sept. 25, 1823, ae. 69 yrs.
WORTHEN, David, d. July 30, 1838, in his 65th year.
    Naomi, w. of David, d. July 24, 1836, in her 62nd year.

HAVERHILL NO. 6 DISTRICT CEMETERY

ABBOTT, William, d. June 14, 1807, ae. 52 yrs.
    Mabel, w. of William, d. Nov. 2, 1836, ae. 80 yrs.
ADAMS, Lemuel, Cosmopolitan, d. June 8, 1850, ae. 81 yrs., 1 mo., 23 days.
BARRON, Rhoda, w. of Capt. Moses, d. Aug. 4, 1833, in her 74th year.
    Capt. Moses, d. Mar. 7, 1841, in his 86th year.
ELLIOT, Mary, w. of Capt. Winthrop, d. June 3, 1841, ae. 74 yrs.
FLANDERS, Onesipharus, d. Dec. 10, 1839, ae. 79 yrs., 11 mos., 10 days.
    Sally, w. of Onesipharus, d. Aug. 24, 1849, ae. 92 yrs., 4 mos., 22 days.
HAINES, Simeon, d. May 23, 1828, ae. 77 yrs. Revolutionary soldier.
LUND, Stephen, d. May 16, 1850, ae. 75 yrs.
PAGE, Samuel, d. Mar. 16, 1843, ae. 71 yrs.
PIERCE, Lucy, d. Apr. 26, 1829, ae. 53 yrs., 3 mos., 13 days.
WHITIKER, Ebenezer, d. Sept. 24, 1844, ae. 89 yrs. Revolutionary pensioner.
    Lucy, w. of Ebenezer, d. Mar. 31, 1833, in her 73rd year.

HILL

HILL CEMETERY—ON SMITH RIVER ROAD

BALLON, Oliva, d. Jan. 18, 1818, ae. 59 yrs.
    Mary, w. of Oliva, d. Mar. 24, 1864, ae. 90 yrs.

CLIFFORD, Ebenezar, d. Mar. 1, 1833, ae. 90 yrs., 2 mos.

FOSTER, David, d. Aug. 7, 1858, ae. 96 yrs.

Thyphena, w. of David, d. Feb. 5, 1834, ae. 77 yrs.

MERRILL, Moses, d. Oct. 29, 1841, ae. 66 yrs.

McMURPHY, John T., d. Oct. 17, 1857, ae. 89 yrs., 6 mos.

Sanders, d. Apr. 19, 1844, ae. 86 yrs.

Mary, w. of Sanders, d. Apr. 19, 1844, ae. 86 yrs.

SAMES, Anna, w. of John, d. Sept. 18, 1851, ae. 86 yrs.

TAYLOR, Mark, d. Nov. 7, 1822, ae. 49 yrs., 9 mos.

Betsey, w. of Mark, d. July 8, 1823, ae. 51 yrs.

PRIVATE CEMETERY

SANBORN, Joseph, d. Mar., 1841, ae. 90 yrs.

Mary, w. of Joseph, d. Aug., 1820, ae. 69 yrs.

SMALL FAMILY GROUND

Edge of Hill, toward Bristol

PEASLEE, Dr. Peter, d. Apr. 6, 1839, ae. 89 yrs.

HILL VILLAGE

ADAMS, Israel, d. July 18, 1818, ae. 70 yrs.

CHASE, Jeremiah, d. May 4, 1832, ae. 68 yrs.

FOWLER, Abner, d. Apr. 30, 1833, ae. 80 yrs.

Mary, w. of Abner, d. May 21, 1843, ae. 87 yrs.

HUSE, John, d. Feb. 26, 1859, ae. 74 yrs.

Carr, Esq., d. Apr. 10, 1833, ae. 92 yrs.

Sarah, w. of Carr, d. July, 1773, ae. 33 yrs.

JOHNSON, Joseph, b. Oct. 16, 1772, d. May 4, 1858.

Abigail, w. of Joseph, b. Aug. 22, 1771, d. Mar. 26, 1840.

Mary, w. of Moses, d. 1838, ae. 93 yrs.

LADD, Polly, w. of Joseph Ladd, d. July 3, 1847, ae. 74 yrs.

MERRILL, John, d. May 18, 1830, ae. 63 yrs.

Betsey, w. of John, d. Oct. 8, 1834, ae. 63 yrs.

MOSELY, Priscilla, w. of Samuel Mosely, b. Sept. 5, 1770, d. Oct. 6, 1850.

SHAW, John, d. Feb. 25, 1874, ae. 86 yrs.

SMITH, John S., d. Mar. 25, 1826, ae. 80 yrs.

Margaret, d. May 27, 1829, ae. 79 yrs.

THURSTON, David, d. Feb. 24, 1842, ae. 66 yrs., 7 mos.

WELLS, Moses, d. May 26, 1836, ae. 63 yrs.

HILL CENTER CHURCH YARD

AVARY, Samuel, d. Oct. 5, 1827, ae. 63 yrs.

COLE, Molly, w. of Jonathan Cole, d. Aug. 20, 1823, ae. 68 yrs.

FAVOUR, ———, d. Oct. 17, 1807, ae. 87 yrs.

FOLLANSBEE, Benjamin, d. 1835, ae. 60 yrs.

HOYT, Mirtee, d. Sept. 28, 1833, ae. 67 yrs.

HINSDALE

(Inc. 1753)

CEMETERY ON BRATTLEBORO ROAD

BARRETT, Levi, son of John and Eunice, d. June 6, 1765.

BUTLER, Rebecca, w. of Thomas, d. Oct. 16, 1828, ae. 78 yrs.
Thomas, d. Nov., 1810, ae. 64 yrs.

DICKERSON, Mrs. Louis, d. Nov. 12, 1789, ae. 53 yrs.

EVANS, Abigail, w. of Charles, d. Aug. 27, 1788, ae. 36 yrs.
Charles, d. Mar. 29, 1790, in his 45th year.

PALMER,, Capt. Moses, of Little Compton, d. Nov. 26, 1759, in his 39th year.

WELLMAN, Mrs. Olive, d. Dec. 1, 1829, ae. 78 yrs.
Samuel, d. July 16, 1829, ae. 72 yrs.

WILLARD, Allen, d. July 26, 1832, ae. 68 yrs.
Hannah, w. of Col. Josiah, of Fort Dummer, d. May 13, 1772, ae 78 yrs.
Lucy, w. of Nathan, Esq., d. June 26, 1789, ae 68 yrs.
Nathan, d. Mar. 12, 1784, ae. 60 yrs.
Submit, w. of Nathan, d. Apr. 1, 1778, in her 36th year.

WOLLEY, David, d. Nov. 11, 1844, ae 84 yrs.
Relief, d. Apr. 16, 1813, ae. 54 yrs.

CEMETERY ON HOOKER FARM

ALLEN, Daniel, d. 1828, in his 77th year.
Martha, 1st w. of Daniel, d. 1801.
Eunice, 2nd w. of Daniel, d. 1802.

BABCOCK, Amos, Esq., d. June 21, 1815, ae. 67 yrs.

BLANCHARD, Aaron, b. Oct. 23, 1760, d. June 22, 1842.
Dorcas Pike, 1st w. of Aaron, b. June 11, 1753, d. Mar. 10, 1797.
Hannah, w. of Benjamin, d. July 15, 1802, in her 77th year.
Sarah Wheeler, 2nd w. of Aaron, b. Jan. 16, 1774, d. Mar. 26, 1848.

BURNHAM, Deborah, d. May 26, 1772.

COMINS, Samuel, d. May 6, 1785, in his 50th year.

COOPER, Lieut. Aaron, d. Apr. 16, 1805, in his 72nd year.
Darius, d. Apr. 6, 1818, in his 34th year.
Elijah, d. Apr. 16, 1833, ae. 92 yrs.
Leucy, d. Dec. 27, 1773.
Robert, d. Jan. 18, 1760, ae. about 82 yrs.
Sarah, w. of Lieut. Aaron, d. Apr. 6, 1805, in her 62nd year.
Sarah, w. of Elijah, d. Feb. 6, 1797, ae. 47 yrs.
Sarah, wid. of Robert, d. Jan. 15, 1769, ae. 64 yrs.

DELANO, John, d. Feb. 1, 1795, ae. 63 yrs.

ELLIS, Capt. Benjamin, d. 1831, ae. 78 yrs.

FISHER, Daniel, d. Nov. 23, 1799, ae. 86 yrs.
Elizabeth, w. of Daniel, d. Apr. 21, 1818, in her 81st year.

HINDSDALE, Col. Ebenezer, d. Jan. 6, 1760, in his 57th year.

Mary Beal, mother of Col. Ebenezer Hindsdale, who was born on her return from captivity in Canada. Her husbands were Lieut. Mehuman Hindsdale and George Beal. By first she had two sons, (Samuel and John), d. at Hindsdale, May 16, 1739, ae. 83 yrs., interred at Deerfield.

Abigail, dau. of Rev. John Williams of Deerfield and w. of Col. Ebenezer Hindsdale, caused their names and destinies to be thus recorded together. June 2, 1764.

HOOKER FARM CEMETERY

FISHER, Hannah, w. of Jeremiah, d. Feb. 23, 1817, in her 59th year.

FITCH, Lucinda, w. of John, d. July 18, 1820, ae. 56 yrs.

GAY, Rev. Bunker, d. Oct. 20, 1815, ae. 80 yrs.

Abigail, w. of Rev. Bunker, d. 1792, ae. 52 yrs.

HAYWARD, Elizabeth, w. of Surel, d. May 15, 1808, ae. 42 yrs.

HOOKER, Seth, Esq., d. Mar., 1844, ae. 84 yrs.

Abigail, w. of Seth, Esq., d. 1842, ae. 78 yrs.

JONES, Hon. Daniel, Esq., d. Feb. 14, 1786, ae. 46 yrs.

MORGAN, Isaac, d. Feb. 21, 17(85?) in his 78th year.

Dinah, w. of Isaac, d. Aug. 7, 1793, ae. 76 yrs.

Isaac, d. May 30, 1792, in his 36th year. (Son of Isaac and Dinah.)

ROCKWOOD, Abigail, w. of Thomas, d. Sept. 4, 1793, ae. 79 yrs.

Thomas, d. suddenly 1768, in his 56th year.

SANGER, Anna, w. of Nathaniel, d. Nov. 13, 1827, ae. 69 yrs.

Nathaniel, d. Dec. 28, 1826, ae. 73 yrs.

SHATTUCK, Rebekah, w. of David, d. Mar., 1757, ae. about 70 yrs.

Capt. Cyrus, d. Sept. 6, 1825, ae. 71 yrs.

Mrs. Tirzah, d. 1825, ae. 71 yrs.

Capt. Daniel, d. Apr. 7, 1809, ae. 81 yrs.

Mary, d. 1788, in her 61st year.

TAMER, Mrs., w. of Capt. Benjamin, d. 1824, ae. 87 yrs.

TAYLOR, Capt. Thomas, d. Mar. 25, 1778, in his 61st year.

Sarah, w. of Thomas, d. Sept. 11, 1809, ae. 82 yrs.

WHEELER, Mary, w. of Col. Abraham, d. June 8, 1794, ae. 55 yrs.

HOLDERNESS

(Granted 1761)

FIRST BURIALS IN TRINITY CHURCH YARD

LIVERMORE, Hon. Samuel, Chief Justice of New Hampshire and Senator in Congress U. S., d. May 18, 1803, ae. 71 yrs.

Jane, w. of Hon. Samuel, dau. of Rev. Arthur Browne, the first church minister settled in N. H., d. Feb. 1802, ae. 67 yrs.

SQUAM BRIDGE CEMETERY

COX, John, d. Dec. 30, 1838, ae. 78 yrs., 7 mos.

Susanna, w. of John, d. Mar. 1, 1838, ae. 77 yrs., 11 mos.

ON LAND OWNED BY BAKER FARM ON THOMPSON STREET

MOONEY, Col. Herules, d. late 1700. Distinguished soldier in French, Indian and Revolutionary Wars.

Cemeteries copied by C. W. Mudgett (1933) in N. H. His. Soc. Lib.

HOLLIS
(Inc. 1746)

BAILEY, Capt. Daniel, d. Mar. 13, 1847, ae. 91 yrs. Revolutionary soldier.

Elisabeth, w. of Capt. Daniel, d. July 25, 1817, ae. 59 yrs.

Mary, w. of Capt. Daniel, wid. of Timothy Lawrence, d. Sept., 1842, ae. 84 yrs.

Rebecah, w. of Daniel, d. June 8, 1805, ae. 73 yrs.

Joel, d. 28, 1815, ae. 64 yrs.

Mary, w. of Joel, d. June 30, 1842, ae 80 yrs.

BAYLEY, Daniel, d. Jan. 15, 1798, in his 70th year. Revolutionary soldier.

CUTTER, Phebe J., w. of Dea. Benoni, d. Feb. 27, 1835, ae. 57 yrs.

Dea. Benoni, Phy., d. Jan. 19, 1816, ae. 44 yrs.

EASTMAN, Amos, d. Mar. 6, 1808, in his 89th year. Revolutionary soldier.

Mehitable, w. of Amos, d. Nov. 14, 1813, in her 89th year.

EMERSON, Rev. Daniel, b. Reading, 1716, graduated at Har. Uni. 1739, ord. 1745 to the church in Hollis, d. 1801, ae. 85 yrs.

Hannah, w. of Rev. Daniel, and dau. of the Rev. Joseph Emerson of Malden, d. Feb. 28, 1812, ae. 90 yrs.

HARDY, Lieut. Jesse, d. Dec. 29, 1816, ae. 57 yrs. Revolutionary soldier.

Rebekah, w. of Jesse, d. Feb. 29, 1792, in her 32nd year.

Rhoda, w. of Lieut. Jesse, d. Dec. 8, 1810, in her 45th year.

HOBERT, Esther, w. of Shebuel, d. Nov. 20, 1780, in her 68th year.

JEWETT, Jacob, d. Apr. 23, 1813, in his 77th year.

Mehetabel, w. of Jacob, d. Nov. 11, 1815, ae. 74 yrs.

Capt. Nathaniel, d. Feb. 10, 1843, ae. 60 yrs.

Sally, w. of Nathaniel, d. June 30, 1806, in her 28th year.

Mary, 2nd w. of Capt. Nathaniel, d. June 7, 1816, in her 36th year.

Samuel, d. Dec. 29, 1791, in his 66th year.

John, son of Samuel and Sarah, d. July 26, 1788, in his 26th year.

LUND, Ephraim, d. Aug. 25, 1820, ae. 75 yrs. Revolutionary soldier.

NEVENS, Sarah, w. of Joseph, d. June 27, 1778, ae. 33 yrs.

PARKER, Benjamin W., d. Jan. 2, 1830, ae. 64 yrs. Revolutionary soldier.

Alice, w. of Ens. Benjamin, d. Nov. 13, 1816, in her 84th year.

POWARS, Hephzibah, w. of Thomas, d. Mar. 15, 1789, in her 71st year.

POWERS, Capt. Peter, d. 1757, ae. 51 yrs. First settler.

PROCTOR, Moses, d. Feb. 27, 1805, in his 58th year.

Mary, d. May 22, 1783, in her 75th year.

PROCTOR, Moses, d. May 21, 1780, in his 74th year.

Cyrus, d. Sept. 10, 1817, ae. 72 yrs.

Sibel, w. of Cyrus, d. Dec. 8, 1843, ae. 90 yrs.

READ, William, d. Dec. 6, 1820, ae. 53 yrs.

Elizabeth, w. of William, d. Sept. 25, 1849, ae. 79 yrs.

Betsey, 2nd wife of Capt. William, d. June 7, 1802, in her 59th year.

Capt. William, d. July 12, 1817, ae 77 yrs. Revolutionary soldier.

REED, Priscilla, w. of Capt. William, d. Aug. 7, 1793, in her 55th year.

Samuel, son of William and Priscilla, d. at sea Apr. 24, 1783, in his 22nd year.

SAWTELL, John, d. June 19, 1828, ae. 55 yrs.

Martha, w. of John, d. Feb. 18, 1834, ae. 60 yrs.

SHED, Ebenezer, d. Jan. 16, 1788, ae. 52 yrs.

Thankful, w. of Ebenezer, d. Oct. 16, 1806, ae. 75 yrs.

TENNY, Capt. William, d. June 16, 1806, in his 56th year. Revolutionary soldier.

Phebe, w. of Capt. William, d. Apr. 18, 1816, ae. 64 yrs.

William, d. Mar. 22, 1783, in his 62nd year.

Ann, w. of William, d. July 1, 1794, in her 68th year.

Hist. of Hollis, G. B. C. Book, p. 21.

HOOKSETT
WEST RIVER ROAD CEMETERY

ELA, Israel, d. May 21, 1853, ae. 83 yrs.

HACKETT, James, d. Oct. 15, 1840, ae. 78 yrs.

KITTERIDGE, Daniel, d. Mar. 30, 1836, ae. 78 yrs.

PAGE, David, d. Dec. 1, 1844, ae. 72 yrs.

POOR, Samuel, d. Aug. 18, 1841, ae. 82 yrs.

TODD, Capt. Alexander, b. Dec. 25, 1731, d. June 14, 1807.

INTERVALE
PRIVATE CEMETERY—"WILLEY SLIDE'

WILLEY, Samuel, d. June 14, 1844, ae. 91 yrs.

Betsy, d. Apr. 7, 1844, ae 83 yrs.

ISLES OF SHOALS
(Some under Rye)

Mar., Baptisms in 18th Century. N. E. Hist. and Gen. Reg. Vol. 66, pp. 141, 209, 294.

STAR ISLAND—NEAR TUCK MONUMENT

CASWELL, Mary, w. of John Caswell, d. Aug. 13, 1837, ae. 70 yrs.

STEPHENS, Rev. Josiah, d. July 2, 1804, ae. 61 yrs.

Susannah, d. Dec. 7, 1810, ae. 57 yrs.

JAFFREY
(Grant 1749)

OLD CEMETERY BESIDE CHURCH ON HILL

FORTUNE, Amos, b. Africa, slave in America, d. Nov. 17, 1801, ae. 91 yrs.
  Violate, w. of Amos, d. Sept. 13, 1802, ae. 73 yrs.
GILMORE, Ann, w. of Capt. Roger, d. Nov. 22, 1779, in her 31st year.

OLD CENTER CEMETERY

DODGE, Job, b. 173—, d. 1814. Revolutionary soldier.
DUTTON, Thomas, 1748-1838. Revolutionary soldier.
EMERY, Capt. Daniel, 1758-1826. Revolutionary soldier.
FISKE, Thomas, 1746-1818. Revolutionary soldier.
STEVENS, Lt. James, d. Mar. 31, 1834, ae. 85 yrs.
WRIGHT, Mary, w. of Matthew, d. Aug. 27, 1795, ae. 86 yrs.

  Hist. of Jaffrey (1881) Chapt. 16.

  See Hist. of Jaffrey by Annett Lehtinen, Vol. 1, p. 705-15; Rev. Soldiers
Rec., p. 757-825.

KEENE
(Grant 1733)

BASSETT, Samuel, d. Nov. 8, 1834, ae. 81 yrs.
COOKE, Noah, d. Oct. 15, 1829, ae. 80 yrs.
HOWLETT, Major Davis, d. Feb. 23, 1817, ae. 79 yrs.
OSGOOD, Samuel, d. July 11, 1828, ae. 71 yrs.
RICHARDSON, Josiah, d. Feb. 20, 1820, ae. 74 yrs.
STILES, Capt. Jeremiah, d. Dec. 6, 1800, ae. 56 yrs.
WOODS, William, d. Mar. 23, 1818, ae. 83 yrs.
WILSON, Capt. David, d. Dec. 5, 1818, ae. 70 yrs.
LEONARD, Capt. John, d. Apr. 27, 1829, ae. 76 yrs.
INGERSOL, Major George, d. July 16, 1805, ae. 51 yrs.
TOWNS, Nehemiah, d. May 2, 1820, ae. 72 yrs.
HEATON, Samuel, d. Apr. 1, 1830, ae. 70 yrs.

OLD PRISON STREET CEMETERY

  Rec. in print by Whitcomb.
  Revolutionary soldiers listed in D. A. R. report to Smithsonian Inst.
Senate Doc., Vol. 28, 1905-6. Insc. by G. B. Carpenter (1913), p. 22, 23, 53.

LANDAFF
(Granted 1764)

LANDAFF CEMETERY

ANDRUSS, Lydia, w. of Miles, Jr., and dau. of John and Esther Clark, d.
  Jan. 17, 1785, ae. 22 yrs.

ATWOOD, David, d. Oct. 6, 1809, in his 69th year. Revolutionary soldier.
  Ruth, w. of David, d. July 12, 1835, in her 82nd year.
BOWEN, Sarah, w. of Jeremiah, d. June 15, 1809, in her 49th year.
BROWNSON, Hannah, w. of Jonathan, d. Apr. 6, 1856, ae. 81 yrs.
  Jonathan, d. Aug. 29, 1818, in his 78th year.
  Susanna, wid., b. Aug. 3, 1699, d. June 12, 1802, ae. 103 yrs.
BRUNSON, David, d. Apr. 23, 1859, ae. 86 yrs., 4 mos., 15 days.
  Nancy, w. of David, d. Aug. 11, 1861, ae. 87 yrs., 3 mos., 2 days.
CARLETONE, Peter, d. Apr. 29, 1828, ae. 73 yrs. Revolutionary soldier.
CLARK, Jacob, d. Mar. 10, 1837, ae. 65 yrs., 6 mos.
  Polly, w. of Jacob, d. Sept. 13, 1864, ae. 90 yrs., 10 mos.
  Hannah, w. of Jonathan, d. Oct. 7, 1821, ae. 49 yrs.
  Jonathan, d. Oct. 3, 1837, ae. 77 yrs.
CLEMENT, Mehitable, w. of Capt. Richard, d. June 13, 1803, ae. 39 yrs.
  Capt. Richard, d. Dec. 23, 1815, in his 56th year. Revolutionary soldier.
COOLEY, Airon, d. June 7, 1834, in his 81st year. Revolutionary soldier.
EATON, David, d. May 17, 1811, ae. 49 yrs.
  Ebenezer, d. Apr. 22, 1843, ae. 77 yrs., 9 mos., 12 days.
  Ruth, w. of Ebenezer, d. May 15, 1862, ae. 86 yrs., 11 mos., 15 days.
  Phebe, d. Sept. 19, 1803, ae. 65 yrs.
  Samuel, d. Sept. 9, 1853, ae. 83 yrs., 3 mos. Revolutionary soldier
  Susannah, w. of Samuel, d. Apr. 21, 1837, ae. 75 yrs., 1 mo.
FOSTER, Edward, d. Apr. 26, 1842, ae. 75 yrs.
GORDON, Jeremiah, d. Nov. 26, 1854, ae. 78 yrs.
HODGE, Alexander, d. Apr. 6, 1813, ae. 59 yrs.
  Anna, w. of Alexander, d. Jan. 23, 1855, ae. 94 yrs.
JACKMAN, Elizabeth, w. of Moses, d. Dec. 22, 1824, in her 72nd year.
  Elizabeth, w. of William, d. Dec. 25, 1828, in her 63rd year.
JUDD, Nathan, d. Oct. 11, 1836, ae. 77 yrs., 7 mos.
  Sarah, w. of Nathan, d. Nov. 6, 1802, ae. 43 yrs.
KING, Stephen, d. Dec. 10, 1854, in his 90th year.
KIMBALL, Betsey, w. of Jonathan, d. Aug. 1, 1839, in her 73rd year.
  Jonathan, d. Sept. 9, 1853, ae. 88 yrs., 11 mos. Revolutionary soldier.
KNIGHT, Abiah, w. of Moses, d. Mar. 26, 1845, ae. 77 yrs., 9 mos.
  Capt. Benjamin, d. July 26, 1831, ae. 77 yrs. Revolutionary soldier.
  Moses, d. Feb. 29, 1828, in his 71st year. Revolutionary soldier.
  Sally Jackman, w. of Capt. Benjamin, d. Mar. 8, 1853, ae. 88 yrs.
MARSHALL, Samuel, 1766-1840.
McKEAN, Alexander, d. Feb. 15, 1838, ae. 77 yrs.
  Mehitable Hutchins, w. of Alexander, d. Mar. 13, 1831, ae. 70 yrs.
MERRILL, Abigail, w. of Abel, Esq., d. June 8, 1847, ae. 75 yrs.
MORRELL, Ruth, w. of Joseph, d. May 18, 1794, in her 26th year.
MOSS, Lieut. Linus, d. Apr. 8, 1806, ae. 44 yrs.
  Lydia, w. of Lieut. Linus, d. Apr. 18, 1835, ae. 65 yrs.
NOYES, Nathaniel, d. Apr. 7, 1813, in his 66th year.
  Sally, w. of Nathaniel, d. Apr. 13, 1813, in her 63rd year.
  Samuel, d. Feb. 27, 1846, ae. 86 yrs. Revolutionary soldier.

NOYES, Sarah Collins, w. of Samuel, d. June 4, 1853, ae. 91 yrs.
PAGE, Benjamin, b. Apr. 21, 1769, d. Aug. 30, 1841.
PORTER, Rev. Ambrose, d. Nov. 1, 1832, in his 63rd year.
POWERS, Nicholas, d. Mar. 2, 1817, in his 67th year.
    Sally, w. of Nicholas, d. Dec. 30, 1811, in her 58th year.
SAMSON, Rebecca, w. of Capt. Samuel, d. June 10, 1828, in her 79th year.
    Samuel, d. July 19, 1833, ae. 88 yrs.
SIMONDS, James, d. Oct. 12, 1849, ae. 88 yrs., 6 mos.
    Judith, w. of James, d. July 11, 1859, ae. 94 yrs., 3 mos.
    Jonathan, d. Jan. 27, 1837, in his 76th year. Revolutionary soldier.
    Mary, w. of Jonathan, d. June 14, 1832, in her 57th year.
SNOW, James, d. Aug. 19, 1839, in his 83rd year.
    Ruth, w. of Capt. James, d. Feb. 22, 1836, ae. 79 yrs.
WEBSTER, Mary, w. of Capt. Stephen, d. May 21, 1831, in her 88th year.
    Capt. Stephen, d. Oct. 16, 1819, in his 70th year. Revolutionary soldier.
YALE, Benjamin, d. Nov. 29, 1849, ae. 78 yrs.
YOUNG, David, d. May 10, 1865, ae. 92 yrs., 1 mo.

LEE HILL

TOWN CEMETERY

CURRIER, Mary A., w. of James H., d. Aug. 29, 1828, ae. 88 yrs., 3 mos.
DAVIS, Obediah, 1767-1834.
    Sarah, w. of Obediah, 1772-1839.
MOSELEY, Timothy, d. Jan. 15, 1826.

OLD CEMETERY ON MAST ROAD, LEE

BURNHAM, Elizabeth, ae. 23 yrs. Shot by Indians in Durham, May 22,
    1724. Fell upon boulder which still shows the stain of her blood.
GILES, Paul, d. Nov. 4, 1824, ae. 81 yrs.
THOMPSON, John, d. Dec. 3, 1795, ae. 73 yrs.
    Abigail, w. of John, d. Nov. 11, 1822, ae. 90 yrs.
    Edmond, d. Nov. 24, 1836, ae. 77 yrs.
    Abigail, w. of Edmond, d. Feb. 8, 1798, ae. 38 yrs.
    Robert, d. June 12, 1805, ae. 77 yrs.
    Susanna, w. of Robert, d. Oct. 23, 1822, ae. 91 yrs.
    Peletiah, d. Nov. 8, 1843, ae. 78 yrs.
    Elizabeth, w. of Peletiah, d. Feb. 11, 1803, ae. 36 yrs.
    Benjamin, d. July 27, 1760.
    Elizabeth, d. July 29, 1760.
PARKER, Capt. Robert, d. Dec. 14, 1819, ae. 87 yrs.
    Sarah, w. of Robert, d. Aug. 2, 1804, ae. 62 yrs.
    Capt. William, d. Nov. 4, 1802, ae. 37 yrs.
SHERBURNE, Capt. Ephraim, d. Oct., 1781.
JONES, Ebenezer, d. Aug. 23, 1783. Revolutionary soldier.
    Joana, w. of Ebenezer, d. May 4, 1745

JONES, Mary Beck, w. of Ebenezer Jones, dau. of Nathaniel Randall, d. Dec. 15, 1811, ae. 69 yrs.

RANDEL (Randall) Nathaniel, d. Mar. 9, 1748, in his 54th year.
Mary, w. of Nathaniel, d. Jan. 3, 1775, in her 76th year.

MATHES, Anna, w. of Gideon, dau. of Nathaniel and Mary Randel, d. 1763.

RANDALL, Miles, b. about 1721, d. 1791.
Abigail, w. of Miles, dau. of Job and Hannah Runnels, d. about 1784, ae. 67 yrs.

CORSON, Susan J., d. Nov. 22, 1828, ae. 88 yrs.

LASKEY, William, d. May 9, 1807, ae. 62 yrs.
Mary, w. of William, d. Oct. 3, 1828, ae. 72 yrs.
John, came to Lee, 1722, will 1764-65.

RANDALL CEMETERY, LEE

Randall, Simon, d. Apr. 23, 1790, ae. 65 yrs.
Sarah, w. of Simon, d. May 25, 1813, ae. 82 yrs.
Simon, d. Sept. 2, 1833, ae. 77 yrs.
Lydia Caldwell, w. of Simon, d. May 29, 1850, ae. 96 yrs.

LEE CEMETERY

CHAPMAN, Comfort, b. Feb. 23, 1766, d. May 12, 1782.
Elizabeth, b. Dec. 18, 1759, d. Mar. 6, 1852.
John, b. July 20, 1768.

COOK, Mary, d. Apr. 4, 1858, ae. 100 yrs.

DURGIN, Josiah, d. July 14, 1833, ae. 78 yrs.
Hannah, w. of Josiah, d. Jan. 5, 1849, ae. 85 yrs.
Benjamin, d. 1785, ae. 24 yrs.

FOLSOM, Col. John, b. Oct. 12, 1745, d. Apr. 5, 1820.
Elizabeth, w. of John, b. Aug. 29, 1750, d. Dec. 25, 1828.

LANG, Lieut. Thomas, d. Apr. 12, 1829, in his 88th year.
Mary, w. of Thomas, d. Oct. 19, 1834, in her 76th year.

LAWRENCE, David, d. Dec., 1820, ae. 50 yrs.

MATTHEWS, Anna, d. Nov. 11, 1822, ae. 71 yrs.
Gideon, d. Jan. 3, 1815, ae. 86 yrs.
Lois, d. Mar. 2, 1849, ae. 79 yrs.
Gideon, d. Nov. 6, 1839, ae. 71 yrs.

OSBORNE, Elder John, b. New Castle, Mar. 7, 1769, d. Feb. 28, 1832.

WATSON, John, d. Dec. 30, 1841, ae. 79 yrs.
Hannah, w. of John, d. June 6, 1803, ae. 42 yrs.

LEE FIVE CORNERS CEMETERY

DeMERITT, Andrew, b. May 24, 1767, d. Jan. 16, 1830.
Mary, w. of Andrew, d. May 11, 1837, ae. 69 yrs.

LISBON

(Granted 1761)

LISBON CEMETERY

ENGLISH, Andrew, d. Dec. 13, 1855, ae. 83 yrs.
KELSEA, Phebe, w. of Capt. William, d. Dec. 25, 1860, ae. 84 yrs., 10 mos.
    Capt. William, d. Feb. 3, 1847, ae. 74 yrs.

CEMETERY NEAR SUGAR HILL STATION

ASH, David, d. Nov. 20, 1834, ae. 66 yrs., 5 mos., 24 days.
    Nathaniel, d. Aug. 14, 1843, ae. 78 yrs.
    Olive, wid. of David, d. Feb. 12, 1841, ae. 72 yrs., 11 mos., 17 days.
BARRETT, Lemuel, d. Oct. 4, 1842, in his 79th year. Revolutionary soldier.
BEANE, Sarah, w. of William, d. Oct. 30, 1838, in her 70th year.
    William, d. Apr. 2, 1842, ae. 72 yrs.
BISHOP, Esther, w. of Josiah, d. June 23, 1793, ae. 37 yrs.
    Josiah, Esq., d. Jan. 17, 1821, ae. 74 yrs.
CLARK, Levi, d. Aug. 27, 1859, ae. 91 yrs.
    Nancy, w. of Levi, d. Mar. 13, 1828, ae. 62 yrs.
COLE, Solomon, d. June 17, 1836, ae. 98 yrs., 2 mos.
CROSBY, Jesse, d. July 22, 1835, ae. 60 yrs.
CUSHMAN, Ephraim, d. Apr. 27, 1832, in his 90th year.
    Sarah, w. of Ephraim, in her 88th year.
DAILEY, David, d. Mar. 28, 1816, in his 69th year.
    Mary, w. of David, d. Dec. 1, 1803, in her 53rd year.
DEXTER, Caleb, d. Nov. 16, 1836, ae. 75 yrs., 10 mos., 16 days.
    Ephraim, d. June 9, 1850, ae. 81 yrs.
    Lemuel, d. Dec. 21, 1844, ae. 81 yrs., 8 mos.
    Margaret, w. of Ephraim, d. June 11, 1836, ae. 63 yrs., 9 mos.
    Zenois J., d. Feb. 21, 1836, in his 69th year.
DODGE, Capt. Tho., d. Oct. 2, 1815, in his 74th year.
EMERY, Mary, w. of Moses, d. Aug. 16, 1831, in her 65th year.
    Moses, d. Feb. 11, 1849, ae. 89 yrs., 10 mos., 11 days.
GOULD, Dea. Samuel, d. Mar. 7, 1822, in his 68th year.
GRAY, Susannah, w. of Ebenezer, d. Sept. 22, 1836, ae. 84 yrs.
JAMESON, Rosanna, w. of Samuel, d. Mar. 19, 1838, ae. 82 yrs.
    Samuel, d. May 4, 1825, in his 73rd year.
MORRIS, Henry, d. May 8, 1808, in his 77th year.
POND, Mrs. Mary, d. June 3, 1832, in her 79th year.
PRESBRY, Elisha, d. Apr. 5, 1821, in his 66th year.
RICHARDSON, Anna, wid. of Ebenezer, d. July 5, 1835, in her 72nd year.
    Ebenezer, d. July 11, 1832, in his 70th year.
SHERMAN, Benjamin, d. Nov. 3, 1829, ae. 55 yrs.
    Jotham, d. Apr. 18, 1840, in his 77th year.
    Mehitable, w. of Jotham, d. July 21, 1829, in her 70th year.
SWAN, Mary, w. of Joshua, d. July 3, 1811, in her 66th year.
TEMPLE, Mrs. Inna, d. Mar. 19, 1815, in her 49th year.

WEBSTER, Abigail, wid., d. Mar. 28, 1821, in her 91st year.
WHITCOMB, Major Benjamin, d. July 22, 1828, ae. 92 yrs., 10 days.
  Lydia, w. of Benjamin, d. Sept. 14, 1823, ae. 84 yrs.
WHITING, Stephen H., d. May 11, 1837, in his 64th year.
YOUNG, Meriam, w. of Caleb, d. Apr. 19, 1849, ae. 85 yrs., 8 mos.
  Jesse, d. Aug. 2, 1804, in his 53rd year.
  Major Samuel, d. Aug. 20, 1805, in his 57th year.

STREETER DISTRICT

HARRIS, Joshua, d. June 27, 1849, ae. 85 yrs., 6 mos.
  Sally, w. of Joshua, d. May 30, 1841, ae. 74 yrs., 8 mos.
  Samuel, d. Mar. 15, 1834, ae. 75 yrs., 3 mos.

LITTLETON
(Grant 1764)

LITTLETON CEMETERY

BONNEY, Peter, b. May 1, 1773, d. Dec. 1837.

MANN'S HILL CEMETERY

STEARN, Abigail, w. of Samuel Stearn, d. June 8, 1829, ae. 89 yrs., 2 mos.

MEADOW CEMETERY

CLAY, Samuel, d. May 26, 1840, ae. 80 yrs. Revolutionary soldier.
CROUCH, John, d. Oct. 11, 1849, ae. 82 yrs., 6 mos.
CURTIS, Elizabeth, w. of Maj. Ephraim, d. Jan. 3, 1826, ae. 58 yrs.
  Ephraim, d. Feb. 4, 1825, in his 55th year.
FAIRBANK, Rev. Drury, d. Jan. 11, 1853, ae. 80 yrs.
  Lucretia, w. of Rev. Drury, d. 1817.
FITTZGERALD, Daniel, d. Apr. 30, 1822, in his 57th year.
  Nancy, w. of Daniel, d. Apr. 26, 1840, ae. 71 yrs., 9 mos.
GILE, John, d. Apr. 28, 1851, ae. 79 yrs.
HARDYAB, Nathaniel K., d. Oct. 13, 1819, in his 43rd year.
HOSKINS, Elkanah, d. Sept., 1805, ae. 64 yrs.
  Mary, w. of Nehemiah, d. Apr., 1810, ae. 93 yrs.
  Mindwell, w. of Elkanah, d. Oct., 1832, ae. 86 yrs.
LARGE, Stephen, d. Aug. 14, 1825, ae. 88 yrs.
  Triphena, w. of Stephen, d. Nov. 22, 1825, ae. 83 yrs.
LEWIS, Dea. Asa, d. May 10, 1815, in his 64th year.
  Mary, w. of Dea. Asa, d. Mar. 6, 1843, in her 89th year.
MERRILL, Elizabeth, w. of John H., of Pembroke, d. Apr. 6, 1838, ae. 63 yrs.
MORSE, Obadiah, d. May 11, 1850, ae. 86 yrs., 10 mos.
  Sarah, w. of Obadiah, d. Feb. 16, 1845, in her 74th year.
NURS, Jemima, w. of Jonas, d. Oct. 5, 1820, ae. 60 yrs.
  Jonas, d. Jan. 31st, 1809, in his 51st year.
PARKER, Elizabeth, w. of Jonathan, d. June 2, 1806, ae. 62 yrs.
  Hannah, d. May 24, 1806, ae. 32 yrs.
  Jonathan, d. Oct. 2, 1811, ae. 69 yrs.

PARKS, Jane, w. of Levi, d. Mar. 15, 1838, ae. 63 yrs.
    Levi, d. Nov. 3, 1839, ae. 70 yrs.
PRATT, Lydia, w. of Joseph, d. Dec. 29, 1851, ae. 76 yrs.
ROBINS, Douglass, d. Apr. 26, 1824, in his 75th year.
    Kazia, w. of Douglass, d. Sept. 10, 1822, in her 68th year.
ROBY, Lucy, w. of Dr. Joseph, d. Nov. 28, 1821, in her 46th year.
ROWELL, Jona, d. Oct. 31, 1863, ae. 92 yrs., 6 mos.
THOMPSON, Beulah, d. July 18, 1825, ae. 57 yrs.
    Luther, d. Feb. 8, 1855, ae. 88 yrs.

NORTH LITTLETON—WHEELER CEMETERY

GODDARD, Ruth Hale, w. of Nathaniel, of Petersham, Mass., d. Nov. 13,
    1872, ae. 100 yrs., 6 mos.
HAMMOND, Polly, w. of Capt. S. F. Hammond, d. Feb. 3, 1846, ae. 75 yrs.
WHEELER, Sally, w. of Silas, d. Nov. 27, 1821, in his 77th year.
    Silas, d. July 14, 1823, in his 79th year.
    Vespasian, d. Mar. 3, 1851, ae. 78 yrs., 19 days.

WEST LITTLETON CEMETERY

BOWMAN, Hannah, w. of Walter, d. Feb. 19, 1840, ae. 71 yrs.
GOULD, Asa, d. Oct. 7, 1849, ae. 75 yrs.
HUSE, Eunice, w. of John, d. Feb. 26, 1862, ae. 92 yrs.
    Mary, w. of John, d. Apr. 20, 1835, ae. 60 yrs.
MASON, Eliphalet, d. June 7, 1855, ae. 81 yrs.
PARKER, Martha, w. of John, d. Oct. 10, 1846, ae. 84 yrs.

PATENVILLE CEMETERY

ALBEE, Anna, w. of Zuriel, d. Nov. 21, 1841, ae. 84 yrs.
    Zuriel, d. July 19, 1824, in his 77th year.
BOWMAN, Anna, w. of Jonathan, d. May 14, 1836, ae. 64 yrs., 1 mo.
    Jonathan, d. Sept. 10, 1842, ae. 77 yrs., 1 mo., 17 days.
CARTER, Moses, d. May 22, 1835, ae. 68 yrs., 1 mo., 22 days.
    Sarah, w. of Thomas, d. July 19, 1855, ae. 83 yrs.
CHARLTON, Hezia, w. of Robert, d. Sept. 30, 1833, in her 71st year.
    Robert, native of England, d. Nov. 22, 1843, in his 90th year.
CUSHMAN, Sowle, d. Nov. 15, 1795, ae. 46 yrs.
    Thankful, w. of Sowle, d. Mar. 28, 1814, ae. 57 yrs.
EASTMAN, Jonathan, d. July 5, 1829, ae. 70 yrs.
    Phebe, d. Feb. 23, 1852, ae. 83 yrs.
GOODALL, Rev. David, d. Mar. 4, 1830, ae. 80 yrs.
    Elizabeth, w. of Rev. David, d. Sept. 21, 1845, ae. 93 yrs., 1 mo.
HUDSON, Serephine, w. of Samuel, d. June 23, 1832, ae. 57 yrs.
KELLOGG, Ezekial, d. Feb. 20, 1839, in his 86th year.
    Juliett, w. of Ezekial, d. Sept. 14, 1833, ae. 67 yrs.
MOFFETT, Capt. James, d. Apr. 1, 1855, ae. 80 yrs., 10 mos., 22 days.
PARKER, Hannah, w. of Asa, d. Sept. 26, 1819, ae. 58 yrs.
PATRIDGE, Nathaniel, d. May 29, 1844, ae. 76 yrs.

PEABODY, Lieut. Richard, d. Feb. 22, 1811, in his 77th year.
  Tabitha, d. at Lyman, Aug. 11, 1827, ae. 89 yrs., 11 mos., 19 days.
POWERS, Mrs. Rebecca, d. Jan. 28, 1816, ae. 80 yrs.
STEERE, Dea. Stephen, d. May 6, 1830, ae. 57 yrs.
TIFFT, Sarah, w. of Samuel, d. Mar. 16, 1836, ae. 80 yrs.
WHITE, Margery, w. of Capt. Bethnel, d. Nov. 23, 1808, ae. 35 yrs.
WILLIAMS, Sarah, d. Dec. 24, 1843, ae. 99 yrs., 3 mos., 9 days.

LOUDON

LOWELL, Nancy, dau. of Isaac and Sarah, d. July 26, 1800, in her 21st year.

LOUDON CEMETERY

SANBORN, Capt. John, b. 1747, d. 1826. Early settler and land surveyor
  of Loudon. Revolutionary soldier.
  Ruth Rand, w. of Capt. John, b. 1751, d. 1837.

HILLIARD FARM

PERKINS, Stephen, s. of Jacob, b. 1736, Ogunquit, Me., d. May 13, 1818. A
  first settler.
  Comfort Chesley, w. of Stephen, b. 1735, Durham, d. Feb. 14, 1818.
  Jonathan Chesley, s. of Stephen and Comfort, b. Aug. 3, 1765, Wells,
    Me., d. Aug. 24, 1830.
  Hannah Dennett, w. of Jonathan, b. 1760, Portsmouth, d. Mar. 16, 1838.
Some more inscriptions in N. H. Hist. Soc. Lib.

LYMAN

(Granted 1761)

LYMAN CEMETERY NEAR CHURCH

BARKLEY, Robert, d. Sept. 29, 1804, ae. 48 yrs.
  Rhoda, wid. of Robert, d. in Lyman, Apr. 7, 1841, ae. 83 yrs.
CLOUGH, Cyrus, d. June 22, 1850, ae. 77 yrs.
PARKER, Esther, w. of Isaac, d. Mar. 1, 1842, ae. 74 yrs.
  Isaac, d. Nov. 20, 1851, ae. 88 yrs.
  Hepzibah, w. of Solomon, d. June 10, 1820, in her 93rd year.
  Solomon, d. Mar. 18, 1798, at. 75 yrs. A 1st settler. Revolutionary War.
MINER, Deziah, w. of Thomas, d. July 6, 1821, in her 83rd year.
  Thomas, d. May 4, 1810, in his 76th year.
  William, d. Sept. 10, 1829, ae. 70 yrs., 6 mos.
WAY, Samuel, d. Apr. 18, 1822, in his 61st year.

LYMAN CEMETERY

BARBER, John, d. Dec. 8, 1843, in his 82nd year.
BARTLETT, Matthew, d. Aug. 13, 1822, in New York, ae. 52 yrs.
  Mindwell, w. of Matthew, d. Oct. 14, 1870, ae. 99 yrs., 2 mos., 7 days.
BURT, Francis B., d. Sept. 22, 1857, ae. 83 yrs., 6 mos.
  Margaret Elizabeth, w. of Francis B., ae 90 yrs.

GIBSON, Adam, d. 1854, in his 81st year.

GORDON, David, d. Dec. 5, 1862, ae. 94 yrs., 5 mos.

    Hannah, w. of David, d. Dec. 3, 1829, ae. 79 yrs.

HALL, Dea. Abraham, d. Jan. 22, 1831, in his 73rd year.

    Mary, w. of Dea. Abram, d. July 19, 1842, in her 82nd year.

KENT, John, d. July 4, 1842, ae. 70 yrs.

    Tabitha, w. of John, d. Apr. 30, 1836, ae. 61 yrs.

KNAPP, Abial, d. May 25, 1832, in his 100th year. Revolutionary soldier.

    Betsy, d. Apr. 27, 1858, ae. 83 yrs., 4 mos., 7 days.

    Elijah, d. Dec. 20, 1860, ae. 91 yrs., 4 mos., 7 days.

MERRILL, Hannah, w. of Phineas, and formerly w. of Jacob Hurd of Bath,
    d. Mar. 2, 1837, ae. 72 yrs.

    Phineas, d. 1837, ae. 85 yrs. Revolutionary soldier.

MULLEN, John, d. June 11, 1835, in his 94th year.

PARKER, Solomon, d. 1843, in his 90th year. Revolutionary soldier.

    Susa, w. of Solomon, d. Jan. 29, 1837, in her 75th year.

THORNTON, Hannah, w. of J. Thornton, d. Oct. 2, 1828, ae. 58 yrs.

    J. Thornton, Esq., b. in Uxbridge, Mass., Nov. 1, 1764, d. July 27, 1843,

MOULTON HILL CEMETERY

BAILEY, Lettice, w. of Benjamin, d. Nov. 3, 1858, ae. 90 yrs., 6 mos.

CARTER, Abigail Sanborn, w. of Eliphalet, d. Apr. 27, 1861, ae. 86 yrs.

DODGE, David, d. Mar. 25, 1848, ae. 88 yrs.

    Letty, w. of David, d. June 17, 1842, ae. 82 yrs.

GOSS, Sarah, d. Apr. 18, 1853, ae. 89 yrs., 5 mos.

HOSKINS, Eli, d. Nov. 12, 1846, ae. 87 yrs. Revolutionary soldier.

    Rhoda, w. of Eli Hoskins, d. Feb. 18, 1857, ae. 89 yrs.

LITTLE, Jennet, w. of Joseph, b. Dec. 26, 1775, d. Oct. 14, 1843.

    Joseph, b. Mar. 11, 1775, d. July 7, 1854.

MOULTON, Job, 1752-1838. Revolutionary soldier.

    Anna Way, w. of Job, 1765-1844.

    John, d. Jan. 31, 1849, ae. 83 yrs.

    Mary, w. of John, d. Jan. 21, 1856, ae. 84 yrs., 9 mos.

    Noah, 1760-1850.

    Priscilla, w. of Noah, 1768-1861.

PARKER, Candace Hand, w. of Samuel, d. Apr. 9, 1823, ae. 57 yrs., 6 mos.

    Samuel, d. Jan. 25, 1834, ae. 78 yrs., 9 mos. Revolutionary soldier.

SANBORN, Capt. Ebenezer, d. Feb. 19, 1829, ae. 83 yrs., 5 mos.

    Lydia, w. of Ebenezer, d. June 27, 1846, ae. 90 yrs., 5 mos., 10 days.

LYME

(Granted 1761)

LARGE CEMETERY NEAR CHURCH

ALLEN, John, d. 1848, ae. 76 yrs.

    Miriam, w. of John, d. 1857, ae. 79 yrs.

BINGHAM, Irene, d. Nov. 8, 1829, ae. 61 yrs. On stone with Eleazor Porter
    and his w. Lucy.

CONANT, Caleb, d. Dec. 27, 1850, ae. 89 yrs.
    Olive, w. of Caleb, d. Jan. 6, 1841, ae. 82 yrs.
    Rev. William, d. 1810, ae. 67 yrs.
    Eunice, w. of Rev. William, d. 1806, ae. 61 yrs.
CONVERSE, Joel, b. Thompson, Conn., d. 1822, ae. 72 yrs.
    Elizabeth, w. of Joel, d. 1850, ae. 90 yrs.
CLINE, Peter, d. Nov. 19, 1829, ae. 77 yrs.
CUTTING, Col. Zebedee, d. Apr. 30, 1833, ae. 70 yrs.
    Phebe, w. of Col. Zebedee, d. Sept. 2, 1815, ae. 55 yrs.
    Bella, b. Feb. 4, 1765, d. Jan. 13, 1853.
    Lydia, w. of Bella, b. Oct. 13, 1770, d. Nov. 7, 1818.
DERBY, Nathaniel, d. 1799, ae. 80 yrs.
DIMICK, Abigail, w. of Samuel, d. Nov. 9, 1806, ae. 39 yrs.
    Shubael, d. 1804, ae. 74 yrs.
EMERTON, Priscilla, w. of Joseph, d. Aug. 1, 1818.
FAIRFIELD, John, d. 1827, ae. 76 yrs.
    Dea. Walter, d. 1830, ae. 81 yrs.
    Thankful, w. of Dea. Walter, d. 1837, ae. 85 yrs.
FRANKLIN, Dea. Abel, d. Oct. 18, 1849, ae. 87 yrs.
    Mary, w. of Abel, d. June 20, 1836, ae. 69 yrs.
    Hon. John, d. Aug. 26, 1843, ae. 90 yrs.
    Bethia, w. of Hon. John, d. Aug. 3, 1815, ae. 57 yrs.
GILBERT, Micaiah, d. 1806.
    Maj. Thomas, d. 1848, ae. 77 yrs.
GOODELL, Luther, d. 1850, ae. 80 yrs.
    Martha, d. 1855, ae. 88 yrs.
    Mehitable, d. 1793, ae. 57 yrs.
GREEN, Col. Ebenezer, 1786—.
HALL, Thomas, d. Sept. 24, 1819, ae. 72 yrs.
    Lydia, w. of Thomas, d. Apr. 29, 1830, ae. 77 yrs.
HEWS, Margaret, w. of Cyrus, d. Apr. 22, 1826, ae. 97 yrs.
HOWARD, Tahpenis, w. of Isiah, d. July 7, 1812, ae. 59 yrs.
    Isiah, d. 1820, ae. 71 yrs.
    Isiah, d. Nov. 29, 1802, ae. 80 yrs.
HOVEY, Daniel, b. Windham, Conn., July 24, 1764, d. Mar. 2, 1850, ae. 86
      yrs. Mar. Beulah Pingree of Hanover, Feb. 18, 1789.
    Beulah Pingree, w. of Daniel Hovey, b. Coventry, Conn., Feb. 1, 1769,
      d. Nov. 26, 1857, ae. 90 yrs, 4 sons, 6 daughters.
LAKE, Lieut. Thomas, d. 1819, ae. 83 yrs.
LAMBERT, Rev. Nathaniel, d. 1838, ae. 73 yrs. Born Rowley, Mass., 1765,
      settled at Newbury, Vt., 1790, settled at Lyme, 1809.
    Abigail, w. of Rev. Nathaniel, d. 1850, ae. 78 yrs.
LAMPHIRE, John, d. June 20, 1820, ae. 72 yrs.
    Hannah, w. of John, d. Feb. 10, 1852, ae. 95 yrs.
NELSON, Capt. John, d. 1830, ae. 73 yrs.
    Rachel, w. of Capt. John, d. 1832, ae. 77 yrs.
PELTON, Mrs. Prudence, d. 1822, ae. 68 yrs.

PERKINS, Zadock, son of Asa and Deborough Perkins.
PORTER, Dea. William, d. 1848, ae. 86 yrs.
    Cloe, w. of Dea. William, d. 1835, ae 75 yrs.
POST, Peter, d. 1811, ae. 75 yrs.
    Mrs. Ruth, d. 1821, ae. 84 yrs.
SKIMER, Anna, w. of Joseph, d. 1800, ae. 46 yrs.
    Ruth, w. of Dea. Joseph, d. 1815, ae. 92 yrs.
STARK, Phinaes, d. 1832, ae. 74 yrs.
    Typhena, w. of Phinaes, d. 1859, ae. 92 yrs.
STEVENSON, Mrs. Elizabeth, of Boston, d. 1796, ae. 65 yrs.
SLOAN, Martha, w. of William, d. Oct. 1, 1810, ae. 42 yrs.
STRAND, Moses, d. Feb. 2, 1840, ae. 78 yrs.
    Sarah, w. of Moses, d. Mar. 30, 1838, ae. 88 yrs.
WAIT, Sarah, w. of Nathaniel, d. Sept. 23, 1846, ae. 94 yrs.
WALES, Atherton, d. Oct. 10, 1851, ae. 84 yrs.
    Diadema, w. of Atherton, d. Aug. 27, 1854, ae. 86 yrs.
WARREN, Ezra, d. Oct. 20, 1853, ae. 75 yrs.
WHIPPLE, Jonathan, d. Mar. 29, 1839, ae. 87 yrs.
    Hannah, w. of Jonathan, d. Jan. 13, 1830, ae. 71 yrs.

STETSON CEMETERY

MITCHELL, Lieut. Rotheus, b. 1753, Bridgewater, Mass., d. 1816, Lyme.
    Revolutionary soldier.
ORGAN, Cornelius, 1761-1818. Revolutionary soldier. N. Y. in Rev. p. 209.

EAST CEMETERY

1817-1867—Town Clerk's Records

BEAL, James, d. 1828, ae. 66 yrs.
Urania, ae. 83 yrs.
BISHOP, Dea. John, d. 1842, ae. 80 yrs.
    Sally, w. of Dea. John, d. 1853, ae. 81 yrs.
COLBURN, Phebe, w. of Wilbur, d. 1844, ae. 74 yrs.
COLT, Abigail, w. of Thomas, d. 1856, ae. 86 yrs.
PUSHEE, David, d. 1840, ae. 82 yrs.
    Susanna, ae. 69 yrs.

GILBERT CEMETERY

First burying ground in town (Est. 1770)

BELL, William, d. 1785.
GILBERT, Hon. Dea. Samuel. Col. of Engineering.
NELSON, Rufus, d. 1774.
    William, ae. 78 yrs.
    Margaret, wid. of William, d. 1785, ae. 80 yrs.
SLOAN, David, d. 1778, ae. 47 yrs.
    Elizabeth, dau. of Capt. John and Elizabeth, ae. 9 yrs.
    Joseph, d. 1787.
    Tryphone Skinner, w. of Joseph.

PORTER CEMETERY—NORTH LYME

HIBBARD, James, d. 1848, ae. 70 yrs.
Lydia, w. of James, d. 1840, ae. 90 yrs.
PERKINS, Abraham, d. 1791, ae. 36 yrs.
Fran, w. of Abraham, d. 1796, ae. 39 yrs.
PORTER, Dea. Calvin, d. 1831, ae. 81 yrs.
Thomas, d. 1808.
Ann, w. of Thomas, d. 1806, ae. 85 yrs.
Ruhama, d. 1849, ae. 93 yrs.
TALLIMAN, Thomas, d. 1849, ae. 80 yrs.
Hannah, w. of Thomas, d. 1843, ae. 73 yrs.
TURNER, David, d. 1826, ae. 73 yrs.
Rhoda, w. of David, d. 1850, ae. 86 yrs.
Jacob, d. 1804, ae. 54 yrs.

MADBURY

All cemeteries copied and published in N. E. Hist. and Gen. Reg., Vol. 87, p. 342-52, (Oct., 1933).
BOULDER—in Madbury, across from Town Hall.
Boody, 1695.
King Philip, 1675.
Demerritt, 1758.
Caverly, 1880.
Foye, Engr.

MASON
(Inc. 1741)

AUSTIN, John, d. July 20, 1835, ae. 67 yrs.
Sarah, d. Sept. 4, 1824, ae. 56 yrs.
BARRETT, Capt. Joseph, d. Dec. 20, 1831, ae. 86 yrs.
Capt. Jesse, d. Nov. 11, 1844, ae 82 yrs.
Esther, w. of Capt. Jesse, d. Feb. 18, 1827, ae. 50 yrs.
Reuben, d. Sept. 19, 1800, ae. 71 yrs.
Sarah, d. Mar. 25, 1794, ae. 43 yrs.
BATCHELDOR, Mrs. Polly, d. June 24, 1828, ae. 70 yrs.
BLODGET, Mary, d. May 14, 1817, ae. 46 yrs.
BLOOD, Joseph, d. July 5, 1850, ae. 86 yrs.
Lydia, w. of Joseph, d. Dec. 10, 1852, ae. 83 yrs.
Amos, d. Dec. 19, 1840, ae. 83 yrs.
Sarah, w. of Amos, d. Oct. 31, 1837, ae. 79 yrs.
BOYNTON, Jeremiah, d. Oct. 27, 1839, ae. 74 yrs.
Elizabeth, d. Apr. 26, 1849, ae. 81 yrs.

BROWN, Capt. Isaac, d. Nov. 3, 1800, ae. 55 yrs.
    James, d. Mar. 11, 1854, ae. 84 yrs.
    Sally, w. of James, d. Mar. 16, 1846, ae. 83 yrs.
BUCKNAM, Lt. Joses, d. Apr. 11, 1835, ae. 85 yrs.
BULLARD, Joseph, d. Mar. 3, 1792, ae. 67 yrs.
DAKIN, Dea. Amos, d. Apr. 28, 1789, ae. 47 yrs.
    Sarah, w. of Dea. Amos, d. June 28, 1811, ae. 74 yrs.
    Dea. Timothy, d. Oct. 9, 1845, ae. 82 yrs.
    Elizabeth, w. of Dea. Timothy, d. Apr. 28, 1802, ae. 37 yrs.
    Polly, w. of Dea. Timothy, d. Nov. 8, 1830, ae. 54 yrs.
DAVIS, Zacherriah, d. Nov. 25, 1831, ae. 57 yrs.
    Susanna, w. of Zacherriah, d. Apr. 23, 1808, ae. 57 yrs.
DUNSTER, Mary, d. June 29, 1795, ae. 83 yrs.
    Jason, d. Feb. 19, 1805, ae. 79 yrs.
    Rebeckah, 1st w. of Jason, d. Feb. 16, 1806, ae. 72 yrs.
    Mary, 2nd w. of Jason, d. May 5, 1858, ae. 89 yrs.
    Jason, Jr., d. Mar. 21, 1828, ae. 65 yrs.
    Ruth, d. 1787, ae. 37 yrs.
ELIOT, Elias, d. Feb. 23, 1785, ae. 80 yrs.
    Ruth, w. of Elias, d. Dec. 3, 1794, ae. 85 yrs.
ELLIOT, Rev. William, d. June 4, 1830, ae. 79 yrs.
    John, d. June 24, 1781, ae. 65 yrs.
    Dea. Andrew, d. Sept. 30, 1811, ae. 56 yrs.
FAY, Jonas, d. May 16, 1826, ae. 75 yrs.
    Molly, w. of Jonas, d. Apr. 1, 1812, ae. 62 yrs.
FLABB, Mary, d. Nov. 11, 1832, ae. 91 yrs.
    Josiah, d. May 30, 1824, ae. 74 yrs.
    Esther, w. of Josiah, d. Aug. 6, 1832, ae. 68 yrs.
    William B., d. May 1, 1836, ae. 66 yrs.
GILMAN, Mrs. Rhoda, d. Nov. 10, 1832, ae. 68 yrs.
HALL, Richard, d. July 16, 1822, ae. 54 yrs.
    Hannah, w. of Richard, d. Apr. 28, 1864, ae. 92 yrs.
HEALD, Mrs. Elizabeth, d. Mar. 12, 1799, ae. 85 yrs.
HILL, Samuel, d. June 2, 1798, ae. 66 yrs.
    Sarah, w. of Samuel, d. Dec. 30, 1808, ae. 65 yrs.
    Samuel, d. May 23, 1813, ae. 45 yrs.
    Dorcas, w. of Samuel, d. Jan. 19, 1807, ae. 37 yrs.
    Rev. Ebenezer, d. May 20, 1854, ae. 88 yrs.
    Daniel, d. Nov. 10, 1841, ae. 78 yrs.
    Elizabeth, w. of Daniel, d. July 12, 1827, ae. 58 yrs.
HOSMER, William, d. Mar. 26, 1802, ae. 64 yrs.
    Anna, w. of William, d. July 7, 1818, ae. 45 yrs.
HUNT, David, d. Nov. 17, 1849, ae. 83 yrs.
JEFTS, Mrs. Mary, d. Oct. 29, 1777, ae. 67 yrs.
    John, d. Dec. 10, 1809, ae. 70 yrs.
    Lowis, d. Oct. 9, 1817, ae. 71 yrs.
KENDALL, William, d. Apr. 18, 1824, ae. 72 yrs.

KNAPP, Lois, w. of Elizar, d. Apr. 11, 1846, ae. 88 yrs.
LAWRANCE, Ensign Enock, d. Sept. 28, 1778, ae. 68 yrs.
    Dr. Enock, d. Sept. 28, 1797, ae. 25 yrs.
    Lieut. Enock, d. Dec. 11, 1809, ae. 72 yrs.
    Esther, w. of Lieut. Enock, d. July 12, 1815, ae. 80 yrs.
LAWRENCE, Steven, d. Sept. 4, 1824, ae. 80 yrs.
    Wife of Steven, d. June 13, 1830, ae. 84 yrs.
MERRIAM, Joseph, d. Apr. 15, 1811, ae. 41 yrs.
    Ruth, w. of Joseph, d. Oct. 15, 1817, ae. 45 yrs.
    Joseph, d. Nov. 6, 1826, ae. 82 yrs.
    Mary, 1st w. of Joseph, d. Aug. 22, 1791, ae. 48 yrs.
    Sarah, 2nd w. of Joseph, d. June 14, 1833, ae. 92 yrs.
    Ezra, d. June 21, 1827, ae. 67 yrs.
    Susannah, w. of Ezra, d. Aug. 13, 1851, ae. 86 yrs.
PARKER, Samson, d. Mar. 18, 1818, ae. 58 yrs.
    Lieut. Obadiah, d. Oct. 5, 1816, ae. 86 yrs.
    Ruth, w. of Lieut. Obadiah, d. Feb. 5, 1818, ae. 86 yrs.
    Capt. Samuel, d. Dec. 20, 1827, ae. 64 yrs.
    Mary, w. of Capt. Samuel, d. Feb. 22, 1813, ae. 50 yrs.
PIKE, William, d. Oct. 7, 1832, ae. 68 yrs.
    Thankful, d. July 1, 1833, ae. 70 yrs.
RICHARDSON, Hezekiah, d. June 17, 1839, ae. 67 yrs.
    Anna, w. of Hezekiah, d. Jan. 20, 1831, ae. 53 yrs.
ROBBINS, Hannah, d. Mar. 15, 1816, ae. 68 yrs.
RUSSELL, Hubbert, d. Nov. 6, 1836, ae. 88 yrs.
    Sarah, w. of Hubbert, d. Jan. 25, 1829, ae. 76 yrs.
    Jason, d. Sept. 25, 1825, ae. 83 yrs.
    Elizabeth, w. of Jason, d. May 24, 1799, ae. 54 yrs.
    Josiah, d. Mar. 27, 1844, ae. 77 yrs.
    Eunice, w. of Josiah, d. July 2, 1836, ae. 66 yrs.
SCRIPTURE, Capt. James, d. June 19, 1810, ae. 62 yrs.
    Sybel, w. of Capt. James, d. Mar. 3, 1834, ae. 78 yrs.
SMITH, Samuel, d. Dec. 6, 1815, ae. 74 yrs.
    Elizabeth, w. of Samuel, d. Sept. 29, 1834, ae. 88 yrs.
    Capt. Samuel, d. Feb. 2, 1849, ae. 84 yrs.
    Phoebe, w. of Capt. Samuel, d. Sept. 9, 1845, ae. 78 yrs.
SNOW, James, d. Sept. 21, 1843, ae. 70 yrs.
    Esther, d. June 15, 1852, ae. 82 yrs.
SWALLOW, Lieut. John, d. Nov. 23, 1815, ae. 84 yrs.
    Mary, d. Aug. 14, 1822, ae. 76 yrs.
TARBELL, Thomas, d. Jan. 10, 1827, ae. 75 yrs.
    Sarah, w. of Thomas, d. Oct. 13, 1842, ae. 89 yrs.
TARBLE, Mary, d. Feb. 9, 1785, ae. 36 yrs.
WARREN, Hinchsman, d. May 4, 1827, ae. 75 yrs.
    Esther, w. of Hinchsman, d. Dec. 21, 1843, ae. 78 yrs.
WEBBER, Dea. Jotham, d. May 2, 1824, ae. 73 yrs.
    Elizabeth, w. of Dea. Jotham, d. Mar. 6, 1838, ae. 82 yrs.

WESTON, Dea. Rogers, d. Mar. 9, 1843, ae. 78 yrs.
    Deborah, 1st w. of Dea. Rogers, d.   Oct. 20, 1798, ae. 34 yrs.
    Anna, 2nd w. of Dea. Rogers, d. Sept. 31, 1829, ae. 75 yrs.
    Rebecca, 3rd w. of Dea. Rogers, d. Aug. 15, 1830, ae. 66 yrs.
    Lydia, 4th w. of Dea. Rogers, d. May 18, 1839, ae. 83 yrs.
WHEELER, Timothy, d. Dec. 13, 1821, ae. 70 yrs.
    Sarah, w. of Timothy, d. Jan. 21, 1823, ae. 67 yrs.
WHITAKER, John, d. Oct. 4, 1829, ae. 85 yrs.
    Thankful, d. Sept. 6, 1831, ae. 87 yrs.
WILLIAMS, Jonathan, d. Mar. 8, 1821, ae. 85 yrs.
    Rachel, 1st w. of Jonathan, d. June 24, 1790, ae. 58 yrs.
    Anna, 2nd w. of Jonathan, d. Jan. 24, 1833, ae. 84 yrs.
WILSON, Mrs. Lucy, d. Dec. 8, 1835, ae. 97 yrs.
    Miss Lucy, d. Dec. 23, 1819, ae. 59 yrs.
WINSHIP, John, d. Aug. 1, 1819, ae. 77 yrs.
    Judith, d. Sept. 22, 1822, ae. 80 yrs.
WOOD, Elizabeth, d. Dec. 1, 1789, ae. 75 yrs.
    Elizabeth, d. Feb. 15, 1829, ae. 71 yrs.
    James, d. July 31, 1839, ae. 89 yrs.
    Ensign John, d. Dec. 9, 1785, ae. 69 yrs.
    Elizabeth, w. of Ensign John, d. 1794, ae. 81 yrs.
WOODS, Joseph, d. May 11, 1830, ae. 76 yrs.
    Mary, d. Jan. 8, 1841, ae. 84 yrs.
WRIGHT, Abraham B., d. July 16, 1833, ae. 72 yrs.
    Mary, w. of Abraham B., d. Oct. 17, 1842, ae. 75 yrs.

MARLBOROUGH

WHITE, William, b. Scituate, Mass., 1736, d. Jan. 8, 1820, ae. 84 yrs.
    Great grandson of Peregrine White, 1st white child in N. E.
    Lydia Goodale, w. of William, b. Salem, Mass., d. July, 1820, ae 80 yrs.

MARLOW
(Granted 1752 as Addison)

WEST BURYING GROUND OR BAKER CORNER

BAKER, Dr. Isaac, d. Oct. 16, 1847, ae. 77 yrs.
BECKWITH, Rev. Eleazor, d. Apr. 16, 1808, ae. 67 yrs.
    Hannah, w. of Eleazor, d. Aug. 16, 1823, ae. 80 yrs.
    Marum, w. of Daniel, d. Mar. 17, 1809, ae. 88 yrs.
    Phebe, w. of James, d. Feb. 21, 1810, ae. 41 yrs.
    Sarah, w. of Auren, d. Jan. 28, 1837, ae. 74 yrs.
    Ira, d. Jan. 7, 1829, ae. 69 yrs.   Revolutionary soldier.
    Hannah, w. of Ira, d. May 22, 1850, ae. 89 yrs.
    Jason, d. July 24, 1830, ae. 63 yrs.   Revolutionary soldier.
    Phebe, w. of Jason, d. Feb. 21, 1810, ae. 41 yrs.

BINGHAM, Sarah, w. of Abner, d. June 14, 1799, ae. 64 yrs.
BROWN, Francis, d. Mar. 18, 1827, ae. 72 yrs.
 Anna, w. of Aaron, d. June 22, 1851, ae. 87 yrs.
COMSTOCK, Cyrus, d. Feb. 29, 1828, ae. 70 yrs.
 Hester, w. of Samuel, d. July 16, 1820, ae. 50 yrs.
 Mary, wid., d. Oct. 23, 1801, ae. 92 yrs.
FARLEY, Hepsabeth, w. of Ebenezer, d. May 15, 1812, ae. 85 yrs.
GALE, Amos, d. May 25, 1833, ae. 86 yrs.
 Elizabeth, w. of Josiah, d. Mar. 1, 1802, ae. 77 yrs.
 Hannah, w. of Amos, d. Mar. 30, 1819, ae. 66 yrs.
GAY, John, d. Oct. 9, 1835, ae. 88 yrs.
GEE, Asa., d. Nov. 6, 1838, ae. 72 yrs.
 Rhoda, w. of Asa, d. Dec. 7, 1838, ae. 69 yrs.
 Eunice, w. of Stephen, d. Mar. 29, 1828, ae. 85 yrs.
 Martha, wid., d. Nov. 15, 1828, ae. 89 yrs.
 Solomon, d. Aug. 13, 1804, ae. 68 yrs.
 Solomon, d. July 9, 1838, ae. 70 yrs.
 Stephen, d. Oct. 15, 1808, ae. 87 yrs.
GUSTIN, John, d. June 30, 1815, ae. 71 yrs. Revolutionary soldier.
 Lydia Mack, w. of John, d. July 20, 1847, ae. 101 yrs.
 Mary, w. of Samuel, d. June 9, 1804, ae. 86 yrs.
 Samuel, d. in Rockingham, Vt.
HEATH, Betsey, d. May 11, 1855, ae. 90 yrs.
HOWARD, Thomas, d. Aug. 23, 1842, ae. 85 yrs.
 Hannah, w. of Thomas, d. May 14, 1811, ae. 40 yrs.
HUNTLEY, Aaron, d. Feb. 18, 1818, ae. 67 yrs. Revolutionary soldier.
 Rachel, w. of Aaron, d. Mar. 17, 1839, ae. 84 yrs.
 Elisha, d. Jan. 17, 1835, ae. 74 yrs. Revolutionary soldier.
 Clarissa, w. of Elisha, d. Sept. 23, 1850, ae. 86 yrs.
 Nathan, Jr., d. Sept. 20, 1793, ae. 45 yrs. Revolutionary soldier.
 Mary, w. of Nathan, Jr., d. Sept. 15, 1790, ae. 35 yrs.
 Nathan, d. Apr., 1798, ae. 72 yrs.
 Lucy, w. of Nathan, d. Mar. 25, 1802, ae. 75 yrs.
 Capt. Rufus, d. Apr. 27, 1802, ae. 55 yrs. Revolutionary soldier.
 Esther, w. of Rufus, d. Mar. 22, 1817, ae. 69 yrs.
 Russell, d. Mar., 1808, ae. 49 yrs. Revolutionary soldier.
 Ann, w. of Russell, d. June 1, 1829, ae. 67 yrs.
JACOBS, Rev. Peter, d. May 3, 1824, ae. 67 yrs.
 Phebe, w. of Rev. Peter, d. Aug. 27, 1834, ae. 54 yrs.
KENT, Sarah, w. of Isaac, d. Nov. 30, 1779, ae. 28 yrs.
LAMPHER, Richard, d. 1782, ae. 33 yrs.
 Elizabeth, w. of Richard, d. Dec. 10, 1813, ae. 66 yrs.
MACK, Abigail, w. of Rev. Ebenezer, d. Mar. 9, 1783, ae. 74 yrs.
 Phebe, w. of Zohlier, d. Jan. 29, 1777, ae. 28 yrs.
 Silas, d. Apr. 14, 1836, ae. 84 yrs. Revolutionary soldier.
 Mary, w. of Silas, d. Sept. 10, 1843, ae. 86 yrs.
MAYNARD, Mary J., d. June 6, 1822, ae. 70 yrs.

MESSER, Nathaniel, d. July 2, 1824, ae. 74 yrs.
    Ruth, w. of Nathaniel, d. Mar. 14, 1823, ae. 69 yrs.
MILLER, Bethuel, d. Nov. 16, 1821, ae. 64 yrs. Revolutionary soldier.
    Jenina, w. of Bethuel, d. Jan. 27, 1849, ae. 87 yrs.
    Lemuel, d. Dec. 22, 1822, ae. 82 yrs. Revolutionary soldier.
    Mary, w. of Lemuel, d. June 23, 1823, ae. 79 yrs.
    Mehitable, d. Dec. 21, 1842, ae. 74 yrs.
    Capt. Nichodemus, d, June 14, 1781, ae. 67 yrs.
    Phebe, wid., d. 1797, ae. 77 yrs.
MUNSEL, Lieut. James, d. Mar. 31, 1821, ae. 81 yrs. Revolutionary soldier.
    Esther, w. of James, d. May 21, 1830, ae. 89 yrs.
ROYCE, Samuel, d. June 30, 1802, ae. 62 yrs.
    Rebecca, w. of Samuel, d. July 23, 1813, ae. 79 yrs.
RICHARDSON, Dr. William, d. Mar. 23, 1832, ae. 74 yrs.
    Lovina, w. of Dr. William, d. Aug. 19, 1841, ae. 78 yrs.
    Lemuel, d. Apr. 14, 1818, ae. 84 yrs.
    Anna, w. of Lemuel, d. July 31, 1820, ae. 87 yrs
    Polly, dau., d. Sept. 9, 1792, ae. 29 yrs.
    Thomas, b. Dec. 13, 1760, d. Feb. 29, 1840.
    Lydia, b. 1766, d. Nov. 15, 1799.
    Esther, b. May 27, 1757, d. Oct. 5, 1840.
SMITH, Abner, d. Nov. 23, 1838, ae. 81 yrs.
    Anna, w. of Abner, d. May 3, 1790, ae. 32 yrs.
    Lovina, w. of Abner, d. Oct. 29, 1839, ae. 76 yrs.
    David, d. Apr. 13, 1823, ae. 81 yrs.
    Mehitable, w. of John, d. Nov., 1820, ae. 67 yrs.
TUBBS, Daniel, d. Oct. 30, 1837, ae. 76 yrs.
    Molly, w. of Lieut. Daniel, d. Mar. 7, 1812, ae. 49 yrs.
    Abisha, d. Oct. 25, 1814, ae. 74 yrs.
    Hepzibah, w. of Abisha, d. June 15, 1818, ae. 78 yrs.
WAY, Capt. Christopher, d. May 11, 1842, ae. 70 yrs.
    Asa, d. Aug. 8, 1859, ae. 83 yrs.
    Daniel, d. June 5, 1794, ae. 50 yrs.
    Ruth, w. of Daniel, d. May 11, 1819, ae. 79 yrs.
WHEELER, Daniel, d. Nov. 27, 1830, ae. 65 yrs.
    Cloe, w. of Daniel, d. Mar. 3, 1852, ae. 80 yrs.

MEREDITH

(Grant 1748)

FIRST BURYING GROUND OPP. OLD POUND

BLAISDELL, John, 1765-1844.
BOYNTON, John, 1767-1849.
    Richard, 1745-1802.
BRYANT, John, 1767-1849.
FARRAR, Capt. Steven, 1766-1849.

WIGGIN YARD OPP. WANKIKATINA INN ON D. W. ROAD

WIGGIN, Chase, Stratham, 1751-1850, d. at son Joshua Wiggin. Revolutionary soldier. Pioneer W.

Molly Perkins, w. of Chase Wiggin.

Many more cemeteries have been copied and placed in Hist. Libraries in N. H.

MERIDEN

(In town of Plainfield)

CEMETERY WEST OF THE TOWN

BAKER, Hon. Dr. Oliver, b. 1755, d. Oct. 3, 1811, ae. 56 yrs.

Dorcas Dimmick, w. of Dr. Oliver Baker, d. Oct. 19, 1849, ae. 89 yrs.

FIFIELD, Edward, b. 1748, d. Aug. 19, 1831.

Dorothy, w. of Edward, b. 1748, d. —— 26, 1827.

JOY, Mrs. Mary, b. 1767, d. Apr. 23, 1811.

MAINE, Dorcas, w. of Isaac, b. 1743, d. Sept. 22, 1777.

SLACK, Abel, b. 1770, d. Apr. 6, 1839.

Damaris, w. of Abel, b. 1765, d. Mar. 25, 1854.

SHORT, Mrs. Keziah, b. 1748, d. May 5, 1782.

WILLIAMS, Isaac, b. 1756, d. Feb. 21, 1808. Small pox.

Rebecca, w. of Isaac, b. 1753, d. Aug. 17, 1814.

CEMETERY SOUTH OF THE TOWN

ANDREWS, Nathan, d. Jan. 7, 1823, ae. 67 yrs.

Abigail, d. July 14, 1839, ae. 80 yrs.

CLARK, Samuel, d. Aug. 31, 1841, ae. 83 yrs.

Sarah, w. of Samuel, d. Oct. 29, 1818, ae. 53 yrs.

HEYWOOD, Eleazer, d. Apr. 9, 1835, ae. 78 yrs.

Tabitha, d. Mar. 22, 1839, ae. 75 yrs.

JOY, Benjamin, d. Mar. 11, 1810, ae. 91 yrs.

Mrs. Sarah, d. Sept. 26, 1803, ae. 81 yrs.

Mrs. Sarah, d. Oct. 30, 1816, ae. 73 yrs.

SPAULDING, Philip, d. Jan. 29, 1847, ae. 92 yrs.

Thankful, w. of Philip Spaulding, d. Jan. 22, 1821, ae. 61 yrs.

MERRIMACK

(Inc. 1746)

THORNTON CEMETERY

BURNAP, Ruth, w. of Rev. Jacob, d. Dec. 21, 1773, ae. 26 yrs.

CONANT, Capt. Israel, d. May 26, 1808, in his 33rd year.

John, d. Sept. 27, 1824, ae. 51 yrs.

Sarah, w. of John, d. Apr. 16, 1812, ae. 34 yrs.

COTTON, Mary, w. of Capt. Samuel, d. Feb. 16, 1836, ae. 64 yrs.

CROCKER, Capt. Japhet, d. Sept. 30, 1835, ae. 87 yrs.

Lydia, w. of Capt. Japhet, d. May 25, 1819, ae. 73 yrs.

CUMMINGS, Elizabeth, w. of Capt. Jonathan, d. May 28, 1775, ae. 70 yrs.
  Joseph, son of Capt. Jonathan and Elizabeth, d. Mar. 12, 1776, ae 34 yrs.
  Elizabeth, dau. of Capt. Jonathan and Elizabeth, d. 1772, ae. 27 yrs.
DICKEY, Samuel, d. July 6, 1824, ae. 56 yrs.
  Margaret C., wid. of Samuel, d. Aug. 25, 1850, ae. 79 yrs.
HARRIS, Azariah, d. Nov. 17, 1856, ae. 91 yrs.
HILLS, Ebenezer, d. June 21, 1804, ae. 79 yrs.
  Elisabeth, w. of Ebenezer, d. May 7, 1771, ae. 41 yrs.
  Joseph, son of Ebenezer and Elisabeth, d. July, 1785, ae. 27 yrs.
HUTCHINS, Lucy, w. of Col. Gordon, Concord, N. H., d. 1833, ae. 76 yrs.
  Horatio G., d. Jan. 31, 1850, ae. 58 yrs.
JONES, Mehetable, d. Feb. 13, 1863, ae. 91 yrs.
LUND, Lieut. Charity, d. June 11, 1793, ae. 62 yrs.
  Lucy, w. of Charity, d. Sept. 2, 1805, ae. 69 yrs.
  Charity, d. July 13, 1813, ae. 52 yrs.
  Rebekah, d. Feb. 13, 1812, ae. 34 yrs.
  Jarahmeel, d. Sept. 11, 1818, ae. 47 yrs.
  Stephen, d. May 20, 1821, ae. 67 yrs.
  Cosmo, d. July 15, 1834, ae. 65 yrs.
LUTWYCHE, Sarah, w. of Capt. Laurence, d. Sept. 7, 1778, ae. 77 yrs.
QUINTON, James, d. Feb. 12, 1776, ae. 76 yrs.
THORNTON, Matthew, one of the signers of the Declaration of Independence. Erected by the State of New Hampshire.
  Hon. Matthew, Esq., d. June 24, 1803, ae. 89 yrs.
  Hannah, w. of Hon. Matthew, Esq., d. Dec. 5, 1786, ae. 44 yrs.
  Andrew, son of Hon. Matthew and Hannah, d. Apr. 22, 1787, ae. 21 yrs.
  Matthew, son of Hon. Matthew and Hannah, d. Dec. 5, 1804, ae. 34 yrs.
  James, son of Hon. Matthew and Hannah, d. July 3, 1817, ae. 54 yrs.
  Mary, w. of James, d. Aug. 11, 1832, ae. 69 yrs.

TURKEY HILL CEMETERY

(So called because there were many wild turkeys in this vicinity)

AIKEN, Lieut. John, d. Feb. 20, 1811, ae. 52 yrs.
  Mary, w. of Lieut. John, d. Apr. 12, 1828, ae. 65 yrs.
ARBUCKLE, Mrs. Mary, d. Dec. 7, 1791, ae. 60 yrs.
ALLD, John, Jr., d. Feb. 10, 1813, ae. 49 yrs.
  Jane, w. of John, Jr., d. Oct. 3, 1820, ae. 55 yrs.
BARNS, Rachel, w. of Capt. Thomas, d. Apr. 26, 1777, ae. 53 yrs.
BARRON, Lieut. Samuel, d. Oct. 3, 1836, ae. 79 yrs. Revolutionary soldier.
  Mary, w. of Lieut. Samuel, d. July 28, 1782, in her 18th year.
  Sibyl, w. of Lieut. Samuel, d. Apr. 17, 1811, ae. 48 yrs.
BLODGETT, Ezra, d. Aug. 16, 1844, ae. 81 yrs.
  Sarah, d. Feb. 9, 1821, ae. 56 yrs.
BURNAP, Rev. Jacob, D. D., b. Reading, Mass., 1748, grad. Harvard Univer.
  1770, ord. Pastor of the Church 1772, d. Dec. 26, 1821, ae. 73 yrs.
  Elisabeth, w. of Rev. Jacob, d. May 4, 1810, ae. 52 yrs.
BURNHAM, Elizabeth, d. Feb. 7, 1857, ae. 90 yrs.

BURNS, Robert, d. Nov. 21, 1796, ae. 47 yrs.
    Molly, w. of Robert, d. Mar. 18, 1796, ae. 39 yrs.
BUXTON, Elijah, d. July 19, 1827.
    Anna, w. of Elijah, d. June 29, 1822, ae. 59 yrs.
CARLTON, Timothy, d. Apr. 9, 1834, ae. 81 yrs.
    Rebecca, w. of Timothy, d. Mar. 15, 1856, ae. 85 yrs.
COCHRAN, Nathaniel, d. July 16, 1802, ae. 88 yrs.
FIEALDS, Hannah, w. of Marstan, d. Mar. 5, 1815, ae. 67 yrs.
FIELDS, Capt. Henry, d. June 23, 1804, ae. 61 yrs.
FORSTER, Elizabeth, w. of Samuel, and dau. of Alexander McCauley, d.
    Mar. 17, 1816, ae. 62 yrs.
    Susanna, w. of Samuel, d. Oct. 14, 1780, ae. 37 yrs.
GIBSON, Samuel, d. Sept. 4, 1779, ae 86 yrs.
    Samuel, d. Nov. 3, 1820, ae. 86 yrs.
    Elizabeth, w. of Samuel, d. Feb. 3, 1815, ae. 77 yrs.
GILLIS, Josiah, d. Apr. 25, 1788, in his 36th year.
    Jane,, w. of Josiah, d. July 17, 1781, ae. 23 yrs.
    Rachel, dau. of Hugh and Sarah, d. Oct. 24, 1788, ae. 25 yrs.
    Thomas, d. Mar. 22, 1780, ae. 30 yrs.
GILLMORE, James, Jr., d. Feb. 7, 1797, ae. 30 yrs.
    Rebecah, d. Oct. 29, 1825, ae. 78 yrs., wid. of Capt. Henry Fields.
GOODRICH, Dr. Abel, d. Jan. 12, 1841, ae. 79 yrs.
    Mary, w. of Dr. Abel, d. Mar. 3, 1830, ae. 50 yrs.
HANRY, Elisabeth, w. of William, d. Nov. 8, 1780, ae. 63 yrs.
    William, d. Feb. 5, 1778, ae. 65 yrs.
HENRY, Martha, w. of John, d. Mar. 22, 1784, ae. 35 yrs.
HANERY, John, d. Mar. 31, 1782, ae. 63 yrs.
HAY, Thomas, b. Reading, Feb. 14, 1724, d. Feb. 2, 1813, ae. 89 yrs.
    Mary, w. of Thomas, b. in Salem, Aug. 31, 1733, d. Mar. 26, 1813.
    Azor, d. Sept. 9, 1868, ae. 95 yrs., 8 mos.
HODGMAN, Joshia, d. Sept. 12, 1787, ae. 40 yrs.
    Rebekah, w. of Joshia, d. Oct. 17, 1789, ae. 39 yrs.
HARTSHORN, Bm., d. July 3, 1824, ae. 80 yrs.
    Abigal, w. of Bm., d. May 16, 1823, ae. 77 yrs.
HOWE, Anna, w. of Mart., d. July 15, 1826, ae. 70 yrs.
    Mart., d. Feb. 19, 1813, ae. 64 yrs.
INGALLS, Dea. Daniel, d. Oct. 16, 1832, ae. 74 yrs.
    Mary, w. of Dea. Daniel, d. Jan. 6, 1826, ae. 70 yrs.
KIDDE, Susan, of Tewksbury, d. Mar. 23, 1798, ae. 81 yrs.
KITTERIDGE, Esther, w. of Daniel, d. Aug. 6, 1827, ae. 51 yrs.
LONJA, Abigail, w. of William, d. Jan. 26, 1786, ae. 25 yrs.
LUND, Jonathan, d. June 11, 1828, ae. 81 yrs.
    Prisala, d. Jan. 22, 1824, ae. 76 yrs.
MAY, Lemlon, d. Dec. 18, 1791, ae. 28 yrs.
McCAULEY, Alexander, b. Ireland, 1707. Came to America in 1737. Soldier
    of Colonial Wars, d. Merimack, Oct. 11, 1788.
    Mary Pinkerton, w. of Alexander, d. Jan. 20, 1791, ae. 78 yrs.

McCLENCH, Elisabeth, w. of John, d. July 27, 1807, ae. 100 yrs.
  John, d. Nov. 30, 1794, ae. 88 yrs.
McGILLVERY, William, son of John, d. at sea Jan. 9, 1783, ae. 29 yrs.
  John, d. Dec. 24, 1793, ae. 60 yrs.
  Margaret, w. of John, d. Dec. 29, 1839, ae. 88 yrs.
M'CALLEY, Esther, w. of Alexander, d. Oct. 26, 1827, ae. 70 yrs.
  Alexander, d. June 21, 1829, ae. 78 yrs.
MILLER, Ens. William, d. Jan. 14, 1818, ae. 55 yrs.
  Lucy, w. of Ens. William, d. Oct. 5, 1811, ae. 45 yrs.
NOURSE, Ruth, w. of Benjamin, Esq., d. Mar. 4, 1815, ae. 57 yrs.
ODELL, John, d. Nov. 5, 1844, ae. 83 yrs.
  Edee, w. of John, d. Sept. 7, 1842, ae. 77 yrs.
PARKER, Kiria, w. of Ebeneser, d. Feb. 21, 1816, ae. 68 yrs.
  Ebeneser, d. Apr. 18, 1804, ae. 56 yrs.
PETTERBUSH, Lucy, w. of Christopher, d. Oct. 24, 1812, ae. 55 yrs.
PIERCE, Willard, d. Sept. 24, 1825, ae. 79 yrs.
  Olive, w. of Willard, d. Nov. 12, 1810, ae. 66 yrs.
PRATT, Thomas W., d. Feb. 12, 1849, ae. 84 yrs.
  Catherine H., w. of Thomas W., d. Mar. 22, 1858, ae. 94 yrs.
RITTERBUSH, Christopher, d. June 1, 1841, ae. 87 yrs.
  Mary, w. of Christopher, d. Oct. 1, 1834, ae. 78 yrs.
SPAULDING, Samuel, d. Sept. 11, 1797, ae. 73 yrs.
  Sarah, w. of Samuel, d. Apr. 10, 1815, ae. 87 yrs.
  Asa, d. Apr. 9, 1815, ae. 46 yrs.
  Oliver, d. Aug. 21, 1811, ae. 79 yrs.
  Abigail, w. of Oliver, d. Mar. 17, 1793, ae. 32 yrs.
  Lucy, w. of Oliver, d. Mar. 3, 1823, ae. 50 yrs.
SHED, Elisabeth, w. of Capt. Benjamin, of Billerica, d. 1796, ae. 89 yrs.
STEVENS, David, d. Dec. 23, 1819, ae. 64 yrs.
  Judith, w. of Lieut. David, d. Sept. 5, 1820, ae. 61 yrs.
  Dorothy, w. of Abial, d. Mar. 19, 1796, ae. 67 yrs.
  Abiel, d. June 9, 1807, ae. 87 yrs.
TARBELL, Cornelious, d. Dec. 11, 1803, ae. 82 yrs.
  Elizabeth, w. of Cornelious, d. June 7, 1797, ae. 77 yrs.
TOOTHAKER, Dr. Allan, d. June 12, 1775, ae. 28 yrs.
VICKERE, Hannah, d. June 9, 1794, ae. 57 yrs.
  Benjamin, s. of Ens. Benjamin and Hannah, d. Nov. 30, 1789, ae 27 yrs.
  Mary, dau. of Ens. Benjamin and Hannah, d. Dec. 25, 1790, ae 26 yrs.
  Hannah, dau. of Ens. Benjamin and Hannah, d. Nov. 12, 1792, ae 32 yrs.
  Hannah, w. of Ens. Benjamin, d. Dec. 30, 1796, ae. 60 yrs.
  Benjamin, d. Mar. 10, 1808, ae. 76 yrs.
WILLSON, Jonathan, d. June 8, 1814, ae. 77 yrs.
  Mercy, w. of Jonathan, d. Feb. 24, 1831, ae. 87 yrs.
  Abagail, w. of Jonathan, Jr., d. June 2, 1822, ae. 45 yrs.
WEST, Enos, d. July 22, 1803, ae. 58 yrs.

MERRIMACK, SOUTH

REED'S CEMETERY

GREEN, Benjamin, d. Aug. 2, 1837, ae. 67 yrs.
HILL, Ebenezer, d. Oct. 27, 1834, ae. 78 yrs.
M'CLURE, John, d. Sept. 12, 1835, ae. 79 yrs.
    William, d. Nov. 16, 1824, ae. 62 yrs.
    Rebeckah, w. of William, d. Nov. 26, 1824, ae. 60 yrs.
REED, John, d. Oct. 20, 1849, ae. 74 yrs.
    Sally, w. of John, d. June 2, 1838, ae. 57 yrs.
SPALDING, Samuel, 1754-1825.
    Sarah Heald, 1759-1823.

MIDDLETON

One-Half Mile from Middleton Corner

ROBERTS, George, d. May 12, 1829, ae. 73 yrs., 8 mos., 21 days. Revolutionary soldier.

YORK CEMETERY

YORK, John, b. 1746, d. Jan. 2, 1837. Revolutionary soldier.

MILFORD

(Inc. 1794)

ADAMS, Jacob, d. Sept. 11, 1836, ae. 96 yrs.
    Grace, d. Dec. 18, 1830, ae. 87 yrs.
BALL, Jonathan, 1755-1829.
BANCROFT, Mrs. Susannah, d. July 19, 1825, ae. 61 yrs.
BROWN, Elisabeth, w. of Caleb, d. July 20, 1825, ae. 67 yrs.
BARKER, Benjamin, d. Oct. 6, 1813, ae. 41 yrs.
BADGER, James, d. Jan. 28, 1841, ae 96 yrs., 6 mos.
BURNS, Mrs. Jennie, d. Nov. 30, 1814, ae. 77 yrs.
    John, d. Jan. 16, 1825, ae. 92 yrs.
    George, d. Mar. 7, 1805, in his 72 year.
    Joseph, d. Dec. 1, 1852, ae. 82 yrs.
    Anna, w. of Joseph, d. May 22, 1854, ae. 88 yrs.
BUINHAM, Andrew, d. Aug. 3, 1838, ae. 77 yrs.
BUXTON, Jona, d. July 28, 1820, ae. 63 yrs.
    Abigail, w. of Benjamin, d. Feb. 11, 1830, ae. 95 yrs.
BLANCHARD, August, Esq., d. Feb. 27, 1809, in his 63rd year.
    Elisabeth, w. of George, d. Aug. 28, 1832, ae. 82 yrs.
    George, d. Mar. 10, 1824, ae. 84 yrs. Revolutionary soldier.
    Simon, d. Oct. 2, 1831, ae. 82 yrs.
    Catherine, d. July 31, 1841, ae. 84 yrs.

CROSBY, Sarah, w. of William, d. Dec. 18, 1845, ae. 78 yrs.

    Josiah, Esq., d. Oct. 13, 1793, in his 63rd year.   Revolutionary soldier

    Sarah, w. of Josiah, Esq., d. in her 94th year.

    Samsen, d. Dec. 28, 1800, ae. 69 yrs.

    Lydia, d. Dec. 10, 1843, ae. 94 yrs.

    William, Esq., d. May 12, 1831, ae. 73 yrs.   Revolutionary soldier.

CUTTER, Caloline H., w. of Calvin Cutter, M. D., "murdered by the Baptist ministry and Baptist churches," Sept. 28, 1838, ae. 33 yrs.

DARRACOTT, William, d. June 9, 1825, ae. 55 yrs.

    Lydia, w. of William, d. Apr. 7, 1819, ae. 46 yrs.

DUNCKLEE, David, d. May 1, 1832, ae. 65 yrs.

    Sarah, d. July 13, 1849, ae. 80 yrs.

FARWELL, Jonathan, d. Apr. 1, 1845, ae. 77 yrs.

    Sybel, w. of Jonathan, d. Mar. 25, 1839, ae. 75 yrs.

FOSTER, Edward, d. Apr. 3, 1807, in his 60th year.

    Phebe, w. of Edward, d. Mar. 10, 1823, ae. 74 yrs.

FRENCH, Benjamin, d. Feb. 20, 1806, ae. 61 yrs.

    Bathoheba, w. of Benjamin, d. Feb. 20, 1818, ae. 75 yrs.

GOODEN, Huldah, w. of David, d. Mar. 20, 1809, ae. 36 yrs.

    David, d. Jan. 29, 1845, ae. 76 yrs.

GUTTERSON, John, d. Dec. 13, 1841, ae. 75 yrs.

    Phebe Ballard, w. of John, d. Nov. 15, 1840, ae. 67 yrs.

    Abiel, d. Nov. 14, 1833, ae. 53 yrs.

    Samuel, d. Jan. 22, 1834, ae. 69 yrs.

    Samuel, d. Nov. 23, 1818, ae. 79 yrs.

    Lydia, w. of Samuel, d. Nov. 29, 1816, ae. 88 yrs.

HALL, Nathan, d. Oct. 23, 1812, ae. 44 yrs.

    Ruth, w. of Nathan, d. Jan. 12, 1815, ae. 46 yrs.

HOLT, Capt. Abiel, d. Feb. 17, 1834, ae. 64 yrs.

    Elizabeth, w. of Capt. Abiel, d. Oct. 20, 1854, ae. 82 yrs., 6 mos.

HOPKINS, Benjamin, d. Nov. 7, 1820, ae. 93 yrs.

    William, d. July 20, 1805, ae. 40 yrs.

    Martha, w. of Eben, d. Feb. 6, 1792, ae. 50 yrs.

HOWE, Stephen, d. Mar. 19, 1818, ae. 73 yrs.

    Hannah, w. of Stephen, d. June 23, 1806, ae. 51 yrs.

HOVEY, Henry A., d. July 28, 1830, ae. 64 yrs.

HUTCHINSON, Bartholomew, d. Sept. 24, 184—, ae. 82 yrs.

    Susanna, d. Aug. 25, 1834, ae. 79 yrs.

    Lieut. Benjamin, d. Sept. 12, 1832, ae. 78 yrs.

JOHNSON, Daniel, d. Nov. 28, 1831, ae. 65 yrs.

    Rachel, w. of Daniel, d. Sept. 12, 1842, ae. 76 yrs.

KNOWLTON, Fanny, d. Nov. 25, 1834, ae. 65 yrs.

    Joseph, d. Mar. 7, 1842, ae. 75 yrs.

MACE, Lois, w. of Eliphalet, d. Dec. 13, 1834, ae. 68 yrs.

MOOAR, Capt. Joshua, d. Sept. 10, 1824, ae. 73 yrs.

NEEDHAM, Stearns, d. Feb. 5, 1830, ae. 76 yrs.

    Hannah Bailey, w. of Stearns, d. Mar. 2, 1857, ae. 97 yrs., 2 mos.

NOWELL, James, d. Feb. 17, 1806, ae. 38 yrs.
   Mary, w. of James, d. Oct. 10, 1806, ae. 32 yrs.
OSGOOD, Maj. Benjamin, d. Aug. 25, 1820, ae. 58 yrs.
PEABODY, Samuel, d. Aug. 29, 1851, ae. 75 yrs.
   Capt. William, d. May 31, 1791, in his 77th year.
   Rehna, w. of Capt. William, d. May 11, 1790, in her 74th year.
   William, Esq., d. Aug. 24, 1822, ae. 76 yrs.
   Susannah, wid. of Aaron, d. Aug. 7, 1827, ae. 82 yrs.
   Aaron, d. Sept. 19, 1826, ae. 79 yrs.
PARSON, Elizabeth, w. of Jonathan, d. Aug. 4, 1822, ae. 76 yrs.
RAYMOND, Hannah, w. of John, d. Dec. 7, 1852, ae. 80 yrs.
SHATTUCK, Amaziah, d. Jan. 15, 1833, ae. 58 yrs.
SARGENT, Ebenezer, d. Nov. 8, 1838, ae. 83 yrs.
   Mary, w. of Ebenezer, d. July 2, 1830, ae. 68 yrs.
SHED, Benjamin, d. Nov. 6, 1843, ae. 77 yrs.
   Mrs. Lydia, d. Sept. 28, 1843, ae. 77 yrs.
SHEPARD, Mary, w. of John, Esq., d. Aug. 11, 1825, in her 94th year.
   John, Esq., d. Dec. 4, 1802, ae. 71 yrs.
GILMAN, Mary, w. of James, dau. of John Shepard, d. 1841, ae. 81 yrs.
SPAULDING, Abel, d. July 6, 1856, ae. 82 yrs., 8 mos.
SMITH, Sylvanus, d. Feb. 20, 1847, ae. 80 yrs.
   Abigail, w. of Sylvanus, d. Aug. 19, 1830, ae. 67 yrs.
TAYLOR, Lieut. Jacob, d. Dec. 9, 1811, ae. 69 yrs.
   Hannah, w. of Lieut. Jacob, d. Feb. 26, 1830, ae. 78 yrs.
TOWNE, Moses, d. Aug. 14, 1854, ae. 88 yrs.
   Sarah, w. of Moses, d. Apr. 17, 1851, ae. 84 yrs.
   Moses, d. Feb. 9, 1824, ae. 84 yrs.
   Samuel G., d. Sept. 24, 1848, ae. 84 yrs.
TUTTLE, Hannah, w. of Dr. Charles, d. May 15, 1858, ae. 86 yrs., 9 mos.
WALLACE, Hon. James, d. July 23, 1828, ae. 62 yrs.
   Sophia, w. of James, Esq., d. Nov. 6, 1854, ae. 74 yrs.
   Betsy, w. of James, Esq., d. Oct. 13, 1807, ae. 41 yrs.
WILLIAM, David, d. Apr. 16, 1831, ae. 85 yrs.
   Elizabeth, w. of David, d. Dec. 3, 1853, ae. 91 yrs.
WOOLSON, David, d. Apr. 12, 1834, ae. 64 yrs.

MILTON

NUTE'S RIDGE, WEST MILTON

NUTE, Jotham, d. Feb. 3, 1836, ae. 75 yrs. Revolutionary soldier.
   Sarah, w. of Jotham, d. Nov. 21, 1849, ae. 86 yrs.
REYNOLDS, Mary, w. of John, d. Dec. 31, 1847, ae. 75 yrs.
TWOMBLY, Patience, w. of John, d. June 12, 1830, ae. 96 yrs.
VARNEY, Enoch, d. Jan. 1, 1806, ae. 52 yrs., 1 mo.
   Abigail, w. of Enoch, d. Aug. 2, 1846, ae. 85 yrs., 8 mos.
   John, d. July 11, 1806, ae. 57 yrs., 6 mos.

VARNEY, Mary, w. of John, d. Oct. 2, 1836, ae. 80 yrs.
    Aaron, d. Feb. 3, 1818, ae. 51 yrs.

HAYES CEMETERY, HARE ROAD, WEST MILTON

HAYES, Ichabod, d. July 8, 1830, ae. 60 yrs.
    Lydia, w. of Ichabod, d. Apr. 30, 1808, ae. 22 yrs.
WENTWORTH, Ephraim, 1736-1795.
    Phebe, w. of Ephraim, 1747-1836.

WENTWORTH CEMETERY, HARE ROAD, WEST MILTON

WENTWORTH, Ichabod, d. Apr. 16, 1834, ae. 75 yrs.
    Kezia, w. of Ichabod, d. Apr. 4, 1833, ae. 70 yrs.
    William, d. Oct. 20, 1798, ae. 68 yrs.
    Hannah, w. of William, d. Aug. 11, 1808, ae. 73 yrs., 7 mos.
    Ephraim, d. Oct. 17, 1846, ae. 73 yrs., 4 mos.
    Susannah, w. of Ephraim, d. Sept. 6, 1848, ae. 75 yrs., 4 mos.

MILTON MILLS

CORSON, David, d. July 6, 1843, ae. 82 yrs., 5 mos., 27 days. (War, 1776)
    Mary, w. of David, d. Oct. 29, 1826, ae. 67 yrs., 8 mos., 28 days.
CLARK, Joyce, 1755-1831.
DORE, Beniah, d. Feb. 2, 1854, ae. 90 yrs.
HUSSEY, 1753-1836.
NUTTER, Hatevil, d. Dec. 25, 1831, ae. 83 yrs.

MONROE

(Set off from Lyme)

MONROE CEMETERY

BACON, Mary W., w. of Ephraim, d. Jan. 25, 1867, ae. 92 yrs.
BATCHELDER, Hannah, w. of Capt. James, d. Feb. 18, 1813, ae. 57 yrs.
HOLMES, Joanna, w. of Asa, d. Apr. 28, 1813, in her 39th year.
HYNDMAN, William, d. July 5, 1868, ae. 97 yrs., 3 mos.
JOHNSON, Thomas, d. June 15, 1852, ae. 84 yrs.
MARSHAL, Lydia, w. of Libeus, d. Sept. 9, 1865, ae. 91 yrs.
MOORE, Esther, w. of Moses, d. Sept. 6, 1830, ae. 62 yrs.
    Moses, d. Aug. 15, 1850, ae. 88 yrs. Revolutionary soldier.
OLMSTEAD, Susann, w. of Timothy, d. Nov. 24, 1841, in her 89th year.
    Timothy, d. Nov. 20, 1812, in his 68th year.

NORTH MONROE CEMETERY

BULLOCK, Comer, d. June 24, 1845, in his 75th year.
    Zelinda, w. of Comer, d. Feb. 14, 1847, in her 69th year.
CASS, Jacob, d. Dec. 7, 1820, in his 48th year.
ELEXANDER, Hannah, w. of Samuel, d. May 1, 1822, in her 87th year.
EMERY, Amos, d. Mar. 23, 1830, ae. 78 yrs.
    Anna, w. of Amos, d. Nov. 22, 1832, ae. 84 yrs.

JOHNSON, Mary, w. of Sabens, d. June 3, 1838, ae. 73 yrs.
Sabin, d. Dec. 21, 1840, in his 71st year.
LULL, Huse, d. Sept. 21, 1831, ae. 67 yrs.
Lydia, w. of Huse, d. June 20, 1830, ae. 72 yrs.
MASON, Martha, w. of Perez Mason, d. Mar. 13, 1823, in her 70th year.
Perez, d. Mar. 17, 1825, in his 70th year.
MOORE, Abigail, w. of James, d. Feb. 1, 1842, ae. 78 yrs.
Martha, w. of William, d. Aug. 20, 1842, ae. 86 yrs.
William, d. Sept. 25, 1834, ae. 82 yrs.
NEEDHAM, Lydia, w. of Nehemiah, d. Apr. 20, 1821, ae. 81 yrs.
NEGUS, John, d. Oct. 28, 1828, in his 61st year.
NEILSON, Hannah, w. of William, d. Jan. 3, 1828, ae. 56 yrs.
NELSON, William, native of Scotland, d. Sept. 19, 1830, in his 63rd year.
PADDLESFORD, Capt. Philip, d. Mar. 8, 1832, ae. 77 yrs.
SEARRITT, Nathan, d. Oct. 11, 1828, in his 72nd year.
SIMMONS, Sarah, w. of Samuel, d. Aug. 21, 1862, in her 97th year.
STEVENS, Rhoda, w. of Timothy, d. Sept. 13, 1844, in her 87th year.
Timothy, d. June 9, 1832, in his 83rd year.
WAY, Hannah, d. June 2, 1850, ae. 85 yrs., 9 mos.

MONT VERNON

AVERILL, John, d. Oct. 21, 1844, ae. 77 yrs.
BATCHELDER, Ebenezer, d. Apr. 24, 1849, ae. 97 yrs.
Elizabeth, d. Mar. 10, 1841, ae. 85 yrs.
Elizabeth, w. of Capt. John, d. Apr. 5, 1815, ae. 56 yrs.
BRADFORD, Hannah, w. of Major William, d. Sept. 1, 1812, ae. 56 yrs.
BRUCE, Rev. John, d. Mar. 12, 1809, ae. 51 yrs.
Lois, d. Feb. 12, 1828, ae. 67 yrs.
CARLTON, Dea. John, d. Dec. 20, 1838, ae. 76 yrs.
CLEAVES, Nathan, d. Aug. 25, 1812, ae. 64 yrs.
Sarah, d. June 1, 1817, ae. 68 yrs.
CLOUTMAN, Capt. Thomas, d. Nov. 18, 1825, ae. 64 yrs.
Susanna, d. Jan. 31, 1838, ae. 78 yrs.
COGIN, William, d. Sept. 18, 1856, ae. 89 yrs.
Susannah, d. Oct. 22, 1835, ae. 65 yrs.
DEAN, George, d. Aug. 29, 1834, ae. 68 yrs.
Ruthy, d. Sept. 8, 1872, ae. 91 yrs.
FAIRFIELD, Miss Nabby, b. July 25, 1768, d. Dec. 24, 1796.
FARNUM, Lieut. Joseph, d. May 10, 1824, ae. 78 yrs.
GOODRIDGE, Lieut. Allen, d. Oct. 20, 1805, ae. 57 yrs.
HARWOOD, John, d. Nov. 13, 1835, ae. 68 yrs.
Mary, d. Aug. 18, 1834, ae. 57 yrs.
JAHONNETT, Bearsheba, w. of Peter, d. June 15, 1855, ae. 85 yrs.
JAQUITH, Isaac, d. Oct. 2, 1789, ae. 47 yrs.
Prudence, d. May 8, 1832, ae. 84 yrs.

JONES, Nathan, d. Nov. 6, 1813, ae. 65 yrs.
>   Mary, d. May 16, 1828, ae. 79 yrs.
KENDALL, Daniel, d. Aug. 17, 1830, ae. 70 yrs.
>   Sarah, d. Aug. 21, 1847, ae. 82 yrs.
>   Mrs. Persis, d. Nov. 15, 1829, ae. 75 yrs.
KITTREDGE, Josiah, d. May 23, 1850, ae. 88 yrs.
>   Mary, d. Sept. 16, 1828, ae. 66 yrs.
>   Solomon, d. Aug. 24, 1792, ae. 56 yrs.
>   Tabitha, d. May 8, 1794, ae. 59 yrs.
>   Dr. Zephaniah, d. Aug. 17, 1843, ae. 85 yrs.
>   Elizabeth, d. Aug. 6, 1851, ae. 90 yrs.
LEEMAN, Abraham, d. Mar. 23, 1804, ae. 80 yrs.
MANNING, Sarah, w. of Isaac, d. Apr. 27, 1856, ae. 89 yrs.
OSBORN, Abigail, w. of Thomas, of Bolton, d. Aug. 6, 1823, ae. 75 yrs.
PARKER, Margaret, w. of Cezar, d. Feb. 24, 1854, ae. 85 yrs.
PEABODY, Capt. Stephen, d. Sept. 19, 1782, ae. 38 yrs.
PERKINS, Capt. Joseph, d. Nov. 22, 1822, ae. 61 yrs.
>   Hannah, d. Apr. 15, 1856, ae. 91 yrs.
RAYMOND, Phebe, w. of Nathaniel Raymond, d. Nov. 15, 1825, ae. 70 yrs.
ROBY, John, d. June 18, 1826.
>   Esther, d. Dec. 21, 1810, ae. 71 yrs.
SMITH, Dea. Daniel, d. Sept. 1, 1829, ae. 80 yrs.
>   Jacob, d. July 12, 1812, ae. 96 yrs.
>   James, d. Jan. 29, 1831, ae. 81 yrs.
>   Sarah, d. Mar. 21, 1842, ae. 77 yrs.
STEEL, Joseph, d. Feb. 23, 1788, ae. 82 yrs.
STEVENS, Calvin, Esq., d. Feb. 22, 1833, ae. 80 yrs.
>   Esther, d. Aug. 24, 1828, ae. 72 yrs.
TREVITT, Jane, w. of Henry, b. 1761, d. Oct. 28, 1816.
TROW, Joseph, d. May 8, 1833, ae. 90 yrs.
>   Martha, d. Nov. 30, 1813, ae. 97 yrs.
>   Joseph, d. Aug. 1, 1859, ae. 91 yrs.
>   Betsey, d. Aug. 22, 1851, ae. 83 yrs.
WOOD, Mrs. Hannah, d. July 16, 1819, ae. 49 yrs.
WILKINS, Naomi, d. May 11, 1850, ae. 92 yrs.

NASHUA
(Granted 1746)
EDGEWOOD CEMETERY

HARRIS, John, b. Aug. 14, 1768, d. Oct. 19, 1852.
>   Mary Killicut, w. of John, b. Sept. 19, 1772, d. Jan. 30, 1864.
GREENWOOD, Bela, d. May 9, 1838, ae. 78 yrs.
>   Mary, w. of Bela, d. Apr. 2, 1843, ae. 79 yrs.
WHEELER, James, d. Jan. 24, 1847, ae. 73 yrs.
>   More inscriptions in History of Nashua (Pub. 1897), p. 202.   Insc. by
G. B. C., p. 25, 26.

NELSON
(1752)

CEMETERY BETWEEN NELSON AND MUNSONVILLE ON ROUTE 9

ABBOTT, Nathaniel, d. Feb. 28, 1815, ae. 50 yrs., 4 mos.
　Phebe, w. of Nathaniel, d. Mar. 14, 1843, ae. 73 yrs., 2 mos.
ATWOOD, John, d. Dec. 31, 1814, in his 86th year.
　Mary E., d. May 9, 1797, ae. 67 yrs.
　Philip, d. Oct. 8, 1814, ae. 85 yrs.
BAKER, Thomas, d. Dec. 6, 1842, ae. 86 yrs.
　Sarah, wid. of Thomas, d. Sept. 14, 1847, ae. 85 yrs.
BANCROFT, Timothy, b. July 15, 1759, d. Nov. 15, 1848.
　Abigail, w. of Timothy, b. Mar. 31, 1762, d. Dec. 17, 1846.
BARKER, Dea. William, d. Dec. 28, 1821, in his 88th year.
　Anna, w. of Dea. William, d. Apr. 21, 1801, in her 67th year.
　Phebe, w. of Dea. William, d. Aug. 1, 1818, in her 79th year.
　Thaddeus, d. Jan. 4, 1843, ae. 75 yrs.
BARRETT, Nathaniel, d. Sept. 13, 1826, ae. 84 yrs., 5 mos., 5 days.
BEARD, Stephen, d. July 2, 1802, in his 31st year.
BLOOD, Joseph, d. May 1, 1839, ae. 69 yrs., 6 mos., 4 days.
BOYNTON, John, d. Dec. 29, 1807, in his 54th year.
　Hanna, w. of Joseph, d. Apr. 26, 1844, ae. 77 yrs., 9 mos., 6 days.
BREED, Dr. Nathaniel, d. Nov. 5, 1810, ae. 83 yrs.
　Ann, w. of Dr. Nathaniel, d. Dec. 29, 1810, in her 80th year.
　Sarah, w. of John, d. Feb. 25, 1826, in her 66th year.
BRYANT, Benjamin, d. Nov. 11, 1839, in his 51st year.
　Amos, d. Aug. 12, 1833, ae. 77 yrs.
　Martha, w. of Amos, d. May 10, 1819, in her 65th year.
BURNAP, John, d. May 23, 1815, in his 71st year.
　Mary, w. of John, d. Feb. 26, 1826, ae. 87 yrs.
CHANDLER, Peter, d. July 14, 1819, ae. 64 yrs.
CHILD, Hannah, w. of Amos, d. Oct. 20, 1826, ae. 71 yrs.
CLARK, Anna, w. of David, d. Feb. 27, 1784, ae. 63 yrs., 7 mos., 8 days.
DAVIDSON, Hannah, w. of John, d. July 11, 1825, ae. 89 yrs.
DAVIS, Hannah, w. of Jonas, d. June 16, 1829, in her 75th year.
DAY, Mary, w. of Lieut. Peleriah, d. Mar. 22, 1790, ae. 47 yrs.
DERBY, Samuel, d. Mar. 13, 1839, ae. 81 yrs.
　Hannah, w. of Samuel, d. Sept. 11, 1857, ae. 90 yrs.
FARWELL, John, d. Nov. 21, 1820, ae. 81 yrs.
　Sarah Pickett, w. of John, d. Mar. 3, 1807, ae. 66 yrs.
　Richard, d. Nov. 4, 1817, in his 74th year.
　Susanna, w. of Richard, d. Apr. 29, 1818, in her 72nd year.
FELT, Samuel, d. June 26, 1827, ae. 71 yrs.
　Susanna, w. of Samuel, d. Jan. 25, 1785, ae. 28 yrs.
　Naomi, w. of Samuel, d. Apr. 6, 1851, ae. 92 yrs.
　Joseph, d. Aug. 9, 1842, ae. 85 yrs.
　Elizabeth, w. of Joseph, d. Mar. 19, 1842, ae. 80 yrs.

FELT, Jonathan, d. Feb. 17, 1807, ae. 54 yrs.

FLETCHER, Samuel, d. June 25, 1834, ae. 69 yrs.

    Bulah, w. of Samuel, d. Feb. 21, 1834, ae. 67 yrs.

FOLLETT, William, d. Dec. 6, 1834, ae. 92 yrs.

    Rebecca, w. of William, d. Dec. 24, 1816, ae. 78 yrs.

FOSTER, Rev. Jacob, d. Dec. 3, 1798, ae. 67 yrs.

    Hebzibah, w. of Rev. Jacob, d. Nov. 18, 1811, in her 80th year.

GOODNOW, Abraham, d. Sept. 15, 1804, ae. 56 yrs.

    Silence, w. of Abraham, d. July 28, 1800, ae. 46 yrs.

GRIFFIN, Samuel, d. Jan. 29, 1811, ae. 55 yrs.

    Sophia, w. of Dea. Samuel, d. Mar. 6, 1846, ae. 86 yrs.

HARRIS, Jason, d. Nov. 12, 1849, ae. 85 yrs.

    Betsy, w. of Jason, d. June 1, 1849, ae. 85 yrs.

HILL, Eunice, w. of Jabez, d. Mar. 26, 1811.

KIMBALL, David, d. Oct. 18, 1842, ae. 82 yrs.

    Lydia, w. of David, d. Jan. 22, 1847, ae. 87 yrs.

KITTRIDGE, Joshua, d. Feb. 18, 1834, ae. 74 yrs.

    Bulah, w. of Joshua, d. Apr. 15, 1827, ae. 58 yrs.

LOVJOY, Jonathan, d. July 21, 1825, ae. 70 yrs.

MARSHALL, Mrs. Sally, w. of Dr. Silas, d. Oct. 26, 1806, in her 37th year.

MELVILLE, Josiah, d. June 8, 1818, ae. 60 yrs.

    Sarah, w. of Josiah, d. July 30, 1811, ae. 49 yrs.

MORSE, John, d. Jan. 12, 1806, ae. 37 yrs.

NEWELL, Rev. Gad, d. Feb. 25, 1859, ae. 95 yrs., 6 mos.

    Sophia, w. of Rev. Gad, d. Sept. 12, 1840, ae. 68 yrs., 9 mos.

OSBORN, Rachel, w. of Stephen, d. Aug. 4, 1844, ae. 77 yrs.

OSGOOD, John, d. Oct. 21, 1852, ae. 83 yrs., 10 mos., 27 days.

    Lydia, w. of Lieut. John, d. Sept. 10, 1801, ae. 29 yrs.

    Betsy, 2nd w. of John, d. Oct. 27, 1843, ae. 76 yrs.

    Abigail, w. of Joseph, d. Jan. 7, 1831, in her 63rd year.

RICHARDSON, John, d. Aug. 14, 1814, ae. 65 yrs.

    Dorothy, w. of John, d. Jan. 4, 1833, ae. 81 yrs.

    Amos, d. Nov. 30, 1815, ae. 61 yrs.

    Mehitable, w. of Amos, d. Oct. 6, 1835, ae. 77 yrs.

    Esther, w. of Thomas, d. Feb. 5, 1795, ae. 69 yrs.

    Thomas d. May 5, 1806, in his 82nd year.

    Judith, w. of Thomas, d. May 17, 1809, ae. 78 yrs.

    Charity, dau. of Thomas and Esther, d. May 17, 1808, ae. 48 yrs.

ROBBINS, Josiah, Esq., d. Feb. 22, 1850, ae. 88 yrs.

    Anna, w. of Josiah, Esq., d. Nov. 6, 1834, ae. 72 yrs., 5 mos., 3 days.

    Asa, d. Oct. 6, 1813, in his 45th year.

SAWYER, Benjamin, d. Mar. 18, 1846, ae. 88 yrs.

    Tabathy, w. of Benjamin, d. Nov. 26, 1845, ae. 86 yrs.

SCRIPTURE, Capt. Samuel, d. Jan. 26, 1852, ae. 91 yrs.   Revolutionary
    soldier.

    Betsy, w. of Samuel, d. Aug. 2, 1823, ae. 59 yrs.

    Rebecca, w. of Capt. Samuel, d. Jan. 27, 1856, ae. 80 yrs.

SHELDON, Ezra, d. Sept. 6, 1826, ae. 63 yrs.
    Sally, d. Mar. 20, 1850, ae. 81 yrs.
SMITH, Jacob, d. May 30, 1795, in his 75th year.
STODDARD, Richard, d. May 19, 1818, ae. 70 yrs.
SPRAGUE, Betsey, w. of Dea. John, d. Aug. 14, 1825, ae. 66 yrs.
TOLMAN, Ebenezer, d. Dec. 27, 1838, ae. 90 yrs.
    Mary, w. of Ebenezer, d. Apr. 18, 1834, ae. 79 yrs.
WHEELER, Jacob, d. Dec. 27, 1841, ae. 92 yrs.
    Mary, w. of Lieut. Jacob, d. Apr. 15, 1808, ae. 57 yrs.
    Peter, d. Sept. 17, 1792, ae. 69 yrs.
WHITE, John, d. Dec. 21, 1846, ae. 89 yrs.
    Lucy, w. of John, d. Oct. 14, 1836, ae. 76 yrs.
WHITNEY, Josiah, d. Jan. 2, 1827, ae. 74 yrs.
    Nancy, w. of Josiah, d. Mar. 8, 1824, in her 68th year.
WOODS, Nathaniel, d. Aug. 6, 1847, ae. 78 yrs.
WRIGHT, Oliver, d. Sept. 3, 1846, ae. 88 yrs.
    Martha, d. Sept. 2, 1838, ae. 80 yrs.
WILSON, Archelaus, d. June 28, 1802, ae. 57 yrs.

NEW CEMETERY
On Route 9, Between Nelson and Munsonville

BUXTON, Eunice, d. Dec. 2, 1843, ae. 78 yrs.
HEALD, Amos, d. in Ohio, Dec. 8, 1839, ae. 74 yrs.
    Sybil, wife of Amos, d. May 1, 1837, ae. 68 yrs.
McINTIRE, Elias, d. Aug. 6, 1846, ae. 85 yrs.
    Rebecca, w. of Elias, d. Feb. 27, 1848, ae. 83 yrs.
PARKER, Josiah, d. Jan. 31, 1828, ae. 63 yrs.
    Eunice, w. of Josiah, d. Oct. 22, 1853, ae. 87 yrs.
WHITING, Samuel, d. Mar. 9, 1835, ae. 85 yrs.

NEW BOSTON
(Grant 1735-6)

BEARD, Joseph, d. June 18, 1794, ae. 37 yrs.
BETTON, Anna, d. Nov. 23, 1790, in her 36th year.
    Samuel, d. Oct. 9, 1790, in his 35th year.
BOYD, Robert, d. Apr. 29, 1812, ae. 68 yrs.
    Mary, w. of Robert, d. Jan. 1, 1827, ae. 80 yrs.
CALDWELL, Anna, w. of James, Esq., d. July 2, 180—, ae. 56 yrs.
    James, d. Feb. 25, 1824, ae. 83 yrs.
    Martha, w. of James, d. June 15, 1808, ae. 55 yrs.
CAMPBELL, Thomas, d. Jan. 7, 1852, ae. 78 yrs.
    Robert, d. Jan. 18, 1827, ae. 85 yrs.
    Elisabeth, w. of Lieut. Robert, d. Apr. 22, 1833, ae. 83 yrs.
COCHRAN, Martha, w. of John, Esq., d. Mar. 16, 1843, ae. 92 yrs.
    Mrs. Anna, d. Apr. 28, 1785, ae. 25 yrs.

COCHRAN, James, b. Feb. 14, 1748, d. May 11, 1837.
    Elizabeth, 2nd w. of James, d. May 14, 1808, ae. 46 yrs.
    John, Esq., d. June 8, 1805, ae. 60 yrs.
    Martha, w. of John, Esq., d. Mar. 16, 1843, ae. 92 yrs.
    Elijah, d. Jan. 15, 1850, ae. 97 yrs.
    Jemima, w. of Elijah, d. Aug. 27, 1834, ae. 80 yrs.
    Elizabeth, 2nd w. of Nathaniel, d. July 16, 1796, ae. 70 yrs.
CROMBIE, Robert, d. Apr. 21, 1830, ae. 61 yrs.
    Jame, d. Jan. 7, 1814, ae. 80 yrs.
CLARK, Ann, w. of William, d. June 12, 1792, ae. 56 yrs.
    William, d. Mar. 9, 1808, ae. 74 yrs.
    Ninian, d. May 25, 1828, ae. 88 yrs.
CHRISTY, Mrs. Mary, d. Jan. 14, 1803, ae. 64 yrs.
    Capt. George, d. Apr. 22, 1790, in his 58th year.
    Margaret, d. Mar. 13, 1799, in her 62nd year.
    Capt. George, d. Apr. 22, 1790, ae. 58 yrs.
DICKEY, Janet, d. June 11, 1811, ae. 69 yrs.
DODGE, Sarah, dau. of James Caldwell, d. May 6, 1820, in her 42nd year.
    Nathaniel, d. Nov. 12, 1818, ae. 63 yrs.
    Sarah, w. of Nathaniel, d. June 18, 1815, ae. 62 yrs.
GRAGG, Mary, w. of Lieut. Samuel, d. Sept. 28, 1795, ae. 86 yrs.
GOVE, Mary, w. of Dr. Jonathan, d. Sept. 26, 1788, in her 41st year.
HALL, Nathan, d. Nov. 9, 1877, ae. 80 yrs.
HEARN, Maryam, w. of Capt. William, late of Boston and only dau. of
    Maurice and Catherine Lynch, d. June, 1802, ae. 30 yrs.
HOGG, Robert, b. Ireland, d. Jan. 23, 1795, ae. 66 yrs.
    Margaret, w. of Robert, d. Sept. 1, 1786, ae. 53 yrs.
    Abner, b. Derry, Feb. 15, 1759, d. Oct. 16, 1856. Revolutionary War.
HENRY, John, d. Dec., 1813, ae. 71 yrs.
    Martha, d. May 5, 1821, ae. 65 yrs.
JACK, Andrew, d. Oct. 10, 1789, in his 75th year.
JONES, Sevilla, dau. of George and Sarah, murdered by Henry H. Sargent,
    Jan. 13, 1854, ae. 17 yrs., 9 mos.
KELSON, Daniel, d. Dec. 24, 1816, ae. 73 yrs.
    Mary, d. Feb. 6, 1816, ae. 79 yrs.
LEACH, Mary, w. of Joseph, Jr., d. Nov. 8, 1818, ae. 55 yrs.
LYNCH, John, d. Feb. 17, 1840, ae. 73 yrs.
    Alice, w. of John, d. Sept. 5, 1829, ae. 58 yrs.
    Catharin, w. of Maurice, d. Mar. 5, 1805, ae. 60 yrs.
    Maurice, d. Jan. 7, 1779.
McGAA, Robert, d. Mar. 4, 1786, ae. 44 yrs.
LIVINGSTON, Robert, d. Jan. 20, 1816, ae. 63 yrs.
MOOR, Rev. Solomon, d. May, 1803, ae. 67 yrs., and 35th yr. of his ministry.
    Ann, w. of Rev. Solomon, d. Nov. 22, 1842, ae. 96 yrs.
    Allen, d. Feb. 18, 1811, ae. 84 yrs.
McCOLLOM, Elisabeth, d. Mar. 2, 1814, ae. 83 yrs.
    Alexander, d. Jan. 7, 1768, ae. 36 yrs.

OBER, Jacob F., d. Feb. 7, 1824, ae. 75 yrs.
PATTERSON, Dea. Robert, d. Sept. 15, 1828, ae. 84 yrs.
   Susannah, w. of Dea. Robert, d. Mar. 1, 1841, ae. 94 yrs.
RUSSELL, Mrs. Martha, w. of George, d. Feb. 2, 1813, ae. 72 yrs.
STINSON, Mary, w. of Capt. David, d. Jan. 29, 1798, ae. 36 yrs.
   Capt. David, d. June 25, 1805, ae. 56 yrs.
WARREN, Josiah, d. June 29, 1826, ae. 84 yrs.
   Jane, w. of Josiah, d. July 3, 1833, ae. 86 yrs.
WILSON, Ensign Thomas, d. Sept. 25, 1794, ae. 71 yrs.
   Mary, w. of Ensign Thomas, d. Apr. 24, 1795, ae. 66 yrs.
   James, Esq., d. Jan. 11, 1818, ae. 58 yrs.
   Thomas, d. July 7, 1812, ae. 46 yrs.

NEW CASTLE
(Inc. 1693)

(Originally part of Portsmouth, known as Great Island)

Other inscriptions published by A. H. Locke (1907).

FFROST BURYING GROUND

BLUNT, Rev. John, pastor of Church of Christ, d. Aug. 7, 1748, ae. 42 yrs.
FROST, Abigail, dau. of Hon. John and Mary, d. Jan. 30, 1742, ae. 23 yrs.
   Hon. John, d. Feb. 25, 1732, ae. 50 yrs., 11 mos., 24 days.
   Joseph, Esq., d. Sept. 14, 1768, ae. 50 yrs., 11 mos.

NEWFIELDS
HILTON CEMETERY ON BATTLES ESTATE

HILTON, Daniel, d. Jan. 6, 1800, ae. 75 yrs.
   Lieut. Winthrop, Jr., s. of Ichabod and Susan, d. Oct. 15, 1817, ae. 47 yrs.
   Col. Winthrop, d. Dec. 26, 1781, ae. 71 yrs., 5 days.
   Martha, w. of Col. Winthrop, d. Mar. 31, 1760, ae. 65 yrs.
   Col. Winthrop, Esq., d. June 23, 1710, in his 39th year.
   Ichabod, d. Mar. 25, 1822, ae. 82 yrs., grandson of Col. Winthrop Hilton, who was killed June, 1710, and who was the grandson of Edward Hilton, first settler of New Hampshire in 1623.
SHUTE, Michael, d. Nov. 23, 1784, ae. 78 yrs.

PISCASSIC CEMETERY

GILMAN, Andrew, d. Apr. 20, 1836, ae. 80 yrs. Revolutionary soldier.
NEAL, Samuel, 3rd, 1733-1782. Revolutionary soldier.
PEASE, Nathaniel, d. June 5, 1799, ae. 64 yrs. Revolutionary soldier.
PIKE, Capt. Robert, d. Feb. 3, 1819, ae. 72 yrs. Revolutionary soldier.
WEDGEWOOD, John, d. Mar. 5, 1828, ae. 95 yrs. Revolutionary soldier.

COLCORD CEMETERY
(Back of George Nixon House)

COLCORD, Joseph, d. 1859, New Hampshire Corp. Revolutionary War.
Frances, w. of Joseph, d. July 6. 1827, ae. 70 yrs., 8 mos.
Joseph, d. Oct. 30, 1839, ae. 85 yrs.

NEWINGTON
(Set off from Dover 1713)

Ref: Church Records.
N. H. Gen. Rec., Vol. 2, p. 167; Vol. 3, p. 57, 105, 154; Vol. 4, p. 14,
59, 105, 153; Vol. 5, p. 73; Vol. 6, p. 59, 133, 151; Vol. 7, p. 37, 55.
(In a wild lonely spot.)

KNIGHT, Capt. John, b. Aug. 30, 1659, d. May 11, 1721.
NUTTER, Mathew. Revolutionary soldier.
TRICKEY, Thomas. Revolutionary soldier.

NEW IPSWICH
(Granted 1735-6)

ADAMS, Dea. Ephraim, d. Apr. 16, 1825, ae. 75 yrs.
Lydia, w. of Ephraim, d. Nov. 5, 1760, in her 32nd year.
FARRAR, James, s. of Dea. Samuel and Lydia, of Lincoln, d. 1767. ae. 26 yrs.
FLETCHER, Simeon, was killed at the raising of Wilton Meeting House,
Sept. 7, 1773, ae. 36 yrs., 2 mos., 7 days.
KIDDER, Capt. Aaron, d. Nov. 16, 1769, in his 56th year.
Rachel, w. of Capt. Aaron, d. May 5, 1815, ae 90 yrs.
TUCKER, Capt. Moses, d. Jan. 6, 1769, in his 65th year.
Boston Trans., Sept. 6, 1916.

NEWPORT
(Inc. 1766)

PINE STREET CEMETERY, WEST

ALLEN, Gideon, d. Aug. 13, 1807, in his 76th year.
Mrs. Patience, d. Feb. 20, 1803, in her 81st year.
ATWOOD, John, d. May 5, 1820, ae. 77 yrs.
BAKER, Asa, d. May 9, 1813, ae. 53 yrs.
Hannah, w. of Asa, d. Feb. 4, 1850, ae. 84 yrs.
BUEL, Abraham, d. Sept. 22, 1804, ae. 50 yrs.
Capt. Gordon, b. Feb. 21, 1752, d. Mar. 24, 1819. Revolutionary War.
Martha Whittlesey, w. of Capt. Gordon, b. Feb. 26, 1751, d. Nov. 25, 1811.
Dea. Joseph, d. Jan. 1, 1801, ae. 62 yrs.

CARR, Thomas, d. Mar. 4, 1828, ae. 74 yrs.

    Bethiah, w. of Thomas, d. Nov. 19, 1843, ae. 85 yrs.

CHURCH, Samuel, an early settler of Newport, b. in New London, Conn., Apr. 14, 1749, d. June 28, 1828, ae. 79 yrs. Revolutionary soldier.

    Martha, w. of Samuel, d. Aug., 1836, ae. 90 yrs., 6 mos.

COMSTOCK, Jonathan, d. Mar. 8, 1817, ae. 69 yrs.

    Elizabeth, w. of Jonathan, d. Dec. 7, 1814, in her 66th year.

DOW, Sirill, d. May, 1813, ae. 56 yrs.

DUDLEY, Daniel, d. July 1, 1803, ae. 50 yrs. Revolutionary soldier.

    Susannah, w. of Daniel, d. Aug. 6, 1791, ae. 68 yrs.

ELLIS, Asa, d. Aug. 12, 1828, ae. 65 yrs.

    Hannah, w. of David, d. Dec. 15, 1825, ae. 59 yrs.

    Jacob, d. Nov. 3, 1812, in his 83rd year.

    Tamar, w. of Jacob, d. 1809, in her 67th year.

FORSYTH, Jonathan, d. Dec. 13, 1801, in his 89th year.

GILES, Hon. Benjamin, d. Dec. 9, 1787, ae. 70 yrs.

KELCEY, Absalom, d. Mar. 5, 1826, ae. 84 yrs.

    Marcy, w. of Absalom, d. Dec. 27, 1798, in her 50th year.

    Mrs. Hepsibah, d. July 20, 1810, ae. 55 yrs.

NEWTON, Christopher, d. Feb. 19, 1834, ae. 90 yrs.

    Hepzibah, w. of Isaac, d. May 19, 1816, ae. 61 yrs.

NUTT, Elizabeth, w. of Samuel, d. Sept. 9, 1800, ae. 59 yrs.

PARMELEE, Ezra, came to Newport, 1766, b. Aug., 1745, d. Jan. 18, 1838. Revolutionary soldier.

    Sybil Hill, w. of Ezra Parmelee, d. Apr. 6, 1838, ae. 91 yrs.

SHOLES, Hutchinson, d. Mar. 30, 1809, in his 90th year.

    Temperance, w. of Hutchinson, d. Mar. 1, 1809, in her 90th year.

STEVENS, Edward, Esq., with his wife, Sallie, were lost on passage from Savannah to New York, Apr., 1801, in his 35th year.

    Mary, w. of Josiah, Esq., d. Sept. 26, 1787, in her 43rd year

    Abigail, w. of Jonah, Esq., d. Mar. 25, 1800, ae. 88 yrs.

WHITE, Moses, d. Oct. 12, 1796, in his 68th year.

WILLCOX, wife of Capt. Phineas, d. Sept. 10, 1817, in her 66th year.

WILLMARTH, Nathan, d. Aug. 11, 1840, ae. 74 yrs., 4 mos., 16 days.

    Sarah, w. of Nathan, d. Dec. 11, 1829, ae. 63 yrs., 8 mos., 14 days.

WINES, Abijah, d. Jan. 25, 1797, in his 82nd year.

    Mrs. Deborah, d. July 14, 1812, ae. 77 yrs.

MAPLE STREET CEMETERY

BAILEY, Phebe, w. of John, d. Aug. 9, 1836, ae. 71 yrs.

BASCOMB, Reuben, d. Apr. 7, 1839, ae. 76 yrs.

    Lydia, w. of Reuben, d. Mar. 24, 1847, ae. 78 yrs.

BUELL, Aaron, Jr., d. Oct. 6, 1847, ae. 81 yrs.

    Mabel, w. of Aaron, Jr., d. Mar. 19, 1852, ae. 89 yrs.

    Matthew, Sr., b. Feb. 25, 1758, d.

    Mary Nevins, w. of Matthew, Sr., b. Aug. 21, 1757, d. 1841.

BURR, Capt. Martin, d. Mar. 11, 1797, in his 31st year.

BURR, Mary, w. of Capt. Martin, d. May 2, 1831, ae. 65 yrs. Later of
    Croydon.
CARPENTER, Capt. Elkanah, d. Oct. 21, 1825, in his 56th year.
CLAGGETT, Wentworth, Esq., d. Nov. 18, 1825, ae. 60 yrs.
    Jane, w. of Wentworth, d. Apr. 6, 1847, ae. 75 yrs.
CHAPIN, Richard, d. Nov. 17, 1842, ae. 85 yrs.
    Mary, w. of Richard, d. Apr. 7, 1837, ae. 78 yrs.
CHASE, Caleb, d. Mar. 17, 1830, ae. 64 yrs.
CHENEY, Richard, d. Apr. 2, 1836, ae. 68 yrs.
CROWELL, Jonathan, d. Sept. 25, 1844, ae. 80 yrs.
    Sarah, w. of Jonathan, d. Sept. 25, 1831, ae. 70 yrs.
HALL, Martha, w. of Levi, d. July 6, 1828, ae. 78 yrs.
HARRIS, Dr. David, d. May 10, 183—, ae. 78 yrs.
    Rebecca, w. of Dr. David, d. Feb. 20, 1831, ae. 80 yrs.
HOYT, Moses, d. Aug. 27, 1836, ae. 71 yrs.
    Sarah, w. of Moses, d. Oct. 14, 1844, ae. 76 yrs.
KELSEY, Grace, w. of Joel, d. Apr. 26, 1847, ae. 75 yrs.
KIMBALL, Joseph, d. Sept. 13, 1847, ae. 80 yrs.
    Mary, w. of Joseph, d. Apr. 3, 1858, ae. 83 yrs.
MILLEN, William, d. Apr. 9, 1853, ae. 89 yrs.
    Susannah, w. of William, d. Mar. 23, 1839, ae. 75 yrs.
NETTLETON, Aaron, Esq., d. Sept. 17, 1835, ae. 69 yrs.
PAUL, Lovisa, w. of Daniel, d. Sept. 8, 1845, ae. 83 yrs., 7 mos., 23 days.
PIKE, Jarvis, d. Apr. 22, 1835, ae. 68 yrs.
    Betty, w. of Jarvis, d. June 7, 1844, ae. 79 yrs.
    John, d. July 29, 1846, ae. 82 yrs.
    Moses, d. July 23, 1848, ae. 82 yrs.
    Nancy A., w. of Moses, d. Sept. 26, 1859. ae. 92 yrs., 6 mos.
SHOLES, Levi, d. Mar. 7, 1838, ae. 90 yrs.
    Elizabeth, w. of Levi., d. Dec. 8, 1833, ae. 94 yrs.
SNELL, Miss Anna, d. Feb. 15, 1824, ae. 60 yrs.
STEARNS, Daniel, d. May 4, 1849, ae. 93 yrs.
    Lois Rice, w. of Daniel, d. Mar. 19, 1847, ae. 77 yrs.
THATCHER, Elisha, d. Dec. 24, 1—, ae. 75 yrs.
TRASK, John, d. June 12, 1836, ae. 70 yrs.
    Elizabeth, w. of John, d. Nov. 14, 1845, ae. 81 yrs.
WAY, Reynold, d. Apr. 6, 1831, ae. 74 yrs.
    Irene, w. of Reynold, d. Apr. 31, 1847, ae. 95 yrs.
WHIPPLE, James, d. June 26, 1835, ae. 66 yrs.
    Mary, w. of James, d. Apr. 3, 1846, ae. 77 yrs.
WILLARD, John, d. Jan. 30, 1841, ae. 75 yrs.
WILMARTH, Daniel, d. Oct. 6, 1855, ae. 87 yrs., 7 mos.
    Nancy Munroe, w. of Daniel, d. Mar. 24, 1854, ae. 89 yrs., 5 mos.

NORTH NEWPORT CEMETERY

BOWMAN, Abiathar, d. Apr. 2, 1834, ae. 75 yrs.
    Thankful, w. of Abiathar, d. July 6, 1844, ae. 80 yrs.

CHAMBERLAIN, Simon, d. Aug. 20, 1841, ae. 80 yrs.
    Betsy, d. Nov. 13, 1843, ae. 84 yrs.
CHAPIN, Daniel, d. Sept. 14, 1831, ae. 74 yrs.
CORBIN, Dr. James, d. Jan. 16, 1826, ae. 64 yrs., 24 days.
    Mrs. Corbin, wid., d. Apr. 11, 1818, ae. 70 yrs.
DUDLEY, Parker R., d. Jan. 19, 1846, ae. 76 yrs.
DURKEE, Robart, d. Dec. 21, 1803, in his 70th year.
    Mehitable, d. May 14, 1817, in her 83rd year.
    Lucy, w. of Moses P., d. Oct. 15, 1801, ae. 37 yrs.
FLETCHER, Ephraim, b. Grafton, Mass., Nov. 23, 1767, d. Apr. 27, 1854.
GOODWIN, Richard, d. May 10, 1821, ae. 75 yrs.
    Theophilus, d. Mar. 7, 1798, ae. 45 yrs.
    Moses, d. Jan. 22, 1863, ae. 94 yrs.
GOULD, Mrs. Nancy, d. Dec. 30, 1826, ae. 69 yrs.
    Nathan, d. Apr. 15, 1844, ae. 77 yrs.
    Betsey, w. of Nathan, d. Aug. 20, 1848, ae. 82 yrs.
HAGER, Amos, d. Nov. 20, 1807, ae. 57 yrs.
    Sarah, w. of Amos, d. Oct. 16, 1807, in her 54th year.
HAVEN,, William, d. Feb. 5, 1846, ae. 87 yrs.
    Rebeccah, w. of William, d. Mar. 5, 1840, ae. 79 yrs.
    Jonathan, b. May 17, 1769, d. Apr. 20, 1834, ae. 64 yrs., 11 mos., 3 days.
HUTCHINSON, Rev. Elisha, d. Apr. 19, 1833, ae. 83 yrs.
JACOBS, Whitman, d. Oct. 2, 1825, ae. 56 yrs., 5 mos.
    Hannah, w. of Whitman, d. July 22, 1840, ae. 87 yrs.
JENCKES, Jeremiah, d. Jan. 4, 1811, ae. 72 yrs.
    Lucy, w. of Jeremiah, d. May 19, 1820, ae. 75 yrs.
JEWEL, Polly, d. July 17, 1838, ae. 68 yrs.
KIBBY, Phillip W., d. Nov. 5, 1853, ae. 92 yrs.
    Sarah, w. of Phillip W., d. Sept. 3, 1834, ae. 65 yrs.
METCALF, Dea. Abel, d. Nov. 13, 1836, ae. 72 yrs.
    Mary, w. of Dea. Abel, d. Feb. 13, 1827, ae. 59 yrs.
McGREGOR, Joel, d. Oct. 31, 1861, ae. 101 yrs. Revolutionary soldier.
    Lovicy, w. of Abel, d. Oct. 17, 1808, ae. 45 yrs.
RICHARDS, Sylvanus, d. Mar. 5, 1837, ae. 68 yrs.
    Lucy, w. of Sylvanus, d. Apr. 1, 1822, ae. 52 yrs.
TOWN, John, d. Apr. 6, 1820, ae. 51 yrs., 6 mos., 29 days.
WAKEFIELD, Samuel, d. Aug. 20, 1820, ae. 77 yrs.
    Mary, w. of Samuel, d. Sept. 29, 1810, ae. 62 yrs., 4 mos.
    Sally, w. of Jona, d. Sept., 1806, ae. 43 yrs.
    Major Josiah, d. Jan. 19, 1836, ae. 74 yrs.
    Emma, w. of Major Josiah, and dau. of S. and K. Putnam of Sutton,
        Mass., d. Dec. 24, 1827, ae. 65 yrs.
    Jesse, d. Aug. 20, 1852, ae. 83 yrs.
    Mercy, w. of Jesse, d. Mar. 31, 1846, ae. 81 yrs., 3 mos.
    Anna, w. of Jonathan Wakefield. He was one of the four who were
        killed with the same shot of a cannon ball on Dogester Point, Mass.,
        1776. She d. Dec. 24, 1829, ae. 89 yrs.

WAKEFIELD, Peter, d. Dec. 30, 1852, ae. 86 yrs.
    Joel, d. June 14, 1809, ae. 45 yrs., 5 mos.
    Hannah, w. of Peter, d. Mar. 11, 1849, ae. 82 yrs., 4 mos.
WATSON, Sally, w. of James, d. Oct. 27, 1806, in her 37th year.
WEBSTER, Lieut. Samuel, d. Sept. 20, 1832, ae. 76 yrs.
    Anne, w. of Lieut. Samuel, d. Mar. 26, 1814, ae. 57 yrs.
WHEELER, Dea. Nathaniel, d. July 2, 1840, ae. 87 yrs.   Revolutionary
    soldier.
    Mehitable, w. of Nathaniel, d. Mar. 4, 1831, ae. 75 yrs.
    Abel, d. July 17, 1818, ae. 83 yrs.
    Rebekah, w. of Abel, d. Dec. 28, 1809, ae. 71 yrs.
    Abel, d. Nov. 4, 1842, ae. 78 yrs.
WHITCOMB, Benjamin, d. Apr. 24, 1860, ae. 94 yrs., 9 mos., 18 days.
    Sarah, w. of Benjamin, d. Mar. 28, 1857, ae. 94 yrs., 10 mos., 15 days.

PINE STREET CEMETERY, EAST

BROWN, Jonathan, d. July 26, 1817, in his 59th year.
    Sally, w. of Jonathan, d. Apr. 17, 1836, in her 79th year.
DUNHAM, Solomon, d. July 1, 1843, ae. 83 yrs.
    Sally, w. of Solomon, d. Jan. 5, 1826, ae. 65 yrs.
LYON, Capt. David, b. Stoughton, Mass., Apr. 11, 1739, d. Apr. 25, 1819,
NEWHALL, Jeremiah, d. July 10, 1823, in his 53rd year.
PERRY, Stephen N., d. Jan. 25, 1826, in his 75th year.
    Hepzibah, w. of Stephen, d. July 26, 1834, ae. 79 yrs.
OSGOOD, William, d. Oct. 4, 1823, ae. 63 yrs.
    Priscilla, w. of William, d. Feb. 22, 1842, ae. 88 yrs., 8 mos.
RIDER, Jotham, d. Nov. 25, 1827, ae. 62 yrs.
RUSSSELL, George, b. Ireland, Jan. 1, 1740, d. Newport, Aug. 6, 1819.
THOMPSON, Samuel, d. Feb. 3, 1846, ae. 87 yrs.   Revolutionary soldier.
WILLMARTH, John, d. Feb. 11, 1820, ae. 84 yrs.
    Phoebe, w. of John, d. Oct., 1830, ae. 93 yrs.
WRIGHT, Ephraim, d. Nov. 14, 1819, ae. 66 yrs.

NEWTON
(Inc. 1749)

OLD TOWN CEMETERY

BARTLETT, Dea. Matthais, Esq., d. Aug. 9, 1808, ae. 68 yrs.
    Abigail, w. of Matthais, d. June 27, 1836, ae. 99 yrs.
    Gershom, d. Dec., 1799, ae. 35 yrs.
    Gen. Gershom, d. Apr., 1765, ae. 37 yrs.
    Elizabeth, w. of Gen. Gershom, d. Mar. 5, 1816, ae. 85 yrs.
    Capt. Joseph, d. Feb. 21, 1754, ae. 68 yrs.
    Sarah, w. of Capt. Joseph, d. May 28, 1787, ae. 90 yrs.
    Richard, d. Apr. 24, 1818, ae. 80 yrs.
    Hannah, w. of Richard, d. July 18, 1827, ae. 81 yrs.
    Gideon, d. Aug. 23, 1793, ae. 90 yrs.
    Abigail, d. Dec. 28, 1797, ae. 93 yrs.

BARTLETT, Eliphalet, d. Jan. 12, 1829, ae. 88 yrs.
  Abigail, w. of Eliphalet, d. Apr. 2, 1782, ae. 38 yrs.
  Stephen, d. Oct. 15, 1785, ae. 52 yrs.
  Joseph, d. May 8, 1799, ae. 74 yrs.
  Elizabeth, w. of Joseph, d. Feb. 14, 1821, ae. 83 yrs.
  Joseph, d. Dec. 11, 1847, ae. 80 yrs.
  Abigail, w. of Joseph, d. Dec. 27, 1860, ae. 90 yrs.
  Phineas, d. 1737.
  Jane, w. of Eliphalet, d. Jan. 31, 1848, ae. 82 yrs.
CHELLIS, Ensign Thomas, d. Aug. 1, 1796, ae. 40 yrs.
  Elizabeth, d. Kingston, July 8, 1840, ae. 81 yrs.
CURRIER, Capt. Asa, d. Dec. 3, 1850, ae. 83 yrs.
FAVOUR, Timothy, d. Dec. 18, 1824, ae. 92 yrs.
  Abigail, w. of Timothy, d. Oct. 15, 1798, ae. 64 yrs.
  Hannah, w. of Jacob, d. July 22, 1846, ae. 71 yrs.
FERRIN, Capt. Jonathan, 1697-1770.
GOODWIN, Hannah, w. of Timothy, d. Feb. 23, 1784, ae. 43 yrs.
  Dorothy, w. of Theophilus, d. Dec., 1783, ae. 23 yrs.
  Theophilus, d. Apr. 10, 1814, ae. 59 yrs.
  Rebecca, w. of Theophilus, d. Apr. 16, 1814, ae. 51 yrs.
  Daniel, d. Apr. 5, 1834, ae. 86 yrs.
  Miriam, w. of Daniel, d. Feb. 20, 1819, ae. 69 yrs.
HOIT, Ben L., d. Sept. 8, 1831, ae. 66 yrs.
  Hannah, w. of Ben L., d. Dec. 12, 1836, ae. 67 yrs.
  Dea. Micah, d. Jan. 27, 1769, ae. 63 yrs.
  Reuben, d. Jan. 2, 1772, ae. 67 yrs.
  Zebediah, d. 1808, ae. 50 yrs.
  Lucina C., d. Jan. 25, 1813, ae. 79 yrs.
  Reuben, d. Mar. 10, 1819, ae. 67 yrs.
KELLEY, Nancy, wid. of Anthony, d. Apr. 16, 1852, ae. 82 yrs.
  Moses, d. Feb. 26, 1842, ae. 74 yrs.

NOTTINGHAM
(Inc. 1722)

MEMORIAL Tablet to victims of Indian Massacre, Sept., 1747:
  Nathaniel Folsom, Robert Beard, and Elizabeth Simpson.
CILLEY, Gen. Joseph, b. 1734, d. Aug. 25, 1799. Revolutionary soldier.
BUTLER, Gen. Henry, b. Aug. 2, 1757, d. Jan. 17, 1808. Revolutionary
  soldier.
DEARBORN, Gen. Henry, 1751-1829. Revolutionary soldier.
BARTLETT, Gen. Thomas, 1745-1805. Revolutionary soldier.

ON DEERFIELD LINE "MELLOON FIELD" WALLED YARD

HARVEY, Jonathan, d. Apr. 22, 1845, ae. 87 yrs. Father of Gov. Matthew
  Harvey.
  Mary, w. of Jonathan, d. Dec. 25, 1852, ae. 95 yrs.

REVOLUTIONARY SOLDIERS

BURNHAM, Jacob, d. Apr. 30, 1838, ae. 90 yrs.

BUTLER, Zephaniah, d. Dec. 22, 1800, ae. 73 yrs.

CAVERLY, John, b. Portsmouth May 11, 1752, d. Apr. 27, 1842.

CHAPMAN, Capt. Levi, d. July 27, 1825, ae. 72 yrs.

FORD, Capt. John, d. Nov. 8, 1824, ae. 77 yrs.

GILE, Capt. John, d. Great Island, 1775.

JOHNSON, Benjamin, b. North Hampton, May 5, 1719, d. July 2, 1811.

LEATHERS, Joseph, d. Jan. 27, 1813, ae. 83 yrs.

Vowell, d. Oct. 30, 1813, ae. 81 yrs.

McCRILLIS, John, buried on McCrillis farm.

NEALLY, Andrew.

Joseph, buried Nottingham Square.

SCALES, Samuel, b. Sept. 9, 1754, d. Sept. 21, 1840.

WELD, William, d. June 24, 1837, ae. 87 yrs.

Pautuckaway Reservation Insc. are printed in pamphlet. Other cemeteries copied are in N. H. Hist. Soc. Lib.

ODIORNE'S POINT

Monument placed by N. H. Society of Colonial Dames. Here landed in the spring of 1623, the first band of Englishmen. Pioneers in the planting of New Hampshire, consecrating this soil to the service of God and liberty, 1623-1899. (Anti-aircraft guns are guarding the shore from this spot in World War II, 1942.)

PEMBROKE
LARGE CEMETERY

BAILEY, Josiah, d. Feb. 19, 1854, ae. 88 yrs.

Ruth, w. of Josiah, d. Nov. 28, 1835, ae. 66 yrs.

CUSHING, Benjamin, d. July 25, 1847, ae. 89 yrs.

Lydia, w. of Benjamin, d. Oct. 16, 1842, ae. 83 yrs.

GARVIN, William, d. Jan. 21, 1819, ae. 52 yrs.

HEAD, Sarah, w. of Major James, d. Aug. 18, 1784, ae. 58 yrs.

KELLY, Dea. Ezekial, d. Apr. 28, 1833, ae. 73 yrs.

Ruth, w. of Dea. Ezekial, d. July 26, 1851, ae. 72 yrs.

KIMBALL, Thomas, b. Bradford, Mass., d. June 7, 1851.

Mary, w. of Thomas, d. Dec. 8, 1870, ae. 97 yrs.

Dea. David, d. Jan. 12, 1817, ae. 67 yrs.

Mehitable, w. of Dea. David, d. Sept. 9, 1841, ae. 84 yrs.

McCONNELL, Major Samuel, d. Dec. 16, 1817, ae. 78 yrs.

Ann, w. of Major Samuel, d. June 2, 1829, ae. 90 yrs.

MORGAN, Jeremiah, d. July 21, 1819, ae. 77 yrs.

MORRISON, Isaac, d. Jan. 9, 1846, ae. 85 yrs.

Hannah, w. of Isaac, d. Aug. 22, 1831, ae. 62 yrs.

Elizabeth Dudley, w. of Soloman, d. Jan. 2, 1821, ae. 70 yrs.

WHITTEMORE, Rev. Aaron, d. Nov. 16, 1767, ae. 55 yrs. **Pastor of Pembroke church 30 years.**

Aaron, Esq., son of Rev. Aaron and Abigail, d. May 1, 1817, ae. 71 yrs.

Sarah Gilman, w. of Aaron, Esq., d. Oct. 14, 1823, ae. 77 yrs.

Hon. Aaron, d. Apr. 26, 1850, ae. 75 yrs.

Lydia Fisk, w. of Hon. Aaron.

WHITEHOUSE, Soloman, d. Sept. 1, 1818, ae. 79 yrs.

BUCK STREET CEMETERY

CARLETON, Amos, d. Dec. 2, 1846, ae. 84 yrs.

Mehitable, w. of Amos, d. Dec. 7, 1846, ae. 75 yrs.

COCHRAN, Major James, d. Jan. 23, 1815, ae. 72 yrs.

Mary, w. of Major James, d. June 23, 1822, ae. 78 yrs.

MARTIN, Samuel, d. July 6, 1828, ae. 66 yrs.

Sally Cochran, w. of Samuel, d. Apr. 2, 1849, ae. 79 yrs.

BUCK STREET CEMETERY, SHORT FALLS

CLARK, James, d. Mar. 10, 1841, ae. 71 yrs.

CRITCHET, Thomas, d. Apr. 28, 1839, ae. 63 yrs.

Margaret, w. of Thomas, d. Oct. 10, 1841, ae. 69 yrs.

JENNESS, Jonathan, d. Mar. 4, 1840, ae. 77 yrs.

GORDON, Jeremiah, d. Oct. 31, 1840, ae. 73 yrs.

Susannah, d. July 28, 1847, ae. 77 yrs.

GREEN, Jabez, d. Oct. 9, 1841, ae. 79 yrs.

Anna, w. of Jabez, d. Apr. 15, 1849, ae. 82 yrs.

KINESON, Nathaniel, d. Mar. 10, 1830, ae. 92 yrs.

Elizabeth, w. of Nathaniel, d. Jan. 13, 1840, ae. 82 yrs.

ROBINSON, Levi, d. Apr. 2, 1840, ae. 83 yrs.

Elizabeth, w. of Levi, d. Feb. 25, 1840, ae. 88 yrs.

TRIP, John, d. July 27, 1844, ae. 74 yrs.

Sally, w. of John, d. Feb. 27, 1860, ae. 85 yrs.

TRIPP, Richard, d. Sept. 30, 1857, ae. 85 yrs.

Sally, w. of Richard, d. Jan. 30, 1851, ae. 76 yrs.

PITTSFIELD

(Inc. 1782)

TILTON HILL CEMETERY

TILTON, John, d. Mar. 20, 1834, in his 83rd year.

Molly Cram, w. of John, d. June 26, 1832, in her 75th year.

WATSON, William, d. Sept. 11, 1827, ae. 75 yrs.

Sarah, w. of William, d. Aug. 25, 1855, ae. 96 yrs., 8 mos.

FLORAL PARK CEMETERY

Removed from Perkins Farm, on Concord Road

PERKINS, Dea. Jonathan, b. Hampton, June 15, 1745, d. Pittsfield, Nov. 26, 1839. One of the first settlers.

PERKINS, Rhoda Sanborn, w. of Dea. Jonathan, b. May 27, 1749, d. Nov. 15, 1839.

Abner, s. of Jonathan and Rhoda, b. 1782, d. 1864.

Rachel Ring, w. of Abner, b. Apr. 11, 1781, d. Apr. 4, 1871.

SHAW CEMETERY—NEAR LILY LAKE

SHAW, John, b. Kensington, July 30, 1751, d. Dec. 25, 1843, ae. 92 yrs., 7 mos. Revolutionary soldier.

Betsey, d. July 28, 1853, ae. 91 yrs., 8 mos.

SMALL CEMETERY

BROWN, Capt. Samuel, d. Jan. 4, 1835, ae. 76 yrs.

Dorothy, w. of Capt. Samuel, d. Sept. 24, 1842, ae. 78 yrs.

QUAKER CEMETERY ON CATAMOUNT MOUNTAIN

BROWN, John, d. Oct. 1, 1838, ae. 82 yrs.

Susanna, w. of John, d. Oct. 14, 1838, ae. 75 yrs.

THOMPSON, Olney, b. Meridan, Mass., July 31, 1767, d. Mar. 18, 1837.

Arnold, d. Feb. 3, 1863, ae. 68 yrs., 8 mos.

PHILBRICK, Abigail, w. of John, b. Kensington, Sept. 10, 1763, d. Epsom, Dec. 10, 1853.

John, b. Kensington, Jan. 27, 1761, d. Epsom, July 25, 1826.

OLD CEMETERY, REAR OF TOWN HALL, MAIN STREET

BUTLER, Enoch, d. May 22, 1800, in his 35th year.

CRAM, John, d. Aug. 30, 1803, ae. 72 yrs. One of the first settlers.

Abigail, w. of John, d. May 4, 1812, ae. 71 yrs.

E. Cram, Jr., d. 1793, ae. 20 yrs.

Tristram, d. Mar. 20, 1838, ae. 67 yrs., 11 mos.

Patience, w. of Tristram, d. June 23, 1849, ae. 77 yrs., 6 mos., 19 days.

DRAKE, Major James, d. Feb. 26, 1834, ae. 78 yrs.

Hannah Ward, w. of Major James, d. Dec. 17, 1848, ae. 85 yrs.

FOGG, Jonathan, d. Dec. 15, 1839, ae. 84 yrs.

Sarah, w. of Jonathan, d. Mar. 27, 1830, ae. 72 yrs.

JOY, Dea. Richard, d. Oct. 31, 1818, ae. 78 yrs.

MOORE, Abigail, w. of Lieut. Enoch, d. Dec. 28, 1830, ae. 61 yrs.

PRESCOTT, Ensign Samuel, d. July 4, 1818, ae. 63 yrs.

Mary, w. of Samuel, d. Mar. 26, 1829, ae. 72 yrs.

RANDALL, Lydia, w. of Joseph, d. Dec. 6, 1845, ae. 82 yrs.

RINDGE, Sarah, w. of John of Portsmouth, d. Jan. 18, 1826, ae. 86 yrs.

RING, Samuel, d. Oct. 2, 1847, ae. 77 yrs., 9 mos.

Mary, w. of Samuel, d. Apr. 17, 1845, ae. 67 yrs.

SANBORN, Reuben, d. 1812, ae. 62 yrs.

SWETT, Thomas, 1761-1849. Revolutionary soldier.

WHITE, Josiah, d. Dec. 1, 1807, ae. 66 yrs.

Mary, w. of Josiah, d. Feb. 17, 1799, ae. 52 yrs.

Nathan, d. Aug. 28, 1812, ae. 63 yrs.

Susanna, w. of Nathan, d. Oct. 23, 1824, ae. 81 yrs.

WILLIAMS, Elizabeth, w. of Isaac, d. Feb. 9, 1824, ae. 76 yrs.

YOUNG, Aaron, d. Mar. 1, 1845, ae. 51 yrs.

PORTSMOUTH

(Granted 1631)

CHAMPERNOWNE, Francis, of Madbury, b. Devon, England, buried Gerrish's Island, which was conveyed to him about 1636 by Sir F. Gorges marked by rude pile of stones as he requested no stone be erected to his memory.

FERNALD, John, d. on a journey, Aug. 28, 1798, ae. 20 yrs.

NAVAL PRISON GROUNDS, SEAVEY ISLAND

EASTWICKE, Elizabeth, w. of Capt. Stephen, dau. of Thomas Fernald, d. Apr. 16, 1714, ae. 31 yrs., 2 mos., 20 days.

FERNALD, Thomas, d. 1697, and Temperance, d. 1706. Original owners of the island.

Cemetery lists printed with New Castle by A. H. Locke (1897).

Cemetery lists in N. H. Hist. Soc. Lib.

PLYMOUTH

SPENCER BURIAL GROUND

BEAN, Dea. Elisha, d. Sept. 15, 1817, ae. 78 yrs.
    Ruth, w. of Dea. Elisha, d. May 15, 1808, ae. 64 yrs.

PHILLIPS, Amos, d. Oct. 25, 1807, ae. 89 yrs.

SNOW, Bridget, (wid. of Joseph Snow), d. Dec. 3, 1773, ae. 73 yrs.

LOWER INTERVAL BURIAL GROUND

CUMINGS, Capt. Jotham, d. Apr. 14, 1809, ae. 68 yrs.
    Anna, w. of Capt. Jotham, d. Nov. 8, 1829, ae. 85 yrs.

EMERSON, Rebeccah, w. of Dr. Peter, d. Aug. 25, 1778, ae. 17 yrs.

UNION CEMETERY

From Plymouth and Bridgewater

BRAINERD, Jemima, w. of Chiliab, d. Aug., 1816, ae. 70 yrs.

CRAWFORD, Thomas, d. May 6, 1827, in his 89th year.
    Nancy, w. of Thomas, Esq., d. July 14, 1816, ae. 70 yrs.

JEWETT, Jonathan, d. Feb. 26, 1837, in his 74th year.
    Sarah, w. of Jonathan, d. Apr. 9, 1847, ae. 83 yrs., 24 days.

MORSE, Daniel, d. Feb. 25, 1826, ae. 80 yrs., 5 mos.
    Miriam, w. of Daniel, Esq., d. Nov. 16, 1812, ae. 66 yrs., 1 mo.

ROBBINS, Lieut. Jonathan, d. Dec. 8, 1819, in his 76th year.
    Mary, w. of Lieut. Jonathan, d. Nov. 28, 1809, ae. 64 yrs.
    Susanna, w. of Lieut. Jonathan, d. Dec. 11, 1819, ae. 76 yrs.

ROCHESTER

OLD CEMETERY, SOUTH MAIN STREET

BARKER, David, Esq., d. Nov. 1, 1844, ae. 80 yrs.
  Ann F., w. of David, Esq., dau. of Capt. Thomas Simpson, d. Dec. 6, 1842, ae. 72 yrs.
CLARK, Rachel, sister of Mrs. Barker, d. Dec. 27, 1842, ae. 70 yrs.
  Abijah, d. Sept. 12, 1814, ae. 48 yrs., 6 mos.
  Hannah, w. of Abijah, d. Nov. 5, 1861, ae. 87 yrs., 10 mos.
  John, d. Apr. 23, 1854, ae. 82 yrs., 10 mos.
CROSS, Richard, d. Feb. 1, 1825, ae. 55 yrs.
DAME, Caleb, d. May 29, 1864, ae. 91 yrs., 8 mos.
  Abigail, w. of Caleb, d. Apr. 2, 1813, ae. 41 yrs.
DAVIS, Eliza J., w. of Nathaniel, d. Aug. 13, 1816, ae. 56 yrs., 7 mos.
DORE, Charity, d. Jan. 22, 1852, ae. 95 yrs.
DOW, Jeremiah, d. Jan. 9, 1852, ae. 89 yrs.
  Betsey, w. of Jeremiah, d. Apr. 6, 1855, ae. 88 yrs.
FOLSOM, Hannah, w. of Josiah, d. Jan. 12, 1841, ae. 90 yrs.
HALE, John P., d. October 15, 1819, ae. 45 yrs.
HANNAFORD, Reuben, d. Jan. 22, 1810, ae. 48 yrs.
  Sarah, wid. of Reuben and William W. Odlin, d. 1857, ae. 79 yrs.
    1857, ae. 79 yrs., 4 mos.
HANSON, Joseph, b. at Dover, Dec. 18, 1764, d. Dec. 19, 1832.
  Charity, w. of Joseph, and dau. of Jabez Dame (a Putnam Ranger), b. Sept. 1, 1775, d. Feb. 3, 1833.
HAYES, Nathaniel, d. Jan. 7, 1832, ae. 77 yrs.
  Elizabeth, d. Jan. 18, 1832, ae. 66 yrs.
HOYT, Dennis, d. Feb., 1831, ae. 62 yrs.
  Benjamin, d. Mar., 1794, ae. 52 yrs.
McDUFFEE, Mr., b. Aug. 29, 1729, d. Jan. 1, 1808.
  W., d. July 9, 1804, ae. 75 yrs.
  Samuel, d. July 28, 1821, ae. 51 yrs.
JACKSON, Clement, d. Feb. 19, 1844, ae. 78 yrs., 1 mo., 19 days.
KNIGHT, Hateevil, b. June 12, 1765, d. July 12, 1849.
  Mary B., w. of Hateevil, b. Oct. 6, 1768, d. June 28, 1807.
  Polly, w. of Hateevil, b. May 8, 1772, d. Mar. 25, 1849.
MARCH, Jonas C., d. Aug. 20, 1820, ae. 56 yrs.
  Sally, w. of Jonas C., Esq., d. Feb. 3, 1810, ae. 36 yrs.
NUTTER, Elizabeth, w. of Jotham, d. Nov. 22, 1819, ae. 77 yrs.
ODIORNE, Capt. John, d. Nov. 29, 1811, ae. 48 yrs.
  Sarah, wid. of Capt. John, d. (Rest of marking unreadable.)
PIERCE, Andrew M., d. Apr. 6, 1852, ae. 78 yrs.
PLACE, Paul, d. Mar. 5, 1845, ae. 78 yrs.
  Judith, w. of Paul, d. Oct. 31, 1841, ae. 71 yrs., 7 mos.
PINKHAM, Stephen, d. May 23, 1849, ae. 83 yrs.
  Joannah, w. of Stephen, d. Oct. 27, 1819, ae. 81 yrs.
  Ephraim, d. Apr. 22, 1847, ae. 83 yrs.

PRAY, Dr. Samuel, b. July 3, 1769, d. Sept. 6, 1854.
    Samuel, d. Apr. 23, 1847, ae. 74 yrs., 4 mos.
RICHARDS, Sarah, w. of John, d. Dec. 23, 1821, ae. 67 yrs.
ROBERTS, John, d. July 20, 1834, ae. 79 yrs.
    Ruth, w. of John, d. Aug. 19, 1839, ae. 83 yrs.
UPHAM, Judith C., w. of Hon. Nathaniel, of Rochester, dau. of Hon. Thomas
    Cogswell of Gilmanton, d. Apr. 1, 1837, ae. 63 yrs.
    Hon. Nathaniel, d. July 10, 1829, ae. 55 yrs.
WARREN, Daniel, d. Dec. 18, 1844, ae. 76 yrs.
    Sally, w. of Daniel, d. May 15, 1857, ae. 89 yrs., 10 mos.

NORTH MAIN STREET CEMETERY

HODGDON, Abner, d. May 29, 1819, ae. 72 yrs.
    Sarah, w. of Abner, d. Apr. 17, 1820, ae. 67 yrs.
DAME, Abner, d. Aug. 12, 1783, ae. 61 yrs.
    Mary, w. of Abner, d. Mar. 4, 1802, ae. 76 yrs.
    Richard, d. July 11, 1832, ae. 70 yrs.
    Hannah, w. of Richard, d. June 29, 1856, ae. 92 yrs., 1 mo., 4 days.
PAGE, Daniel, d. May 25, 1800, ae. 68 yrs.
    Betty, w. of Benjamin, d. Aug. 2, 1807, ae. 45 yrs.

TORR FARM, CHESTNUT HILLS

TORR, Simon, 1749-1821.
    Sarah Ham, w. of Simon, 1757-1833.

BREWSTER FARM

BREWSTER, Capt. John, d. Jan., 1827, ae. 87 yrs.
    Elizabeth, w. of Capt. John, d. Sept. 9, 1832, ae. 87 yrs.
    John, Jr., d. 1804, ae. 34 yrs.
    Stephen, d. Apr. 9, 1819, ae. 47 yrs.
    Sarah, w. of Stephen, d. June 10, 1838, ae. 64 yrs.

HAVEN HILL CEMETERY

ALLEN, Col. Joshua, d. May 13, 1817.
BROWN, Issac, d. May 12, 1832, ae. 69 yrs.
    Louisa, w. of Issac, d. Aug. 7, 1831, ae. 68 yrs.
    Mares, d. June 5, 1780, ae. 49 yrs.
COCHRANE, Elizabeth, w. of Dr. Jonathan, of Londonderry and dau. of
    Capt. John Carchart, late of Boston, d. Oct. 21, 1778, ae. 31 yrs.
CHAMBERLIN, Abiah, d. 1809, ae. 72 yrs.
    Dea. S., d. Jan. 14, 1807, ae. 71 yrs.
COOK, Anna, w. of Joseph, d. June 23, 1805, ae. 74 yrs.
DAM, Charity, b. Mar. 7, 1743, d. Mar., 1760.
    Jabez, d. Nov. 14, 1813, ae. 81 yrs.
GARLAND, Dudley, d. Nov. 27, 1826, ae. 61 yrs.
    Mary, w. of Dudley, d. Jan. 15, 1860, ae. 95 yrs., 3 mos.
HAMMET, Ephraim, d. Jan. 29, 1812, ae. 39 yrs.
    Mary, w. of Ephraim, d. Nov. 13, 1835, ae. 62 yrs.

HAVEN, Rev. Joseph, b. May 14, old style, 1747, d. Jan. 29, 1825.
    Mary, w. of Rev. Joseph, b. Apr. 1, U. S., 1753, d. Jan. 7, 1814.
HODGDON, Capt. Alexander, d. Apr. 26, 1832, in his 93rd year.
    Lydia, w. of Capt. Alexander, d. Feb. 22, 1827, ae. 89 yrs.
    Abigail, 2nd w. of Joseph, d. Jan. 20, 1845, ae. 76 yrs.
    Mary, w. of Joseph, d. Aug. 19, 1800, ae. 32 yrs.
HOW, Dr. James, d. Oct. 13, 1807, ae. 52 yrs.
HURD, Abraham, d. Feb. 3, 1823, ae. 53 yrs.
    Patty, w. of Abraham, d. Nov. 19, 1838, ae. 66 yrs.
    Stephen, d. Mar. 27, 1808, ae. 25 yrs.
    Betsey E., w. of Stephen, d. Mar. 16, 1829, ae. 55 yrs.
HEARD, Benjamin, d. Feb. 21, 1790, ae. 48 yrs.
    Phebe, d. Feb. 7, 1821, ae. 71 yrs.
MAIN, Rev. Amos, first minister in Rochester, d. Apr. 5, 1760, ae. 51 yrs.
    Elizabeth, w. of Rev. Amos, d. Mar. 4, 1774, ae. 76 yrs.
    Dr. Jacob, d. Oct. 14, 1807, ae. 35 yrs.
    Josiah, d. Nov. 11, 1823, ae. 89 yrs.
    Mary, w. of Josiah, d. June 18, 1810, ae. 63 yrs.
    Josiah, 1734-1823.
McDUFFEE, John, d. 1752.
    Mary, w. of John, d. 1780.
    John, d. Mar. 7, 1825, ae. 57 yrs.
    Col. John, son of John and Mary, d. Oct. 15, 1817, ae. 93 yrs.
NUTTER, John, d. Mar. 20, 1860, ae. 90 yrs., 11 mos.
    Hannah, w. of John, d. May 15, 1855, ae. 83 yrs.
PLACE, John M., d. Feb. 5, 1829, ae. 63 yrs., 10 mos., 11 days.
    Sally, w. of John M., d. Oct. 28, 1843, ae. 76 yrs., 9 mos., 26 days.
    Phoebe, d. Feb. 9, 1805, ae. 58 yrs.
    Richard, d. Oct. 23, 1820, ae. 78 yrs.
PLUMER, Hon. John, d. Nov. 19, 1815, ae. 96 yrs.
    Elizabeth, w. of Hon. John, d. Jan. 26, 1770, ae. 42 yrs.
    Lydia, 2nd w. of Hon. John, d. Aug. 4, 1812, ae. 84 yrs.
    John, Esq., d. May 13, 1824, ae. 63 yrs.
MOSSENT, John, d. Mar. 26, 1767.
PEARL, Sarah, d. Oct. 8, 1776, ae. 47 yrs.
STILS, Pheny, d. Jan. 28, 1737.
TEBBETS, Mary, d. June 16, 1780, ae. 70 yrs.
    Anna, w. of Enoch, d. Aug. 25, 1828, ae. 54 yrs.
TIBBETS, Ebenezer, d. June 14, 1852, ae. 82 yrs.
    Piege, w. of Ebenezer, d. Oct. 21, 1856, ae. 84 yrs.
WALLINGFORD, Jacob, d. June 1, 1840, ae. 73 yrs.
    Abigail, w. of Jacob, d. Apr. 8, 1853, ae. 81 yrs., 10 mos.
WATSON, Daniel, d. Oct., 1822, ae. 67 yrs.
WINGATE, Benjamin, d. Aug. 25, 1817, ae. 55 yrs.
    Olive, w. of Benjamin, d. May 22, 1852, ae. 84 yrs., 10 mos.
YOUNG, Moses, d. July 1, 1835, ae. 67 yrs., 11 mos., 23 days.
    Mehitable, w. of Moses, d. Feb. 2, 1843, ae. 70 yrs.

YOUNG, Thomas, d. May 10, 1772, in his 60th year.

Anna, d. Oct., 1777, ae. (not readable).

Mary, dau. of Thomas and Anna, d. Dec. 9, 1830, ae. 67 yrs.

Susanna, dau. of Thomas and Anna, d. Jan. 20, 1785, ae. 20 yrs.

Jonathan, d. July 4, 1772, in his 22nd year.

PRIVATE CEMETERY AT ROCHESTER NECK

HAYES, Joseph, d. Jan. 15, 1817, ae. 69 yrs.

Abigail, wid. of Joseph, d. Nov. 12, 1840, ae. 83 yrs.

LOCKE, Susan, w. of Daniel, dau. of Joseph and Abigail Hayes, d. Dec. 18, 1825, ae. 54 yrs.

WHITEHOUSE, Alexander, d. Oct. 9, 1809, ae. 36 yrs.

Sarah, wid. of Alexander, and w. of Mesach Robinson, d. Oct. 9, 1864, ae. 92 yrs.

In an open field on old Dover and Rochester Road.

DREW, Thomas, d. Jan. 1, 1806, ae. 95 yrs. One of the signers of "The New Hampshire Committee of Safety," 1776.

PRIVATE CEMETERY

Between Four Rod Road and Meader Pond

JENNESS, David, d. Jan. 18, 1832, ae. 79 yrs.

Lucy, wid. of David, d. Mar. 25, 1845, ae. 89 yrs.

PAGE, Daniel, d. Dec. 19, 1845, ae. 78 yrs.

Judith, w. of Daniel, d. Mar. 12, 1845, ae. 77 yrs.

PRIVATE CEMETERIES

On Rochester-Farmington Road

HENDERSON, William, d. Nov. 14, 1834, ae. 72 yrs., 4 mos.

Peggy, w. of William, d. Mar. 30, 1843, ae. 77 yrs., 2 mos., 18 days.

VARNEY, Thomas, d. Dec. 4, 1839, ae. 83 yrs., 7 mos.

Tamson, w. of Thomas, d. Nov. 15, 1852, ae. 91 yrs.

ALLEN BURYING GROUND

Salmon Falls Road—Walnut Grove District

ALLEN, Capt. William, b. 1713, d. Feb. 1, 1790.

Hannah Emerson, w. of Capt. William, b. May 24, 1729, d. May 11, 1817.

Maj. Samuel, b. Mar. 24, 1761, d. Nov. 22, 1846.

Sarah, w. of Maj. Samuel, b. Dec. 2, 1764, d. Jan. 2, 1828.

ROBERTS BURYING GROUND

Salmon Falls Road—Walnut Grove District

ROBERTS, Herbert, d. Dec. 28, 1817, ae. 77 yrs.

Mary, w. of Herbert, d. Aug. 30, 1839, ae. 89 yrs., 5 mos., 12 days.

GUPPY, George, d. July 20, 1851, ae. 80 yrs., 9 mos.

Betsy, w. of George, d. Dec. 9, 1845, ae. 76 yrs., 9 mos.

TEBBETS BURYING GROUND

Salmon Falls Road—Walnut Grove District

TEBBETS, Joseph, d. May 5, 1823, ae. 82 yrs.

TEBBETS, Elizabeth, w. of Joseph, d. Jan. 24, 1819, ae. 79 yrs.
  Samuel, d. May 2, 1854, ae. 86 yrs., 5 mos., 22 days.
  Dorothy, w. of Samuel, d. June 17, 1856, ae. 84 yrs., 9 mos., 7 days.

WINGATE BURYING GROUND

Ten Rod Road between Salmon Falls Road and Salmon Falls River

WINGATE, David, d. Nov. 25, 1821, ae. 62 yrs.
  Lydia, w. of David, d. Nov. 20, 1845, ae. 78 yrs.
ROBERTS, Moses, d. July 26, 1839, ae. 73 yrs.
  Alice, w. of Moses, d. May 26, 1860, ae. 86 yrs.
TEBBETTS, Dorothy, w. of Jedediah, d. Dec. 22, 1866, ae. 101 yrs.
  Ezekiel, d. 1796; Ruth, d. 1822; Ezekiel, Jr., d. 1814.

ROCKINGHAM

JUNCTION CEMETERY

ADAMS, Mary N., dau. of Josiah Adams, d. Feb. 5, 1868, ae. 91 yrs.
BAKER, Capt. Samuel, d. Feb. 16, 1792, ae. 66 yrs.
  Elizabeth, w. of Capt. Samuel, d. Sept. 6, 1804, ae. 74 yrs.
  Mary, w. of Capt. Samuel, d. Jan. 8, 1772, ae. 42 yrs.
DROWN, Dea. Thomas, d. Aug. 31, 1846, ae. 89 yrs., 4 mos.
  Comfort, w. of Dea. Thomas, d. Feb. 28, 1848, ae. 80 yrs., 10 mos.
  James T., d. Oct. 24, 1872, ae. 49 yrs., 8 mos.
FOWLER, Philip, d. Nov. 6, 1807, ae. 43 yrs.
HALL, Andrew, d. Jan. 21, 1853, ae. 85 yrs.
  Sally, w. of Andrew, d. Aug. 12, 1853, ae. 84 yrs.
  Andrew, d. May 28, 1871, ae. 74 yrs., 6 mos.
HILL, Elizabeth, w. of Daniel, Esq., d. Mar. 29, 1845, ae. 79 yrs.
  Daniel, Esq., d. Oct. 28, 1826, ae. 65 yrs.
LORD, Nathaniel, d. Aug. 21, 1820, ae. 72 yrs.
  Lucy, w. of Nathaniel, d. Feb. 11, 1812, ae. 62 yrs.
MAINER, Capt. Josiah Parsons, d. Apr. 7, 1755, in his 58th year.
NEIL, Capt. Hubartas, d. Dec. 15, 1806.
  Mary, w. of Capt. Hubartas, Jr., d. July 11, 1815, ae. 60 yrs.
  Mary, w. of Capt. Hubartas, d. June 18, 1806, ae. 91 yrs.
SHUTE, John, d. Sept. 2, 1819, ae. 75 yrs.
  Mary, w. of John, d. Mar. 9, 1800, ae. 66 yrs., 7 mos., 18 days.
  John, Jr., d. July 8, 1818, ae. 45 yrs.
  Betsey, dau. of John and Mary, d. Feb. 21, 1844, ae. 72 yrs.
SMITH, Azubah, w. of Samuel, d. Dec. 9, 1846, ae. 80 yrs.
TILTON, Daniel, d. Aug. 21, 1804, ae. 75 yrs.
WIGGIN, Henry, d. Dec. 5, 1828, ae. 64 yrs., 11 mos.
  Hannah, w. of Henry, d. Jan. 6, 1798, ae. 22 yrs., 9 mos., 9 days.
  Apphia, w. of Henry, d. Sept. 1, 1819, ae. 36 yrs.
WOOD, Olive, w. of Aaron, d. Oct. 19, 1848, ae. 77 yrs.

ROLLINSFORD

(Set off from Somersworth)

JOHN H. ROBERTS BURYING GROUND

CARR, James, d. Mar. 11, 1829, ae. 81 yrs.

Susanne, w. of James, d. Aug. 4, 1833, ae. 72 yrs.

Dr. Moses, 1715-1800. He was the first town clerk of Somersworth.

Mary, w. of Moses, Esq., d. Feb. 9, 1788, in her 69th year.

HALL, Sergt. John, great grandson of Dea. John Hall, 1706-1789.

Anne Morrill, 1st w. of Sergt. John.

Sarah Stackpole, 2nd w. of Sergt. John, 1718-1804.

John, son of Sergt. John and Sarah, 1763-1786.

PIKE, Rev. James, d. Mar. 19, 1792, ae. 89 yrs., and in the 65th year of his ministry.

Sarah, w. of Rev. James, d. Aug. 31, 1792, ae. 80 yrs.

John, a Justice of the Peace 35 yrs., b. Mar. 1, 1747, d. Jan. 20, 1833.

Martha, w. of John, Esq., d. Jan. 12, 1837, in her 87th year.

ROLLINS, Capt. Ichabod, d. Feb. 18, 1787, ae. 40 yrs.

Abigail, w. of Hon. Ichabod, d. Oct. 17, 1790, in her 68th year.

Jeremiah, d. 1768.

Elizabeth Ham, w. of Jeremiah Rollins.

Ichabod, son of Jeremiah and Elizabeth, d. Jan. 31, 1800.

Abigail, w. of Ichabod.

FARM ON DOVER AND ROLLINSFORD ROAD

BAKER, Lydia, w. of Otis Baker, d. Jan. 17, 1775, in her 23rd year.

ON HAM FARM

TATE, Joseph, school master in Somersworth 1749-1784, d. 1802, ae. 90 yrs.

HOBBS, Morris, and other members of Hobbs family buried nearby.

ROLLINSFORD CEMETERY

CLEMENTS, James, d. May 22, 1821, ae. 74 yrs.

Sarah, w. of James, d. Dec. 12, 1800, ae. 62 yrs.

EMERY, Elizabeth, b. 1766, d. 1845.

GARVIN, Thomas, d. Jan. 28, 1823, ae. 65 yrs., 6 mos.

Betsey, w. of Thomas, d. Oct. 12, 1840, ae. 78 yrs., 7 mos.

LARRABEE, Judith, dau. of Amos and Judith Howard, (in Boston), d. June 16, 1775.

LINCOLN, Jacob, son of Jacob and Rachel, d. July 7, 1759, ae. 1 yr.

LORD, Samuel, Jr., drowned on Monday, May 17, 1733, ae. 38 yrs.

Sally, w. of Jeremiah, d. Sept. 17, 1849, ae. 87 yrs.

Capt. Nathan, d. May 30, 1808, ae. 48 yrs.

Elizabeth, w. of Capt. Nathan, d. Nov. 17, 1837, ae. 93 yrs.

PHILPOT, John, b. Feb. 1, 1727, d. Dec. 15, 1811, ae. 84 yrs.

Kezeah, w. of John, b. Oct. 20, 1754, ae. 76 yrs.

PLUMMER, Ebenezer, d. Oct. 12, 1845, ae. 83 yrs.

Mehitable, w. of Ebenezer, d. Oct. 17, 1842, ae. 73 yrs.

ROLLINS, Andrew, Esq., b. Oct. 29, 1771, d. Mar. 13, 1832, ae. 61 yrs.
  Hiriam, Esq., d. Aug. 24, 1843, ae. 76 yrs.
  Joanna, w. of Capt. Hiriam, d. May 15, 1802, ae. 31 yrs.
  John, d. Jan. 22, 1821, ae. 76 yrs.
  Mary, w. of John, d. Apr. 16, 1813, ae. 78 yrs.
RICKER, Capt. Ebenezer, d. Nov. 5, 1815, ae. 74 yrs.
  Mary, w. of Capt. Ebenezer, d. Sept. 15, 1796, ae. 45 yrs.
  Elizabeth, w. of Capt. Ebenezer, d. Apr. 19, 1781, ae. 28 yrs.
  Margaret, wid. of Capt. Ebenezer, d. Oct. 2, 1826, ae. 76 yrs.
ROBERTS Monument—1891—Roberts family settled here in 1702.
  John Roberts, Settler, d. in 1756.
  Ebenezer Roberts, 1721-1804.
  Sarah Miller, w. of Ebenezer Roberts, 1731-1799.
  Lydia, dau. of Ebenezer and Sarah Miller Roberts, 1767-1798.
  Joanna, dau. of Ebenezer and Sarah Miller Roberts, 1758-1847.
ROBERTS, James, d. Dec. 26, 1833, ae. 96 yrs.
  Elizabeth, w. of James, d. Aug. 27, 1831, ae. 94 yrs.
  Martha, w. of James, d. May 1, 1841, ae. 83 yrs.
  Moses, b. Dec. 23, 1760, d. Aug. 26, 1826, ae. 66 yrs.
  Mercy, wid. of Moses, d. June 10, 1844, ae. 85 yrs.
WALLINGFORD, Thomas, Esq., Col. of a Reg., an Hon. Justice of the Superior Court in the Provinces, d. Aug. 4, 1771, ae. 74 yrs.
  Elizabeth, w. of Hon. Thomas, d. Dec. 3, 1810, ae. 93 yrs.
  Thomas, son of Ebenezer and Mary, d. Sept. 11, 1772, ae. 17 yrs.
WENTWORTH, Col. Paul, b. 1678, d. June 24, 1748.
  Abra Brown, w. of Col. Paul, b. Nov. 20, 1680, d. Oct. 7, 1747.
  Col. John, b. Mar. 30, 1719, d. May 17, 1781.
  Joanna Gilman, w. of Col. John, b. July 14, 1720, d. Apr. 8, 1750.
  Abigail Millet, w. of Col. John, b. 1722, d. July 15, 1767.
  Elizabeth Cole, w. of Col. John, b. 1736, d. July 11, 1776.
  Benjamin, son of Col. John, b. Oct. 12, 1747, d. Feb. 8, 1753.
  Andrew, d. Mar. 17, 1813, ae. 49 yrs.
  Polly, w. of Andrew, Esq., d. May 12, 1842, ae. 73 yrs.
WHITEHOUSE, Ebenezer, d. Dec. 22, 1831, ae. 72 yrs.
  Dorcas, w. of Ebenezer, d. Nov. 19, 1840, ae. 78 yrs.
YEATON, Moses, d. Feb. 8, 1842, ae. 88 yrs., 4 mos.
  Sara P., w. of Moses, d. Jan. 21, 1849, ae. 83 yrs., 3 mos.

RYE

(Settled 1635)

WALLIS-ODIORNE CEMETERY

Brackett Road, short way in from Wallis Sands Road, originally on the Samuel Wallis farm.

WALLIS, Samuel, d. Feb. 25, 1832, ae. 85 yrs.   Revolutionary soldier.

WALLIS, Elizabeth, w. of Samuel, and dau. of Rev. Samuel Parsons, d. June 9, 1827, ae. 73 yrs.

Phillis, servant of Samuel and Elizabeth Wallis, d. 1821, ae. 80 yrs.

GARLAND-MARDEN-SMART CEMETERY

In field off Washington Road, and nearly opposite Dow Cemetery.

GARLAND, Levi, d. Feb. 4, 1857, ae. 90 yrs., 2 mso., 23 days.

Lucy, w. of Levi, d. Jan. 1, 1814, ae. 44 yrs., 6 mos., 25 days.

Nancy, w. of Levi, d. May 6, 1844, ae. 63 yrs., 11 mos., 24 days.

SEAVEY FAMILY BURYING GROUND

Rear of Joseph Langdon Seavey home, between Wallis Sands Road and Central Road.

SEAVEY, Joseph L., d. Mar. 4, 1803, ae. 52 yrs.

Martha, w. of Joseph L., d. Oct. 20, 1850, ae. 88 yrs.

There are eight graves marked by stubs of field stones.

Cemetery rear of Congregational Church, at Rye Center.

GARLAND, Col. Benjamin, d. May 2, 1802, ae. 67 yrs.

Sarah, w. of Col. Benjamin, d. Feb. 18, 1803, ae. 66 yrs.

Benjamin, d. Jan. 14, 1835, ae. 70 yrs.

Amos, d. Feb. 21, 1833, ae. 65 yrs.

Olive, w. of Amos, d. Dec. 16, 1830, ae. 56 yrs.

PARSONS, Amos S., d. Nov. 7, 1850, ae. 82 yrs.

Martha, w. of Amos S., d. July 7, 1819, ae. 41 yrs.

DOW CEMETERY

Near Washington Road; neglected, 14 stones, all Dows, other sunken graves.

DOW, Elizabeth, d. Dec. 17, 1823, ae. 69 yrs., dau. of Amos Seavey, b. June 19, 1753, m. Aug. 21, 1777, Isaac Dow, (Henry, Isaac, Simon, etc.)

Martha, w. of Henry, d. Oct. 20, 1825, ae. 94 yrs.

RYE CENTER CEMETERY

BROWN, Lieut. Simon, d. May 24, 1846, ae. 79 yrs.

Esther, w. of Simon, d. May 24, 1805, ae. 33 yrs.

Polly, w. of Lieut. Simon, d. May 1, 1832, ae. 52 yrs.

DALTON, Michael, d. Oct. 6, 1846, ae. 93 yrs.

Mercy, w. of Michael, d. Nov. 19, 1846, ae. 84 yrs.

DOW, James, d. Aug. 5, 1838, ae. 75 yrs.

Mary, w. of James, d. Dec. 7, 1842, ae. 72 yrs.

DRAKE, Jonathan, d. Mar. 21, 1848, ae. 90 yrs.

Mrs. Sarah, d. Dec. 31, 1822, ae. 61 yrs.

GOSS, Richard, d. Feb. 6, 1814, ae. 35 yrs.

JENNESS, Lieut. Joseph, d. Sept. 13, 1815 or (1845), ae. 75 yrs.

Anna, wid. of Lieut. Joseph, d. Sept. 15, 1862, ae. 71 yrs., 6 mos.

Olive, wid. of Simon, d. May 27, 1845, ae. 90 yrs., 3 mos.

Simon, d. Apr. 27, 1798, ae. 47 yrs.

Mary, w. of Nathaniel, d. Jan. 12, 1833, ae. 68 yrs.

Nathaniel, d. Oct. 8, 1824, ae. 64 yrs.

JENNESS, Peter, Esq., d. Oct. 1, 1836, ae. 81 yrs.
  Abigail, w. of Peter, Esq., d. Apr. 23, 1840, ae. 78 yrs.
KNOX, Drisko, d. Dec. 5, 1835, ae. 87 yrs.
  Margaret, w. of Drisko, d. Aug. 3, 1832, ae. 81 yrs.
LANGDON, Ann, dau. of Samuel and Ann Langdon, d. Jan. 29, 172—.
  Samuel, d. Dec. 2, 1725, in his 25th year.
MARDEN, William, d. Nov. 14, 1816, ae. 73 yrs.
  Hannah, w. of William, d. Sept. 14, 1830, ae. 84 yrs.
PHILBRICK, Joses, d. July 21, 1835, ae. 68 yrs.
  Sarah, w. of Joses, d. Dec. 21, 1842, ae. 70 yrs.
  Joses, d. Mar. 24, 1757, in his 54th year.
  Joseph, d. Nov. 7, 1755, in his 93rd year.
  Tryphana, w. of Joseph, d. Nov. 11, 1729, in her 66th year.
  Jonathan, b. Nov. 26, 1747, d. Apr. 11, 1822.
  Mary, w. of Jonathan, b. Feb. 12, 1749, d. Nov. 15, 1834.
  Joseph, d. Sept. 11, 1788, ae. 53 yrs.
  Anna, w. of Joseph, d. Jan. 5, 1824, ae. 83 yrs.
PORTER, Rev. Huntington, b. Bridgewater, Mass., 1755, d. Lyman, Mass.,
    1844. Grad. Harvard College, 1777. Ord. Rye, 1784.
  Susannah, w. of Rev. Huntington, d. Feb. 24, 1794, ae. 20 yrs.
  Sarah, w. of Rev. Huntington, d. Jan. 2, 1835, ae. 56 yrs.
RAND, Thomas, d. Feb. 27, 1839, ae. 79 yrs.
  Mary, w. of Thomas, d. Mar. 17, 1835, ae. 72 yrs.
SEWALL, Rev. Samuel, d. in Rye Mar. 16, 1826, ae. 61 yrs.
WEBSTER, Richard, d. Jan. 15, 1836, ae. 82 yrs.
  Elizabeth, w. of Richard, d. Mar. 11, 1826, ae. 71 yrs.

RYE CEMETERY
PHILBRICK, Susanna, 1767-1846.
  Hannah Philbrick Kimball (early settler).
SALTER, Alexander, d. Nov. 14, 1801, ae. 57 yrs. Revolutionary soldier.
  Abiah, w. of Alexander, d. May 11, 1811, ae. 68 yrs.

FOYE FAMILY BURYING GROUND
FOYE, John, d. Jan. 17, 1818, ae. 80 yrs.
  Lydia, d. June 15, 1830, ae. 94 yrs.

SEAVEY FAMILY IN EAST RYE
SEAVEY, Lieut. William. Revolutionary soldier.

SALEM

AUSTIN, Abiael, d. Dec. 25, 1815, ae. 42 yrs.
  Mrs. Sarah, d. Dec. 30, 1818, ae. 83 yrs.
  Nathan, d. Feb. 24, 1808, ae. 76 yrs.
AYER, Polly, w. of William, d. Dec. 11, 1816, ae. 56 yrs.
  Mary, w. of William, d. Apr. 12, 18—, ae. 58 yrs.
  William, d. June 11, 1829, ae. 77 yrs.

BAYLEY, Rev. Abner, d. Mar. 10, 1798, in his 83rd year, and 58th year of his ministry.
BELKNAP, Nathaniel, d. Oct. 12, 1805, ae. 57 yrs.
HALE, Mehitable, w. of Joshua, d. Nov. 15, 1848, ae. 71 yrs.
BOYNTON, Margaret, w. of David, d. Apr. 5, 1831, ae. 58 yrs.
CAMPBELL, Elizabeth, d. Oct. 29, 1844, ae. 88 yrs.
   Robert, d. Nov. 4, 1825, ae. 78 yrs.
CLEMENT, Elizabeth, w. of Samuel W., d. Feb. 12, 1857, ae. 85 yrs., 3 mos.
   Samuel W., d. May 10, 1838, ae. 71 yrs.
CORLISS, Asa, d. Jan. 16, 1855, ae. 84 yrs.
   Jane, w. of Asa, d. Nov. 9, 1833, ae. 57 yrs.
   David, d. Feb. 5, 1847, ae. 85 yrs.
   Abigail, w. of David, d. Apr. 29, 1847, ae. 74 yrs.
CROSS, Abial, d. Apr. 20, 1778, in his 35th year.
CLENDENIN, Jane, w. of Robert, d. Jan. 19, 1814, ae. 84 yrs.
CURRIER, Richard, d. Feb. 27, 1849, ae. 100 yrs.
   Abigail, d. Jan. 7, 1852, ae. 79 yrs.
   Susannah, w. of John Currier, d. Apr. 14, 1847, ae. 91 yrs.
   Capt. John, d. Jan. 9, 1827, ae. 72 yrs.
DOUGLAS, Dea. Thomas, d. Mar. 18, 1786.
   Nancy, w. of Dea. Thomas, d. Sept. 24, 1797.
DOW, Amos, d. Jan. 28, 1820, ae. 85 yrs.
   Elizabeth, w. of Amos, d. Nov. 9, 1825, ae. 86 yrs.
   Capt. Jerremiah, d. Sept. 10, 1826, ae. 89 yrs.
   Lydia, w. of Capt. Jerremiah, d. Mar. 12, 1826, ae. 77 yrs.
DUSTON, Obadiah, d. June 15, 1765, ae. 41 yrs.
   Simeon, d. Jan. 18, 1846, ae. 82 yrs.
   Nabby, w. of Simeon, d. Feb. 2, 1799, ae. 31 yrs.
EATON, Betsey, d. Dec. 24, 1849, ae. 80 yrs.
   Timothy, d. Oct. 28, 1805, ae. 70 yrs.
   Mary, w. of Timothy, d. Oct. 27, 1829, ae. 89 yrs.
   Samuel, d. Mar. 17, 1846, ae. 70 yrs.
EMERSON, Susannah, w. of Day, d. Dec. 8, 1861, ae. 90 yrs.
   Day, d. May 19, 1852, ae. 87 yrs., 7 mos.
GAGE, Bettsy M., d. Feb. 11, 1848, ae. 70 yrs.
GORDON, Lydia, d. Nov. 27, 1836, ae. 75 yrs.
   Delia, w. of Benjamin, d. Sept. 20, 1847, ae. 81 yrs.
   Benjamin, d. Nov. 21, 1815, ae. 51 yrs.
   Phinneas, d. Sept. 6, 1812, ae. 65 yrs.
HASTINGS, James, d. Feb. 10, 1784, ae. 63 yrs.
   Hannah, d. Oct. 9, 1796, ae. 29 yrs.
   James, d. Apr. 4, 1838, ae. 87 yrs.   Revolutionary soldier.
   Sarah, w. of James, d. Apr. 5, 1844, ae. 80 yrs.
HESELTINE, Jonathan, d. Apr. 16, 1821, ae. 66 yrs.
HULL, Joseph, d. Feb. 8, 1842, ae. 93 yrs.
   Hannah, w. of Joseph, d. Mar. 1, 1817, ae. 69 yrs.
   Elizabeth, w. of Joseph, d. Mar. 25, 1847, ae. 78 yrs.

HUTCHINS, Hannah, d. Apr. 2, 1824, ae. 82 yrs.
JOHNSON, Hannah, w. of John, d. May 8, 1805, ae. 71 yrs.
    John, d. Aug. 13, 1799, ae. 79 yrs.
JONES, Lydia, w. of Hezekiah, d. Mar. 22, 1793, ae. 21 yrs.
    Hezekiah, Esq., d. Aug. 24, 1824, ae. 55 yrs.
    Dolly, w. of Hezekiah, d. Nov. 2, 1857, ae. 82 yrs.
    Capt. James, d. Aug. 4, 1820, ae. 89 yrs.
    Jessie, d. Aug. 20, 1818, ae. 46 yrs.
    Evan, d. Mar. 1, 1828, ae. 64 yrs.
KELLEY, Dea. John, d. Dec. 22, 1807, ae. 84 yrs.
    Sibbel, w. of Richard, and oldest dau. of Rev. Samuel Fletcher, d. Aug.
        24, 1853, ae. 85 yrs.
    Miss Judith, d. Sept. 19, 1842, ae. 75 yrs.
    Miss Mary, d. Aug. 10, 1841, ae. 72 yrs.
    Hannah, w. of Dea. John, d. Nov. 27, 1811, ae. 85 yrs.
    Capt. William S., d. Nov. 27, 1832, ae. 71 yrs.
    Mary, w. of Capt. William S., d. June 3, 1826, ae. 62 yrs.
KIMBALL, Oliver, d. Apr. 20, 1821, ae. 75 yrs.
    Mary, wid., d. Feb. 6, 1846, ae. 95 yrs.
    Elizabeth, b. Feb. 25, 1772, d. Mar. 18, 1862.
    George, d. Jan. 23, 1857, ae. 76 yrs.
    Barnard, d. May 11, 1825, ae. 83 yrs.
    Elizabeth, w. of Barnard, d. Aug. 20, 1826, ae. 73 yrs.
LADD, Daniel, d. Oct. 9, 1826, ae. 87 yrs.
    Dorothy, w. of Daniel, d. July 7, 1807, ae. 66 yrs.
MASSY, Deborah, w. of Jonathan, d. Sept. 25, 1852, ae. 78 yrs.
    Jonathan, d. July 27, 1857, ae. 76 yrs.
MASSEY, Jonathan, d. July 29, 1851.
    Deborah, w. of Jonathan, d. Sept. 25, 1852, ae. 78 yrs.
MERRILL, Jonathan, d. Apr. 20, 1850, ae. 72 yrs.
    Joseph, d. Dec. 29, 1825, ae. 75 yrs.
    Anne, w. of Joseph, d. Apr. 13, 1841, ae. 95 yrs.
    Maj. Joshua, d. Jan. 12, 1837, ae. 72 yrs.
    Mehetabel, w. of Maj. Joshua, d. July 10, 1830, ae. 69 yrs.
MORSE, Caleb, d. May 17, 1844, ae. 78 yrs.
OBER, John, Esq., d. Nov. 15, 1767, ae. 68 yrs.
PATTEE, Richard, d. Aug. 15, 1820, ae. 43 yrs.
PRINCE, Caleb, d. Oct. 22, 1845, ae. 76 yrs.
    Elisabeth, mother of Caleb, d. Dec. 18, 1822, ae. 89 yrs.
    Anna, w. of Caleb, d. Dec. 13, 1852, ae. 87 yrs.
ROWELL, Jacob, d. Aug. 11, 1835, ae. 88 yrs.
    Mehitable, w. of Jacob, d. Mar. 2, 1846, ae. 84 yrs.
RUNNELS, Lieut. Thomas, d. Oct. 8, 1798, ae. 56 yrs.
RUSS, Nathan, d. Sept. 4, 1854, ae. 75 yrs.
SMITH, Phebe, w. of William, d. Mar. 20, 1832, ae. 86 yrs.
STEVENS, Simeon, d. Sept. 5, 1799, ae. 58 yrs.
    Mariah, w. of Simeon, d. July 8, 1845, ae. 98 yrs.

TAINTOR, Martha, d. Nov. 21, 1824, ae. 52 yrs.
WHITAKER, Moses, d. May 3, 1839, ae. 74 yrs.
    Jennett, w. of Moses, d. Aug. 25, 1815, ae. 51 yrs.
WEBSTER, Zelinda, w. of Joseph, d. June 15, 1877, ae. 80 yrs.
    Joseph, d. Nov. 18, 1847, ae. 62 yrs.
    Rollins, d. June 18, 1845, ae. 76 yrs.
    Sarah, w. of Rollins, d. Apr. 10, 1855, ae. 87 yrs.
WHEELER, Benjamin, Jr., d. Jan. 3, 1768, ae. 32 yrs.
WILSON, Phebe, w. of John, d. Apr. 15, 1852, ae. 74 yrs.
    Nancy, wid. of John, d. Nov. 8, 1862, ae. 96 yrs.
    John, d. June 4, 1842, ae. 76 yrs.
WOODBURY, Elisha, d. Apr. 26, 1850, ae. 88 yrs.
    John, d. Apr. 27, 1829, ae. 80 yrs.
    Hannah, w. of John, d. July 26, 1831, ae. 77 yrs.
    Elisabeth, w. of Elisha, d. Feb. 15, 1828, ae. 67 yrs.
WOODMAN, Wath, d. Nov. 13, 1821, ae. 92 yrs.
    Mrs. Anna, d. Mar. 25, 1796, ae. 58 yrs.

SPEAR HILL CEMETERY

BRADFORD, William, d. Jan. 10, 1840, ae. 90 yrs.
    Anna, w. of William, d. Jan. 11, 1822, ae. 65 yrs.
WOODBURY, Capt. Israel, d. Oct. 16, 1859, ae. 99 yrs., 10 mos., 6 days.
      Revolutionary soldier.
    Mehitable, w. of Israel, d. Jan. 20, 1849, ae. 84 yrs.

SALISBURY
(Grant 1736)

BOG CEMETERY
Edge of Salisbury, very old, unkept.

BARTLETT, Samuel, d. Mar. 3, 1838, ae. 74 yrs.
CARLETON, Henry, d. Jan. 27, 1864, ae. 85 yrs., 6 mos.
CALEF, Martha, w. of John, d. Nov. 19, 1856, ae. 70 yrs.
    William, d. Dec., 1843, ae. 82 yrs.
    Hannah, w. of William, d. Apr. 13, 1823, ae. 59 yrs.
MORRILL, ————, w. of Levi, d. Apr. 3, 1856, ae. 85 yrs.
TAYLOR, John, d. May 7, 1826, ae. 76 yrs.
THOMPSON, Benjamin, d. Mar. 6, 1842, ae. 80 yrs.
    Abigail, w. of Benjamin, d. May 9, 1846, ae. 78 yrs.

Marker discovered (1941) eight feet below surface on site of an old fort, bearing inscription, King William III, 1690.

SANBORNTON
YARD AT SANBORNTON SQUARE
CHASE, Hannah, b. Aug. 10, 1774, d. Sept. 26, 1852.
EASTMAN, Thomas, d. Dec. 23, 1858, ae. 82 yrs.

INGALLS, Jesse, b. Apr. 2, 1770, d. Oct. 29, 1851.

WOODMAN, Rev. Joseph, b. 1771, d. Sept. 28, 1807.

    Esther, w. of Rev. Joseph, d. July 12, 1803, ae. 51 yrs.

    Small family yard on road to Calef Hill.

    Removal (1941) of Morrill-Shaw cemetery on Pemgewasset river to Franklin Cemetery. The area to be flooded by Franklin Falls control dam.

SEABROOK

QUAKER BURYING GROUND, OR LINE CHURCH CEMETERY

BROWN, Elisha, Esq., d. Feb. 22, 1802, ae 69 yrs.

    Anna, w. of Elisha, Esq., d. Feb. 18, 1803, ae. 59 yrs.

    Jane, w. of Jeremiah, d. Mar. 11, 1831, ae. 79 yrs.

    Jeremiah, d. May 18, 1818, in his 52nd year.

    Lydia, w. of Jeremiah, d. Sept. 6, 1836, ae. 59 yrs.

    Sarah, w. of John, d. Dec. 29, 1824, ae. 74 yrs., 4 mos., 7 days.

GREEN, Isaac, d. May 12, 1716, ae. 70 yrs.

    Jeremiah, d. Aug. 17, 1770, ae. 30 yrs., 11 mos.

    Elizabeth, w. of Nathan, d. Sept. 21, 1756, ae. 34 yrs.

HEATH, Mary, w. of Nehemiah, d. Apr. 16, 1715, ae. 23 yrs.

PERKINS, Benjamin, d. Feb. 16, 1830, ae. 63 yrs., 9 mos.

    Mary, w. of Benjamin, d. Aug. 19, 1827, ae. 58 yrs., 10 mos.

LOCKE, Thomas, d. Mar. 15, 1835, ae. 88 yrs.

    Elizabeth, w. of Thomas, d. Mar. 15, 1830, ae. 86 yrs.

    Timothy D., d. May 12, 1822, ae. 87 yrs.

    Lydia, w. of Timothy, d. Aug. 28, 1780, ae. 46 yrs., 10 mos.

    Patience, 2nd w. of Timothy, d. Jan 18, 1816, ae. 73 yrs

    Sally, w. of Blake, d. Apr. 19, 1827, in her 64th year.

NORTEN, Bonus, d. Apr. 30, 1718, ae. 61 yrs.

WORTH, Lydia, w. of Joseph, d. June 13, 1732, in her 38th year.

DOWE, Abraham, d. Sept., 1783, ae. 69 yrs.

    Phebe, w. of Abraham, d. June, 1818, ae. 101 yrs.

    Hannah Phillips, w. of Benjamin, d. Jan. 14, 1805, ae. 50 yrs.

DOW, Abigail, w. of Zebulon, d. Sept. 13, 1841, ae. 82 yrs.

GOVE, Abigail, d. July 24, 1818, ae. 58 yrs.

    Joseph, d. Nov. 24, 18—, ae. 76 yrs.

    Jonathan, d. Aug. 6, 1761, in his 67th year.

    Benjamin, d. Mar. 21, 1835, ae. 80 yrs.

    Hannah, w. of Benjamin, Jr., d. Feb. 1, 1848, ae. 76 yrs.

    Benjamin, Jr., d. Nov. 11, 1833, ae. 56 yrs.

    Lydia, w. of Edward, d. Feb. 3, 1820, ae. 49 yrs.

JANVRIN, John, son of John Janvrin, who came from the Isle of Jersey, b. Portsmouth, July 8, 1707, grad. Harvard College in 1728, d. Seabrook, Oct. 7, 1780, ae. 73 yrs.

    Elizabeth, w. of John, b. Newbury, Mass., Jan. 12, 1722, d. Apr. 1809.

JANVRIN, James, d. Nov. 6, 1822, ae. 64 yrs.
    Mary, w. of James, d. July 12, 1839, ae. 74 yrs.
    John, d. Nov. 2, 1837, ae. 83 yrs.
    Jane, w. of John, d. Mar. 11, 1833, ae. 81 yrs.
    George, b. Mar. 6, 1762, d. Sept. 21, 1841, ae. 79 yrs.
    Dolly, w. of George, b. Sept. 26, 1763, d. Apr. 12, 1848, ae. 84 yrs.
WEARE, Elizabeth, w. of Nathaniel, d. Feb. 10, 1712, ae. 73 yrs.
    Dea. Jonathan, d. Nov. 6, 1790, in his 67th year.
    Sarah, w. of Dea. Jonathan, dau. of Dea. Joshua Lane, d. June 8, 1784,
        ae. 57 yrs.
    Thankful, w. of John, d. Dec. 2, 1798, in her 44th year.
    John, d. Jan. 10, 1800, in his 43rd year.

SHARON

SOUTH BURYING GROUND

From manuscript records of Eben W. Jones of Peterborough

ADAMS, Rebecca, w. of Joel, d. June 24, 1832, ae. 79 yrs.
    Joel, d. Jan. 17, 1828, ae. 79 yrs.
CARLTON, Sibel, w. of Moses, d. Dec. 28, 1838, ae. 87 yrs.
    Moses, d. July 17, 1798, ae. 49 yrs.
GRAGG, Jane., wid., d. Aug. 15, 1850, ae. 94 yrs.
LAW, Reuben, d. Aug. 21, 1840, in his 89th year.
MILLER, Anna, d. Aug. 14, 1839, ae. 84 yrs.
McCOY, Elizabeth, w. of Gilbert, d. July 31, 1837, ae. 89 yrs.
    Gilbert, d. Oct. 8, 1809, in his 82nd year.
MOORS, James M., d. Dec. 5, 1831, ae. 77 yrs. Revolutionary soldier.
    Margaret, w. of James, d. July 18, 1840, ae. 84 yrs.
ROBBINS, Mary, w. of Josiah, d. Dec. 7, 1799, ae. 75 yrs.
    Josiah, d. May 20, 1795, ae. 90 yrs.
RYN, Dr. Daniel, d. June 5, 1813, ae. 85 yrs.
SAWYER, Josiah, d. Oct. 3, 1829, ae. 85 yrs.
    Lydia, w. of Josiah, d. Feb. 9, 1829, ae. 83 yrs.
SPAFFORD, Mary, w. of Abijah, d. Sept. 9, 1802, in her 67th year.
    Abijah, d. Oct. 19, 1811, in his 77th year.
TAGGART, Elizabeth, w. of Lieut. James, d. Nov. 1, 1814, in her 74th year.
    Lieut. James, d. Jan. 25, 1828, in his 86th year. Revolutionary soldier.
THOMPSON, Lucy, d. July 14, 1833, ae. 91 yrs.
UPTON, Dorcas, w. of John, d. Jan. 2, 1813, ae. 60 yrs.
    John, d. Feb. 10, 1825, in his 66th year.
    John, d. Apr. 25, 1805, ae. 74 yrs.
    Mary, w. of John, d. Feb. 13, 1814, ae. 84 yrs.

SHELBURNE

POOR, Peter, shot by an Indian, Tom Hegan, bur. here Aug. 5, 1781.
Discovered by surveyors for Portland-Montreal pipe line (July, 1941).

SMITHTOWN
LOWER CEMETERY

BECKMAN, John B., d. Apr. 23, 1845, ae. 92 yrs.
Judith, w. of John B., d. May 27, 1839, ae. 80 yrs., 6 mos.
BOYD, David, d. July 24, 1834, ae. 84 yrs.
Mary, w. of David, d. Dec. 10, 1828, ae. 77 yrs.
COLLINS, Robert, d. Nov. 27, 1842, ae. 73 yrs., 9 mos., 17 days.
Mary, w. of Robert, d. Aug. 11, 1835, ae. 59 yrs., 4 mos., 6 days.
Ezekiel, d. June 15, 1848, ae. 85 yrs.
Betsy, w. of Ezekiel, d. Nov. 6, 1837, ae. 74 yrs.
DOW, Lois, w. of Jacob, d. Oct. 1, 1844, ae. 77 yrs.
EATON, Henry, d. May 6, 1838, in his 72nd year.
Sarah, w. of Henry, d. Jan. 12, 1810, ae. 67 yrs.
Bryant, d. Aug. 6, 1829, ae. 69 yrs.
Sarah, w. of Bryant, d. Jan. 7, 1838, ae. 68 yrs.
FALCH, Nicholas, d. Apr. 13, 1841, ae. 85 yrs.   Revolutionary soldier.
Sarah, w. of Nicholas, d. Oct. 20, 1849, ae. 88 yrs., 7 mos.
FOWLER, Thomas, d. Apr., 1842, ae. 81 yrs.
Margaret, w. of Thomas, dau. of Jeremiah and Betsy Lord of Cape
Nordict, Me., d. Oct. 10, 1834, ae. 74 yrs.
SMITH, Stephen, d. Mar. 3, 1832, ae. 72 yrs.
Hannah, w. of Stephen, d. Mar. 29, 1833, ae. 73 yrs.
John, d. Dec. 6, 1828, ae. 78 yrs.
Abigail, w. of John, d. Apr. 1, 1839, ae. 87 yrs.

SOMERSWORTH
SOMERSWORTH CEMETERY
(Large block of rough granite with bronze marker.)
Huckins Family of the Dover Combination

HUCKINS, Robert, b. Devonshire, England, Aug. 16, 1620, d. 1694. Slain
by Indians at Oyster Bay, Dover, N. H.
Lieut. James, b. Oyster River, Dover, 1644, d. 1688. Slain with his 17
men by Indians who also burned his Garrison near by the Mound
where 18 men now rest.
Sarah Burnham, w. of Lieut. James, later married Capt. John Wood-
man, b. Oyster River, Dover, 1654, d. 1705.
Robert, b. Oyster River, Dover, 1672, d. 1720. Rebuilt Huckins Garri-
son, later called Chesley Garrison by Hannah (Huckins) Chesley.
Welthern Thomas, w. of Robert, b. Oyster River, Dover, 1672, d. 1729.

HUCKINS, Capt. John, b. Oyster River, Dover, 1704, d. 1789. Their daughter, Abigail (Huckins) Hill, the great grandmother of Frances E. Willard, founder of world's W. C. T. U.

Abigail Edgerley, w. of Capt. John, b. Oyster River, Dover, 1695.

Joseph, b. Oyster River, Dover, 1714, d. 1800.

Mary Fernald, w. of Joseph, b. Kittery, Maine, 1708, d. 1788.

Joseph, b. Nottingham, 1736, d. 1819. Buried in Merrill Burying Ground, Barnstead, N. H., Seward's Hill.

Mary Kelley, 1st w. of Joseph, b. Stratham, 1733, d. 1791.

Sarah Glines Merrill, 2nd w. of Joseph, b. Gilmanton.

Joseph, b. Nottingham, 1764, d. 1847. Custodian of Masonic Jewels.

Mary Jenness, 1st w. of Joseph, b. Pembroke, 1766, d. 1823.

Sarah Warren, 2nd w. of Joseph, b. 1777, d. 1844.

ALLEN, Josiah, d. July 27, 1838, ae. 80 yrs., 9 mos.

Elizabeth, w. of Josiah, d. Feb. 19, 1850, ae. 91 yrs.

BICKFORD, James, d. Sept. 18, 1812, ae. 69 yrs.

Rebecca, w. of James, d. July 25, 1845, ae. 98 yrs., 9 mos.

BUTLER, Ichabod, d. Nov. 11, 1847, ae. 73 yrs.

Sally, w. of Ichabod, d. Jan. 1, 1832, ae. 61 yrs.

EMERY, Capt. Ichabod, d. Feb. 17, 1861, ae. 89 yrs., 9 mos., 27 days.

Lois, w. of Capt. Ichabod, d. Apr. 13, 1858, ae. 84 yrs., 4 days.

CLOUTMAN, Eliphalet, Esq., d. Oct. 1, 1838, ae. 85 yrs., 6 mos., 14 days.

Hannah, w. of Eliphalet, Esq., d. Jan. 12, 1832, ae. 76 yrs.

GILMAN, John, 1773-1844.

HAM, Moses, d. June 10, 1832, ae. 59 yrs.

HANSON, Isaac, d. Jan., 1826, ae. 56 yrs.

Martha, w. of Isaac, d. Dec. 23, 1862, ae. 91 yrs.

FURBER, Ensign Richard, 1725-1807.

Elizabeth Downing, w. of Ensign Richard, 1725-1793.

Gen. Richard, son of Ensign Richard and Elizabeth, 1753-1848.

Alice Coleman, w. of Gen. Richard, 1756-1781.

Mary Wingate, w. of Gen. Richard, 1756-1849.

Elizabeth, 1760-1844.

HORNE, Mary, w. of Caleb, d. Feb. 12, 1835, ae. 79 yrs.

PRAY, Mary, w. of Thomas, dau. of James and Mary Nailor, d. May 8, 1850, ae. 85 yrs., 9 mos.

VARNEY, Sarah, w. of Isaac, d. Apr. 17, 1815, ae. 52 yrs.

THOMPSON, Thomas, d. Apr. 11, 1842, ae. 84 yrs.

Sara, w. of Thomas, d. Sept. 6, 1866, ae. 94 yrs.

ROLLINS, John, b. Jan. 26, 1771, d. Jan. 5, 1856.

Betsey, w. of John, b. Sept. 15, 1773, d. May 8, 1854.

HANSON CORNER BURYING GROUND

BURNHAM, Abigail, w. of James, d. Aug. 23, 1850, ae. 91 yrs.

James, d. June 17, 1845, ae. 91 yrs.

HANSON, Benjamin, d. Feb. 17, 1842, ae. 80 yrs.

Lydia, w. of Benjamin, d. June 20, 1845, ae. 90 yrs.

STEWARTSTOWN

NORTH HILL CEMETERY

METALLAK (Indian Chief), d. Feb., 1847, ae. 102 yrs. Last of the Coashaukes.

STRAFFORD

BAPTIST CHURCH CEMETERY, FIRST CROWN POINT ROAD

BERRY, George, d. Sept. 10, 1835, ae. 70 yrs., 4 mos.

Hannah, w. of George, d. June 19, 1849, ae. 81 yrs.

Jeremiah, d. May 20, 1817, ae. 62 yrs., 18 days.

Tamson, w. of Jeremiah, d. Nov. 26, 1807, ae. 48 yrs., 1 mo., 12 days.

BROCK, Ezra, d. June 30, 1830, ae. 68 yrs.

Sally, w. of Ezra, d. Dec. 18, 1856, ae. 71 yrs.

HALL, Joseph, d. Dec. 16, 1826, ae. 85 yrs., 5 mos.

Mary, w. of Joseph, d. May 18, 1822, ae. 78 yrs., 1 mo.

HAYES, Thomas, d. June 5, 1836, ae. 84 yrs., 9 mos., 27 days.

HILL, Eliphalet, d. Jan. 25, 1810, ae. 60 yrs.

Betsy, w. of Eliphalet, wid. of Moses Hayes, d. Mar. 18, 1850, ae 90 yrs.

WATERHOUSE, Mary, w. of John, d. Nov. 18, 1850, ae. 83 yrs., 7 mos.

WINKLEY, Dea. John, d. Jan. 8, 1843, ae. 76 yrs.

Mary, w. of John, d. Feb. 21, 1854, ae. 90 yrs.

YOUNG, Jonathan, d. Aug. 8, 1851, ae. 90 yrs.

Mary, w. of Jonathan, d. Nov. 16, 1852, ae. 84 yrs.

BERRY CEMETERY, FIRST CROWN POINT ROAD

BERRY, George, d. Feb. 26, 1820, ae. 69 yrs.

Abigail, w. of George, d. July 11, 1791, ae. 33 yrs.

FOSS, John, d. Sept. 19, 1848, ae. 79 yrs.

Dorothy, w. of John, d. May 3, 1836, ae. 67 yrs., 8 mos.

Sol., b. Jan. 23, 1741, d. Aug. 3, 1818.

Cath., b. Dec. 28, 1742, d. Feb. 28, 1823.

BROCK CEMETERY, FIRST CROWN POINT ROAD

BROCK, Stephen, d. Nov. 3, 1839, ae. 88 yrs.

Elizabeth, w. of Stephen, d. Dec., 1784.

Hannah, w. of Stephen, d. Mar. 1, 1832, ae. 78 yrs.

CEMETERY NEAR OLD METHODIST CHURCH SITE, FIRST CROWN POINT ROAD

HAYES, Ebenezer, b. Oct. 6, 1757, d. June 27, 1826.

Phebe, w. of Ebenezer, b. Dec. 18, 1762, d. Mar. 16, 1839.

Joseph, d. July 30, 1816, ae. 70 yrs.

Margaret, w. of Joseph, d. May 11, 1801, ae. 55 yrs., 8 mos.

Mary Jane, w. of Joseph, d. Aug. 27, 1812, ae. 25 yrs.

Elizabeth, w. of Joseph, d. Apr. 20, 1837, ae. 90 yrs.

Samuel, d. July 1, 1842, ae. 87 yrs.

Sarah, w. of Samuel, d. Sept. 14, 1816, ae. 60 yrs.

HOLMES, Ephraim, d. June 11, 1837, ae. 79 yrs.
Mary, w. of Ephraim, d. July 17, 1857, ae. 92 yrs., 5 mos., 1 day.
SWAIN, John, d. May 13, 1821, ae. 70 yrs.
Abigail, w. of John, d. Aug. 9, 1823, ae. 68 yrs.

STANTON CEMETERY, FIRST CROWN POINT ROAD

PEARL, Thomas, d. May 3, 1850, ae. 90 yrs., 4 mos.
Betsy, w. of Thomas, d. Oct. 7, 1852, ae. 82 yrs.
STANTON, William, d. Feb. 10, 1777, ae. 40 yrs.
Elizabeth, w. of William, d. Nov. 22, 1822, ae. 86 yrs.
Margaret, w. of William, d. July 23, 1848, ae. 90 yrs.

HAM CEMETERY, NORTH STRAFFORD ROAD

HAM, George, d. Mar. 15, 1828, ae. 79 yrs., 4 mos., 16 days.
Rachel, w. of George, d. July 1, 1834, ae. 79 yrs., 3 mos., 26 days.

McNEAL CEMETERY, NORTH STRAFFORD ROAD

McNEAL, Daniel, d. Mar. 4, 1823, ae. 70 yrs.
Abigail, w. of Daniel, d. Oct. 25, 1850, ae. 97 yrs., 7 mos.

SCOTT CEMETERY, NORTH STRAFFORD ROAD

SCOTT, James, d. Nov. 10, 1841, ae. 76 yrs., 7 mos., 8 days.
Phebe, w. of James, d. Apr. 30, 1829, ae. 66 yrs., 7 mos., 3 days.

GRAY CEMETERY, NORTH STRAFFORD ROAD

GRAY, Solomon, d. Mar., 1824, ae. 64 yrs.
Mary, w. of Solomon, d. Oct., 1828, ae. 68 yrs.
TRIP, Hannah, d. Dec. 11, 1810, ae. 49 yrs., 6 mos.

MILLS CEMETERY, NORTH STRAFFORD ROAD

MILLS, Samuel, d. Apr. 17, 1829, ae. 83 yrs.
Jane, w. of Samuel, d. Nov. 5, 1836, ae. 94 yrs.
Samuel, d. Sept. 8, 1850, ae. 80 yrs., 5 mos.
Lydia, w. of Samuel, Jr., d. Nov. 24, 1844, ae. 73 yrs., 8 mos.

DREW-OTIS CEMETERY, SCHENECTADY

DREW, Jacob, d. Aug. 10, 1810, ae. 71 yrs., 10 mos.
Susan, w. of Jacob, d. Oct. 15, 1800, ae. 36 yrs.
Lydia, w. of Jacob, d. May 8, 1823, ae. 34 yrs.
OTIS, Joseph, d. Jan. 25, 1845, ae. 76 yrs.
Elizabeth, w. of Joseph, d. Sept. 27, 1841, ae. 76 yrs.

HOLMES CEMETERY, SCHENECTADY

HOLMES, John, d. Apr. 13, 1840, ae. 76 yrs., 2 mos., 12 days.
Sally, w. of John, d. Mar. 24, 1820, ae. 61 yrs., 6 mos., 19 days.
John, 2nd, N. H. Mil. Rev. War.
Mary, w. of John, d. Mar. 27, 1787, ae. 21 yrs.
Polly, w. of John, d. Apr. 16, 1872, ae. 83 yrs., 10 mos.
Joseph, d. June 16, 1828, ae. 69 yrs., 10 mos., 4 days.
Content, w. of Joseph, d. Nov. 30, 1847, ae. 84 yrs., 11 mos.

COMMUNITY CEMETERY, SCHENECTADY

BABB, William, d. June 20, 1846, ae. 81 yrs., 4 mos., 9 days.
    Sarah, w. of William, d. May 18, 1847, ae. 85 yrs., 3 mos., 13 days.
    Sampson, d. July 29, 1849, ae. 86 yrs., 8 mos., 13 days.
    Susannah, w. of Sampson, d. Feb. 13, 1860, ae. 85 yrs., 4 mos., 5 days.

PERKINS CEMETERY, PERKINS ROAD, ABOVE PARKER MT.

PERKINS, Lemuel, b. 1752, d. 1817.
    Abigail, w. of Lemuel, b. 1752, d. 1834.

JONES CEMETERY, PERKINS ROAD, ABOVE PARKER MT.

JONES, William, d. Jan. 21, 1845, ae. 78 yrs., 8 mos.
    Lovey, w. of William, d. Nov. 5, 1865, ae. 97 yrs., 1 mo.

PERKINS CEMETERY, CENTER ROAD, ABOVE PARKER MT.

PERKINS, Joseph, d. Feb. 17, 1822, or 9, ae. 71 yrs.
    Jonathan, b. July 5, 1765, d. Nov. 17, 1841.
    Iset, w. of Jonathan, b. Apr. 7, 1773, d. Oct. 3, 1834.

HANSON-LOUGEE CEMETERY, CENTER ROAD, ABOVE PARKER MT.

LOUGEE, John, d. Aug. 8, 1836, ae. 79 yrs.
HANSON, Nathaniel, d. Sept. 27, 1836, ae. 74 yrs., 10 mos., 26 days.

FOSS CEMETERY, NEAR PARKER MOUNTAIN

BABB, William, d. Jan. 2, 1819, ae. 73 yrs., 4 mos., 24 days.
FOSS, George, d. Mar. 29, 1807, ae. 85 yrs., 10 mos., 19 days.
    Mary, w. of George, d. Sept. 13, 1806, ae. 79 yrs., 11 mos., 19 days.
    Samuel, d. Jan. 19, 1826, ae. 59 yrs., 5 mos., 6 days.
    Betsy, w. of Samuel, d. Feb. 12, 1871, ae. 99 yrs., 6 mos.
    Richard, d. Mar. 15, 1802, ae. 41 yrs., 10 days.
    Mary, w. of Richard, d. Oct. 30, 1827, ae. 72 yrs., 6 mos., 20 days.

FOSS CEMETERY, CENTER STRAFFORD

FOSS, Mark, d. Sept. 23, 1811, ae. 87 yrs.
    A——, d. 1798, ae. 74 yrs.
    Sarah, d. Dec. 17, 1822, ae. 83 yrs.

HUCKINS CEMETERY, UPPER CROSS ROAD, CENTER STRAFFORD

HUCKINS, John, b. 1704, d. 1787.
    Abigail, w. of John, b. 1695.
    John, d. Dec. 20, 1794, ae. 86 yrs.
    Mary, w. of John, d. Apr. 12, 1820, ae. 90 yrs.
    John, d. Aug. 13, 1811, ae. 52 yrs.
    Mary, w. of John, d. Sept. 18, 1835, ae. 75 yrs.

FOSS CEMETERY, UPPER CROSS ROAD, CENTER STRAFFORD

FOSS, Joshua, d. June 30, 1831, ae. 70 yrs.
    Betsy, w. of Joshua, d. Aug. 10, 1819, ae. 87 yrs.
    Sarah, b. Dec. 7, 1730, d. Apr. 19, 1818.

MONTGOMERY CEMETERY, CENTER STRAFFORD

MONTGOMERY, John, d. Mar. 20, 1819, ae. 64 yrs., 10 mos.
TUTTLE, James, d. Feb. 6, 1832.
   Sarah, w. of James, d. Nov. 3, 1840, ae. 69 yrs., 1 mo., 5 days.

FOSS CEMETERY, CENTER STRAFFORD

FOSS, George, d. Apr. 5, 1841, ae. 85 yrs.
   Lois, w. of George, d. Oct. 10, 1822, ae. 70 yrs.
   Hannah P., d. June 21, 1837, ae. 70 yrs.

CAVERLY CEMETERY, CENTER STRAFFORD

CAVERLY, Ephraim, d. Mar. 29, 1830, ae. 64 yrs., 1 mo.
   Mary, w. of Ephriam, d. Dec. 22, 1858, ae. 82 yrs., 5 mos., 10 days.

CENTER STRAFFORD CEMETERY

FOSS, George, d. Jan. 29, 1844, ae. 86 yrs., 3 mos., 20 days.
   Elizabeth, w. of George, d. Nov. 29, 1807, ae. 46 yrs.
   Jane, w. of George, d. 1871, ae. 92 yrs., 9 days.
   Joshua, b. 1761, d. 1831.
   Elizabeth Hunt, w. of Joshua, b. 1763, d. 1849.
   Nathan, d. June 30, 1843, ae. 75 yrs., 10 mos., 17 days.
   Alice, w. of Nathan, d. May 20, 1859, ae. 90 yrs., 11 mos., 4 days.
   Sarah Lang, b. 1729, d. 1818.
HILL, Henry, d. Jan. 29, 1849, ae. 91 yrs., 7 mos.
   Susan, w. of Henry, d. Jan. 6, 1844, ae. 86 yrs., 2 mos., and 6 days.
LEIGHTON, Aaron, b. 1741, d. 1816.
   Mary, w. of Aaron, b. 1757, d. 1840.
   Andrew, d. Dec. 25, 1826, ae. 59 yrs., 7 mos., 3 days.
   Margaret T., w. of Andrew, d. Aug. 24, 1848, ae. 56 yrs., 5 mos.
PEAVEY, John, b. 1755, d. 1845.
   Lois, w. of John, b. 1754, d. 1844.
   Joseph, d. Mar. 16, 1830, ae. 90 yrs.
   Abigail, w. of Joseph, d. 1830.

JOHNSON CEMETERY, JOHNSONBOROUGH

T. J., b. Jan. 27, 1750, d. Sept. 4, 1826.
A. J., b. Dec. 26, 1751, d. Dec. 20, 1835.

CLARK CEMETERY, RANGE ROAD, NEAR BARRINGTON

CLARK, Daniel, d. Jan. 3, 1835, ae. 81 yrs., 7 mos., 21 days.

HANSON CEMETERY, RANGE ROAD, NEAR BARRINGTON

HANSON, Nathaniel, d. May 28, 1829, ae. 75 yrs.
   Agnes, w. of Nathaniel, d. Jan. 5, 1836, ae. 87 yrs.

GRAY CEMETERY, NEAR RANGE ROAD

GRAY, Samuel, d. Sept. 5, 1818, ae. 66 yrs.

DAME CEMETERY, CANAAN ROAD, BOW LAKE

DAME, Jonathan, d. May 30, 1853, ae. 92 yrs.
   Elizabeth, w. of Jonathan, d. Feb. 20, 1844, ae. 76 yrs.

SHACKFORD-JENNESS CEMETERY, PROVINCE ROAD, BOW LAKE

SHACKFORD, Samuel, d. Oct. 21, 1843, ae. 92 yrs.
>Nancy, w. of Samuel, d. Oct. 30, 1837, ae. 83 yrs.

CAVERLY CEMETERY, PROVINCE ROAD, BOW LAKE

CAVERLY, John, d. Apr. 27, 1842, ae. 89 yrs., 11 mos., 16 days.
>Betsy, w. of John, d. Nov. 17, 1832, ae. 69 yrs., 15 days.

HILL, Joseph, d. Mar. 1, 1869, ae. 87 yrs., 10 mos.
>Sally, w. of Joseph, d. Dec. 11, 1855, ae. 67 yrs., 3 mos., 7 days.

CAVERLY HILL CEMETERY, BOW LAKE

CAVERLY, Phillip, d. Apr. 1, 1813, ae. 68 yrs.
>Bridget, w. of Phillip, d. Apr. 20, 1818, ae. 73 yrs.

HALL CEMETERY, PROVINCE ROAD, BOW LAKE

HALL, Ebenezer, d. Oct. 27, 1835, ae. 78 yrs.
>Susanna, w. of Ebenezer, d. Apr. 9, 1830, ae. 69 yrs.

TASKER CEMETERY, TASKER HILL, BOW LAKE

TASKER, Samuel, d. Sept. 19, 1811, ae. 59 yrs.
>Sarah, w. of Samuel, d. Mar. 16, 1819, ae. 67 yrs.

HALL CEMETERY, UPPER CROSS ROAD TO CENTER STRAFFORD

HALL, Lieut. John, N. H. Mil. Rev. War.

HUCKINS CEMETERY, PROVINCE ROAD, BOW LAKE

HUCKINS, Israel, b. Sept. 15, 1760, d. May 20, 1823.
>Ruth, w. of Israel, b. Apr. 3, 1761, d. Apr. 6, 1841.

COMMUNITY CEMETERY, PROVINCE ROAD, BOW LAKE

CASWELL, Joseph, d. Feb. 9, 1846, ae. 92 yrs., 3 mos.
>Lydia, w. of Joseph, d. July 19, 1850, ae. 93 yrs.

JENNESS CEMETERY, PROVINCE ROAD, BOW LAKE

JENNESS, John, d. Dec. 10, 1833, ae. 82 yrs.
>Elizabeth, w. of John, d. July 6, 1838, ae. 86 yrs.

LEIGHTON-HILL CEMETERY, PROVINCE ROAD

LEIGHTON, Jedediah, d. June 24, 1837, ae. 80 yrs.
>Rebecca, w. of Jedediah, d. Dec. 21, 1837, ae. 77 yrs.
>Miss Hannah, d. Dec. 18, 1826, ae. 65 yrs., 5 mos., 2 days.

WALDRON CEMETERY, CROSS ROAD TO WILLEY TOWN

WALDRON, Aaron, d. Dec. 9, 1820, ae. 71 yrs.
>Hannah, w. of Aaron, d. Feb. 7, 1830, ae. 81 yrs., 10 mos., 8 days.

EVANS CEMETERY, NEAR WILLEY TOWN

EVANS, Lemuel, d. Mar. 7, 1857, ae. 96 yrs., 2 mos., 3 days.
>Sally, w. of Lemuel, d. Feb. 23, 1862, ae. 94 yrs.

LEIGHTON CEMETERY, WILLEY TOWN

LEIGHTON, Stephen, d. July 6, 1824, ae. 60 yrs., 10 mos., 2 days.
>Polly, w. of Stephen, d. Mar. 11, 1810, ae. 35 yrs., 4 mos.

CRITCHETT CEMETERY, WHIG HILL, BOW LAKE
CRITCHETT, Richard, d. June 22, 1837, ae. 81 yrs.
  Mary, w. of Richard, d. Jan. 19, 1851, ae. 85 yrs., 7 mos., 21 days.
GARLAND CEMETERY, GARLAND ROAD
GARLAND, Joseph, d. Feb. 22, 1830, ae. 64 yrs., 9 mos., 9 days.
  Betsy, w. of Joseph, d. Apr. 10, 1848, ae. 83 yrs., 4 mos., 27 days.
CAVERNO CEMETERY, NORTHWOOD ROAD, BOW LAKE
CAVERNO, Arthur, b. 1718, d. 1795.
  Miss Molly, d. May 30, 1823, ae. 60 yrs.
  John, d. May 29, 1800, ae. 64 yrs.
  Sarah, w. of John, d. July 19, 1833, ae. 88 yrs., 8 mos.
CASWELL-BOODY CEMETERY, BOODY HILL
CASWELL, Timothy, d. Feb. 1, 1827, ae. 74 yrs.
  Rose, w. of Timothy, d. Mar. 17, 1841, ae. 86 yrs.
SEWARD CEMETERY, DURGIN ROAD
SEWARD, George, d. June 14, 1834. Pri. Senter's N. H. Reg.
FOSS FAMILY CEMETERY, LITTLE NIAGARA ROAD
FOSS, Abigail, d. Mar. 30, 1827, ae. 59 yrs.
  Jeremiah, d. June 18, 1835, ae. 84 yrs.
  Samuel B., d. Sept., 1817, ae. 78 yrs.
  Mark, 1724-1811.
  Nathaniel, b. Dec. 24, 1747, d. Oct. 24, 1836.
DURGIN CEMETERY
DURGIN, James, 1707-1795.

STRATHAM
(Granted to Edward Hilton 1629 as Winnicott, Inc. 1715-16 Stratham)

BARKER, Major Benjamin, d. Aug. 14, 1801, in his 72nd year.
  Deborah, d. Mar. 12, 1830, ae. 96 yrs.
BARTLETT, Sarah, w. of Dr. Josiah Bartlett, dau. of Hon. Paine Wingate,
  Esq., b. Nov. 7, 1769, d. Dec. 27, 1808.
BOARDMAN, Mercy, w. of Thomas, d. Dec. 22, 1794, in her 33rd year.
CLARK, Hannah, d. Apr. 9, 1746, ae. 34 yrs., 2 mos.
GRANT, Dorothy, w. of Joseph, of Boston, d. Sept. 26, 1760, ae. 72 yrs.
LANE, Dea. Joshua, b. Feb. 9, 1748, d. Oct. 28, 1813.
  Hannah Tilton, w. of Joshua, b. Jan. 28, 1750, d. Dec. 31, 1841.
  Dea. Samuel, d. Dec. 29, 1806, in his 89th year.
  Mary, w. of Dea. Samuel, d. Jan. 30, 1769, ae. 47 yrs.
  Jabez, d. Apr. 3, 1810, ae. 50 yrs.
RUST, Rev. Henry, first minister of Stratham, b. Ipswich, Mass., 1686, Har.
  Coll. 1707, Ord. Apr., 1710, d. Mar. 20, 1749, ae. 63 yrs.
  Dr. Richard, d. Jan. 19, 1786, in his 53rd year.
  M. Anna, w. of Rev. Henry, d. May 20, 1733, ae. 35 yrs.

THOMPSON, Eleanor Rust, d. June 17, 1831, ae. 72 yrs.
    Nancy D., w. of John, d. 1833, ae 31 yrs.
VEASEY, Dea. Thomas, d. May 12, 1836, ae. 78 yrs.
    Rachel, w. of Thomas, d. Sept. 9, 1822, ae. 64 yrs.
WIGGIN, Gov. Thomas, buried on homestead land, overlooking Great Bay in
    Stratham, boulder 1603-1667.
WINGATE, Joshua, b. Oct. 14, 1737, d. Jan. 2, 1810, ae. 63 yrs.
    Hannah, w. of Joshua, b. Apr. 11, 1748, d. June 13, 1822, ae. 74 yrs.
    Hon. Paul, d. Mar. 7, 1838, ae. 99 yrs.

SUGAR HILL
SUGAR HILL CEMETERY

ALDRICH, Doctor, d. Oct. 14, 1839, ae. 63 yrs., 7 mos., 5 days.
    Jethro, d. Oct. 14, 1856, ae. 86 yrs.
    Dea. Moses, d. Jan. 8, 1840, ae. 70 yrs.
    Sarah, w. of Dea. Moses, d. July 25, 1853, ae. 72 yrs.
    Uriah, b. 1760, d. Dec. 5, 1815.
    Mary Downer, w. of Uriah, b. 1757, d. Oct. 14, 1837.
    Dinah, w. of William, d. Sept. 21, 1803, in her 69th year.
    William, d. Sept. 9, 1803, in his 72nd year.
    Jennet, w. of William A., d. Sept. 17, 1813, ae. 48 yrs.
    William A., d. Sept. 3, 1815, ae. 52 yrs.
BALL, Ebenezar, d. Feb. 8, 1838, ae. 68 yrs.
BEAN, Capt. Benaiah, d. Dec. 6, 1814, ae. 68 yrs.
BOWLES, Oped, d. Aug. 20, 1857, ae. 84 yrs.
    Phebe, w. of Jonathan, d. July 21, 1857, ae. 81 yrs.
COLE, Mehitable, w. of Solomon, d. Apr. 28, 1825, in her 78th year.
EASTMAN, Roger, b. July 9, 1776, d. Sept. 25, 1856.
    Ebenezer, b. June 23, 1756, d. May 31, 1825.
HILDRETH, Jonathan, d. May 14, 1825, ae. 72 yrs.
    Lucy, w. of Jonathan, d. Jan. 29, 1829, ae. 70 yrs.
HOWLAND, George, d. Sept. 10, 1835, in his 83rd year.
    Mary, w. of George, d. Mar. 29, 1845, ae. 94 yrs.
    Polly Parker, w. of Stephen, d. Sept. 25, 1865, ae. 89 yrs., 3 mos.
JESSEMAN, Alexander, d. May 8, 1830, ae. 61 yrs., 7 mos., 5 days.
    George, d. Apr. 18, 1849, ae. 82 yrs., 8 mos., 29 days.
    Lyoia, w. of Alexander, d. Sept. 9, 1840, ae. 71 yrs., 6 mos., 9 days.
    Olive, w. of George, d. Feb. 9, 1863, ae. 95 yrs., 9 mos., 25 days.
MORSE, Joshua, d. Jan. 23, 1807, in his 37th year.
NORTHEY, Abigail, w. of Eliphalet, d. Mar. 2, 1855, in her 91st year.
    Eliphalet, d. Dec. 3, 1838, ae. 81 yrs. Revolutionary soldier.
NOYES, Timothy, d. (Dates buried. D. A. R. marked grave as Revolu-
    tionary soldier.)
    Sally Jewett, w. of Timothy, d. (Dates buried.)

PARKER, Silas, d. Oct. 16, 1834, in his 70th year.
    Lydia Whipple, w. of Silas, d. Aug. 31, 1863, in her 94th year.
PRIEST, David, d. Oct. 24, 1829, ae. 98 yrs.
    David, d. Mar. 23, 1850, ae. 75 yrs.
    Hannah, w. of David, d. Apr. 20, 1842, ae. 67 yrs., 1 mo., 22 days.
    Elizabeth, w. of David, d. Sept. 8, 1825, ae. 74 yrs.
QUIMBY, Eld. Joshua, pastor of first Free Will Baptist Church in Lisbon
    for about 30 years, d. Mar. 31, 1844, in his 79th year.
    Mehitable, w. of Rev. Joshua, d. Nov. 14, 1848, in her 79th year.
    Miriam, w. of William, Esq., d. Mar. 26, 1854, ae. 82 yrs., 9 mos.
    William, Esq., d. Jan. 4, 1855, ae. 87 yrs., 6 mos.
RICHARDSON, Olive, w. of John, d. Dec. 2, 1856, ae. 82 yrs.
SHERMAN, Reuben, d. May 3, 1843, ae. 80 yrs. Revolutionary soldier.
SPOONER, Mary, w. of Thomas, d. Aug. 8, 1843, ae. 68 yrs.
    Simeon, d. June 17, 1844, ae. 76 yrs.
    Thomas, d. Mar. 18, 1813, ae. 46 yrs.
STREETER, Daniel, d. July 21, 1842, ae. 80 yrs.
TAYLOR, Betsey, w. of Timothy, dau. of Jonathan and Mercy Lovell of
    Worcester, Mass., d. Oct. 10, 1836, ae. 65 yrs., 14 days.
    Dea. Timothy, d. Mar. 16, 1862, ae. 97 yrs.
THAYER, Levi, d. Mar. 31, 1847, ae. 76 yrs.
TOWNE, Hephzibah, w. of Simeon, d. July 29, 1838, ae. 86 yrs.
WELLS, Caleb, d. Feb. 26, 1855, ae. 81 yrs., 5 mos.
WHIPPLE, Rufus, 1748-1831.
    Mary, w. of Rufus, 1751-1831, and their children:
    Lydia, 1770-1863; Wellcome, 1772-; Stephen, 1774-; George, 1776-.
WHITCOMB, Josiah, d. Jan. 9, 1834, in his 71st year.
    Nathaniel, d. July 10, 1828, ae. 82 yrs.

TILTON
ARCH HILL CEMETERY

AMBROSE, Josiah, d. Sept. 3, 1840, ae. 74 yrs., 3 mos., 10 days.
    Molly, w. of Josiah, d. Nov. 9, 1857, ae. 90 yrs., 9 mos., 16 days.
BARBER, Sarah, w. of Nathaniel, d. July 19, 1841, ae. 89 yrs.
BROWN, Abraham, d. July 13, 1846, ae. 86 yrs.
    Abraham, d. Mar. 8, 1824, ae. 71 yrs.
    Lydia, w. of John, d. Dec. 22, 1842, ae 83 yrs.
CHASE, Stephen, d. Apr. 20, 1817, ae. 50 yrs.
    Abigail, w. of Stephen, d. Nov. 13, 1833.
CLARK, Dr. Alexander T., d. Mar. 10, 1821, ae. 51 yrs.
CLOUGH, Jonathan, d. Oct. 28, 1836, ae. 86 yrs.
    Martha, w. of Jonathan, d. Apr. 9, 1825, ae. 73 yrs.
CONANT, Dea. Peter, d. May 22, 1825, ae. 72 yrs.
CROSS, Stephen, d. Apr. 30, 1841, ae. 67 yrs.
    Sally Durgin, w. of Stephen, d. Aug. 20, 1867, ae. 85 yrs.
    Sally, d. Jan. 29, 1822, ae. 51 yrs.

FORREST, James, d. Oct. 16, 1848, ae. 87 yrs.
    Anne, w. of James, d. Oct. 13, 1809, ae. 47 yrs.
    Sally, w. of William, d. Feb. 20, 1850, ae. 79 yrs.
GILMAN, Andrew, d. Oct. 16, 1842, ae. 80 yrs.
    Jonathan, d. Nov. 25, 1847, ae. 86 yrs.
    Sarah, w. of Jonathan, d. Apr. 4, 1855, ae. 81 yrs.
HAINES, George L., d. Dec. 15, 1848, ae. 91 yrs.
    Mary, w. of George L., d. Aug. 4, 1848, ae. 79 yrs.
HILL, David, d. Mar. 9, 1820, ae. 57 yrs.
    Susannah, w. of David, d. Oct. 26, 1856, ae. 90 yrs.
    John, d. Jan. 20, 1852, ae. 81 yrs.
    Polly, w. of John, d. Aug. 8, 1819, ae. 71 yrs.
    Timothy, d. Apr. 29, 1850, ae. 86 yrs.
    Betsey, w. of Timothy, d. Aug. 17, 1845, ae. 75 yrs.
LORD, Eliphalet, d. Aug. 5, 1826, ae. 72 yrs.
MOLONY, John, d. June 6, 1832, ae. 59 yrs., 2 mos.
    Hannah, w. of John, d. May 23, 1822, ae. 77 yrs.
OSGOOD, Henry T., d. Mar. 20, 1841, ae. 84 yrs.
SEWALL, Sally, w. of William, d. Oct. 14, 1856, ae. 81 yrs.
SIMONS, John, d. Sept. 11, 1825, ae. 86 yrs., 7 mos.
    Dorothy, w. of John, d. Feb. 11, 1824, ae. 80 yrs.
    Abraham, d. Apr. 2, 1836, ae. 61 yrs.
    Lucy, w. of Abraham, d. Sept. 17, 1845, ae. 70 yrs.
THORN, Betsey, w. of Henry, d. Jan. 14, 1844, ae. 73 yrs.
TIBBETTS, Henry, d. May 19, 1818, ae. 62 yrs.
    Sarah, w. of Henry, d. Dec. 22, 1836, ae. 77 yrs.
WHITCHER, Nathaniel, d. Dec. 30, 1810, ae. 59 yrs.
WYATT, Chase, 1758-1846.
    Polly, d. May 7, 1821, ae. 53 yrs.

NORTHFIELD CEMETERY, BY TRACK IN TILTON

DEARBORN, Jonathan, d. June 7, 1818, ae. 55 yrs.
    Molly, w. of Jonathan, d. May 16, 1816, ae. 51 yrs.
ELLISON, Sarah, w. of Joseph, d. Nov., 1790.
FLANDERS, Abner, d. Nov. 26, 1843, ae. 89 yrs.
    Sarah, w. of Abner, d. Sept. 26, 1840, ae. 83 yrs.
FORREST, William, d. Mar. 5, 1840, ae. 87 yrs. Revolutionary soldier.
    Sarah, w. of William, d. Jan. 10, 1802, ae. 44 yrs.
    Eleanor, w. of John, d. Jan. 18, 1814, ae. 86 yrs.
GLINES, Job, d. Oct. 1, 1832, ae. 63 yrs.
    Mary, w. of Job, d. Sept. 19, 1846, ae. 72 yrs.
MUZZEY, Joseph, d. Jan. 11, 1839, ae. 67 yrs.

Yard between Franklin and Tilton Soldiers' Home

CLEMENT, Ruth, d. Nov. 2, 1843, ae. 78 yrs.
CONNER, Samuel, d. Nov. 2, 1842, ae. 75 yrs.
    Mary, w. of Samuel, d. Oct. 6, 1853, ae. 78 yrs.
DARLING, Ebenezar, d. Dec. 14, 1826, ae. 63 yrs.

DARLING, Abigail, d. Sept. 15, 1840, ae. 76 yrs.

DURGIN, Lieut. John, d. Oct. 16, 1848, ae. 92 yrs., 2 mos.

FOLSOM, Joseph, 2nd N. H. Militia, War 1812.

MORRISON, Jacob, d. 1833, ae. 63 yrs.

PAGE, John, d. June 9, 1852, ae. 79 yrs.

    Hannah, w. of John, d. Sept. 6, 1863, ae. 91 yrs., 1 mo.

SANBORN, John, d. 1814, ae. 78 yrs., 7 mos.

    Tabitha, w. of John, d. 1826, ae. 89 yrs., 1 mo.

    John, d. Oct. 7, 1846, ae. 74 yrs.

THORNE, John, d. 1807. French War, 1762.

    Phineas, b. 1762, d. 1853.

    Miriam Lovejoy, w. of Phineas, b. 1767, d. 1835.

TILTON, Capt. Jacob, d. Dec., 1822, ae. 73 yrs.

WALPOLE

ALLEN, James, d. Nov. 28, 1813, ae. 73 yrs.

    Irene, w. of James, d. Feb. 2, 1812, in her 62nd year.

    Sarah, w. of Aaron, d. Aug. 19, 1812, in her 73rd year.

    Aaron, d. Apr. 8, 1804, in his 62nd year.

    John, son of Lieut. Aaron and Sarah, d. Mar. 4, 1793, in his 21st year.

BAKER, Nathaniel, d. Jan. 17, 1812, ae. 58 yrs.

BUNDY, Sarah, w. of Lieut. Isaac, d. Dec. 26, 1787, in her 39th year.

    Zeviah, d. Mar. 7, 1826, in her 80th year.

    Nathan, d. Aug. 2, 1810, ae. 67 yrs.

    Esther, w. of Thaddeus Gleson, dau. of Nathan and Zeviah Bundy, d. Jan. 9, 1788, in her 20th year.

    James, d. Apr. 12, 1772, in his 57th year.

    Mrs. James, d. 1788, in her 77th year.

    Asahel, d. Nov. 29, 1816, ae. 69 yrs.

    Esther, w. of Asahel, d. Aug. 19, 1823, ae. 83 yrs.

BISCO, Daniel W., d. May 16, 1828, ae. 62 yrs.

CAMPBELL, James, Esq., d. Oct. 12, 1825, ae. 65 yrs.

CARPENTER, Zachariah, d. Feb. 22, 1839, ae. 73 yrs.

CHAFFIN, Joel, d. Apr. 2, 1829, ae. 65 yrs.

    Olive, w. of Joel, d. Nov. 21, 1843, ae. 78 yrs.

CREASE, Hebzibah, w. of Richard, d. Apr. 13, 1813, ae. 79 yrs.

DAVIS, Hannah, w. of Capt. Jonathan, d. Jan. 31, 1813, in her 79th year.

DENNISON, John, d. Oct. 3, 1788, in his 35th year.

DUNSHEE, Hugh, d. Dec. 1, 1829, ae. 76 yrs.

ELDREDGE, Elisha, d. May 27, 1836, ae. 69 yrs.

    Cynthia, w. of Elisha, d. Mar. 27, 1852, ae. 86 yrs.

FAY, Levi, d. Jan. 4, 1855, ae. 90 yrs.

    Mary, w. of Levi, d. Oct. 29, 1813, ae. 73 yrs.

    Dea. Holland, d. Sept. 30, 1844, ae. 75 yrs.

    Lucy, w. of Dea. Holland, d. Sept. 10, 1846, ae. 76 yrs.

FENTON, Sally, w. of Roger, d. May 29, 1813, in her 43rd year.
    Roger, d. Sept. 6, 1844, ae. 78 yrs.
FLETCHER, Jonathan, d. Feb. 2, 1854, ae. 100 yrs., 5 mos., 4 days.
    Abigail, w. of Jonathan, d. Sept. 28, 1825, ae. 66 yrs.
FULLER, Judith, w. of James, d. Sept. 9, 1850, ae. 81 yrs.
    James, d. Oct. 21, 1825, in his 58th year.
FLINT, Amos, Jr., d. Mar. 2, 1815, in his 32nd year.
FOSTER, Henry, d. Sept. 6, 1852, ae. 86 yrs.
GILMAN, Hehetibell, w. of Constantine, d. Aug. 4, 1764, in her 30th year.
GILLMOR, Apollos, d. Apr. 15, 1851, ae. 86 yrs.
    Julia, w. of Apollos, d. Nov. 4, 1797, in her 28th year.
    Susannah, w. of Apollos, d. June 12, 1815, in her 40th year.
GOODALE, Elijah, d. Feb. 17, 1813, ae. 62 yrs.
GRIFFIN, Abigail, w. of David, d. June 3, 1798, ae. 41 yrs.
GRAVES, Samuel, d. Dec. 3, 1798, in his 30th year.
    Sarah, w. of Ezra Kilburn and formerly of Samuel Graves, d. Oct. 13, 1847, ae. 79 yrs.
    Isaac, d. Feb. 20, 1813, ae. 46 yrs., 11 mos.
    John, 3rd, d. Oct. 28, 1792, in his 29th year.
GRISWALD, Jemima, w. of Josiah, d. May 5, 1781, in her 31st year.
HALL, Palatiah, d. Jan. 11, 1784, in his 82nd year.
    Philippi, d. Oct. 15, 1774, in her 90th year.
    Jonathan, d. Aug. 26, 1802, in his 91st year.
    Mary, w. of Jonathan, d. Sept. 24, 1802, in her 86th year.
    Elisha, d. May 24, 1818, in his 72nd year.
    David, d. Apr. 8, 1805, in his 50th year.
    Miriam, w. of David, d. Aug. 8, 1810, ae. 51 yrs.
MARTIN, Rebecca A., w. of John, d. Nov. 20, 1825, ae. 65 yrs.
HARINGTON, Antipass, d. Jan. 27, 1803, in his 50th year.
HASKELL, Betsey, w. of Solomon, d. Apr. 19, 1813, in her 59th year.
HEATON, Noah, d. Feb. 22, 1814, ae. 73 yrs.
    Abigail, w. of Lieut. Noah, d. Oct. 6, 1796, ae. 56 yrs.
    Olive, dau. of Lieut. Noah and Abigail, d. Jan. 21, 1796, ae. 28 yrs.
HODSKINS, Nabby, d. Apr. 28, 1838, ae. 72 yrs.
    Mrs. Eunice, d. Nov. 26, 1829, ae. 87 yrs.
    Lieut. Aaron, d. Apr. 17, 1813, ae. 73 yrs.
HUBBARD, Levi, d. Apr. 18, 1834, ae. 70 yrs.
    Abigail, w. of Levi, d. Feb. 10, 1830, ae. 64 yrs.
HUTCHINS, Capt. Phinehas, d. Feb. 18, 1785, ae. 45 yrs.
HOWLAND, Charles, d. Nov. 23, 1826, in his 62nd year.
    Elizabeth, w. of Charles, d. May 28, 1830, in her 67th year.
HOOPER, Capt. Levi, d. Oct. 22, 1806, in his 65th year.
    Sarah, wid. of Capt. Levi, d. Feb. 9, 1823, ae. 81 yrs.
    Susanna, w. of Capt. Levi, d. Dec. 14, 1770, in her 24th year.
HUNTINGTON, Mrs. Katurah, d. July 5, 1831, ae. 68 yrs.
HUNTLEY, Sukey, w. of Moses, d. Oct. 1, 1795, in her 24th year.
INGALLS, John, d. Feb. 27, 1831, ae. 80 yrs.

JOHNSON, Eton Stephen, d. June 29, 1836, ae. 68 yrs.

Piercy, w. of Stephen, d. Apr. 6, 1848, ae. 78 yrs.

KNIGHT, Obedience, w. of Dr. Jonathan, Jr., d. Feb. 12, 1789, ae. 29 yrs.

KITTREDGE, Dr. Jesseniah, d. Aug. 8, 1829, ae. 65 yrs.

LIVINGSTON, John, d. Jan. 25, 1807, ae. 75 yrs.

Eleanor, d. Nov. 16, 1842, ae. 80 yrs.

McNEILL, Alexander, d. June 5, 1784, in his 41st year.

Sara, w. of Alexander, d. Feb. 10, 1781, in her 40th year.

MORE, Thomas, d. Sept. 1, 1826, ae. 63 yrs.

Elizabeth, w. of Thomas, d. Aug. 25, 1823, ae. 60 yrs.

MORRISON, Samuel, d. Dec. 8, 1833, ae. 91 yrs.

Jane, w. of Samuel, d. Dec. 25, 1815, ae. 64 yrs.

NICHOLS, Mary, d. Sept. 18, 1850, ae. 90 yrs.

PARKER, Capt. Stephen, d. July 4, 1814, in his 77th year.

Abigail, w. of Stephen, d. Dec. 13, 1836, ae. 84 yrs.

Almarin, d. Mar. 29, 1846, ae. 82 yrs.

Nancy, w. of Almarin, ae. 92 yrs.

PRENTISS, Stephen, d. Jan. 23, 1831, ae. 86 yrs.

Mary, w. of Stephen, d. Dec. 30, 1822, ae. 73 yrs.

PHILLIPS, Fanny, w. of Amos, d. June 6, 1813, in her 41st year.

PIERCE, Beulah, w. of James, d. Feb. 28, 1797, in her 52nd year.

RICE, Phineas, d. June 1, 1826, ae. 59 yrs.

Lucy, w. of Phineas, d. Sept. 19, 1850, ae. 80 yrs.

ROYCE, Jonathan, Esq., d. July 10, 1826, ae. 81 yrs.

Sarah, w. of Jonathan, Esq., d. Aug. 27, 1809, ae. 60 yrs.

Marvin, d. July 22, 1841, ae. 71 yrs.

SALTER, Samuel, d. Sept. 19, 1838, ae. 85 yrs.

Catherine, w. of Samuel, d. Feb. 17, 1840, ae. 83 yrs.

SOLACE, Joseph, d. by accident Oct. 3, 1786, in his 31st year.

STEARNS, Lucy, dau. of Moses and Ruth, d. Nov. 19, 1796, in her 26th year.

Dea. Ephraim, d. Oct. 19, 1843, ae. 88 yrs.

Molly, w. of Dea. Ephraim, d. Oct. 27, 1850, ae. 90 yrs.

Moses, d. Sept. 24, 1808, ae. 80 yrs.

Ruth, w. of Moses, d. Feb. 27, 1815, ae. 82 yrs.

TURNER, Samuel, d. Feb. 4, 1816, ae. 73 yrs.

Lucy, w. of Samuel, d. Dec. 4, 1813, ae. 61 yrs.

WARREN, Cornelius, d. Mar. 21, 1806, ae. 59 yrs.

WEBBER, Col. Christopher, d. Feb. 25, 1803, ae. 63 yrs.

Hannah, w. of Col. Christopher, d. Feb. 28, 1781, in her 43rd year.

WHITE, Elisha, d. Mar. 21, 1833, ae. 80 yrs.

Deborah, w. of Elisha, d. Mar. 15, 1833, ae. 75 yrs.

WIER, Rebecca, w. of Capt. John, d. Dec. 29, 1853, ae. 89 yrs.

Capt. John, d. Jan. 5, 1835, ae. 81 yrs.

WIGHTMAN, Israel, d. Mar. 21, 1838, ae. 74 yrs.

Frances, w. of Israel, d. Mar. 12, 1856, ae. 86 yrs.

Dea. Samuel, d. Dec. 26, 1827, in his 89th year.

Amy, w. of Samuel, d. Mar. 12, 1837, ae. 98 yrs.

WOLCOTT, Roger, d. Apr. 1, 1828, ae. 81 yrs.
  Esther, w. of Roger, d. Dec. 1, 1852, ae. 87 yrs.
  Mary, w. of Lieut. Roger, d. Dec. 7, 1779, in her 48th year.
WYMAN, William, d. Feb. 15, 1809, ae. 58 yrs.
  Mary, w. of William, d. Dec. 11, 1823, ae. 60 yrs.

WALPOLE VILLAGE CEMETERY

ALLEN, Gen. Amasa, d. July 1, 1821, in his 70th year.
  Deborah, w. of Gen. Amasa, d. Nov. 7, 1811, in her 55th year.
BARNETT, George, d. Jan. 11, 1818, ae. 52 yrs.
  Elizabeth, w. of George, d. Apr. 29, 1823, ae. 56 yrs.
BELLOWS, Peter, Jr., d. Feb. 2, 1796, in his 25th year.
  Col. John, d. Aug. 19, 1812, in his 70th year.
  Major Joseph, b. Nov. 4, 1770, d. Mar. 22, 1821, ae. 50 yrs.
  Col. Benjamin, d. July 10, 1777, in his 66th year.
  Mary, wid. of John Jenison of Lunenburg, and w. of Col. Benjamin
    Bellows, d. Feb. 21, 1794, in her 69th year.
  Abigail, w. of Benjamin, Esq., d. Nov., 1757, in her 30th year.
  Deborah, w. of Joseph, Jr., d. Sept. 9, 1802, in her 32nd year.
  Benjamin, Esq., d. June 4, 1802, ae. 62 yrs.
  Phebe, w. of Gen. Benjamin, d. Jan. 15, 1817, ae. 77 yrs.
  Col. Caleb, d. Apr. 17, 1822, ae. 54 yrs.
  Mary H., w. of Col. Caleb, d. July 11, 1846, ae. 75 yrs.
  Rebekah, w. of Josiah, d. Sept. 21, 1792, in her 25th year.
CARLISLE, John, d. Feb. 10, 1833, ae. 65 yrs.
  Rebecca, w. of John, d. Aug. 21, 1848, ae. 80 yrs.
  Capt. David, d. Dec. 7, 1707, in his 37th year.
  Sarah, w. of David, d. Oct. 28, 1838, ae. 99 yrs.
  Laruce, w. of David of Lunenburg, d. Mar. 7, 1791, in her 86th (?) year.
  Phebe Farnsworth, w. of David, d. Jan. 28, 1825, ae. 53 yrs.
CROSFIELD, Eugenia, w. of James, of Keene, d. Mar. 22, 1853, ae. 89 yrs.
CRAFTS, John, d. June 3, 1791, in his 34th year.
DANA, Samuel B., d. July 8, 1825.
  Submit, w. of Samuel B., d. Mar. 19, 1836, ae. 72 yrs.
DICKINSON, Elizabeth, w. of Amos, d. June 26, 1813, ae. 65 yrs.
EATON, Comfort, d. June 3, 1833, ae. 71 yrs.
FARNAM, Dea. Roger, d. Oct. 1, 1830, ae. 84 yrs.
  Priscilla, w. of Roger, d. May 2, 1837, ae. 85 yrs.
FAY, Ensign Joseph, b. Sept. 27, 1738, killed in Rev. War, Nov. 2, 1777.
  Lucy Warren, w. of Ensign Joseph, 1742-1834.
  Sarah, w. of Joseph, d. Apr. 25, 1847, ae. 84 yrs.
  Capt. Joseph, d. Sept. 13, 1831, ae. 68 yrs., 10 mos.
FESSENDEN, Martha, w. of William, of Cambridge, d. Feb. 23, 1774, in her
    76th year.
  Rev. Thomas, d. May 9, 1813, in his 74th year, and 47th year of his
    ministry.

FISHER, Moses, d. Oct. 23, 1851, ae. 91 yrs.

Mary Hixson, w. of Moses, d. May 7, 1861.

FRENCH, Isaac Barron, d. Mar. 15, 1813, ae. 66 yrs.

GRANT, Esther, w. of Ebenezer, of Wrentham, Mass., d. Aug. 3, 1818, ae. 64 yrs.

Major Samuel, d. Apr. 12, 1845, ae. 79 yrs.

Mrs. Samuel, d. Aug. 27, 1847, ae. 77 yrs.

GRAVES, Aaron, d. Oct. 3, 1816, in his 57th year.

Rhoda, w. of Aaron, d. Apr. 6, 1815, ae. 73 yrs.

Aaron, d. Aug. 8, 1814, in his 93rd year.

Phebe, w. of Aaron, d. Mar. 20, 1813, ae. 85 yrs.

Samuel, d. June 4, 1846, ae. 83 yrs.

GRISWOLD, Ethan, d. Oct. 12, 1799, in his 29th year.

Lieut. Gilbert, d. June 2, 1827, ae. 66 yrs.

Rebekah, w. of Gilbert, d. Mar. 15, 1837, ae. 74 yrs.

Joseph, d. July 13, 1791, ae. 63 yrs.

Lydia, w. of Joseph, d. Jan. 15, 1791, ae. 63 yrs.

HARDING, Rev. Elisha, minister of Brookfield, d. Dec. 8, 1784, ae. 76 yrs.

HESELUNE, Moses, d. Apr. 19, 1787, in his 34th year.

HOAR, Olive, w. of Lenord, d. Aug. 20, 1791, ae. 35 yrs.

HOLLAND, Dr. Abraham, d. Feb. 18, 1847, ae. 96 yrs.

Abigail, w. of Dr. Abraham, d. June 13, 1822, ae. 73 yrs.

HORSMER, Elizabeth, w. of Jonas, d. Mar. 22, 1813, ae. 48 yrs., 4 mos.

Dea. Jonas, d. Feb. 4, 1840, ae. 81 yrs.

Abigail, w. of Dea. Jonas, d. Feb. 13, 1843, ae. 77 yrs.

HUBBART, Hannah, dau. of John and Mary, d. May 12, 1777, ae. 21 yrs.

HUNT, Seth, son of Col. Seth, d. Apr. 7, 1846, ae. 67 yrs.

JENNISON, Jonathan, d. Sept. 11, 1835, ae. 84 yrs.

Rhoda, d. Feb. 20, 1840, ae. 90 yrs.

JENISON, Kezia, w. of John, d. Apr. 10, 1771, in her 26th year.

Sybil, w. of John, d. Mar. 6, 1819, ae. 75 yrs.

Capt. John, d. Oct. 16, 1804, in his 61st year.

Rebecca, dau. of John and Mary, d. Feb. 5, 1771, in her 23rd year.

KINSLEY, Mary, w. of Hon. Martin, dau. of Col. B. Bellows, b. Oct. 28, 1761, d. Aug. 21, 1849.

LANE, Ephraim, d. Aug. 15, 1837, ae. 70 yrs., 4 mos., 24 days.

Elizabeth D., w. of Ephraim, d. July 5, 1856, ae. 86 yrs., 8 mos., 21 days.

MARCH, Joshua, d. June 11, 1841, ae. 79 yrs.

MEAD, Rev. Samuel, d. Mar. 21, 1832, ae. 70 yrs.

Esther, w. of Rev. Samuel, d. July 29, 1847, ae. 79 yrs.

MESSINGER, Mary, w. of John, d. Aug. 24, 1815, ae. 75 yrs.

PRATT, John, d. Feb. 16, 1844, ae. 71 yrs.

REDDINGTON, Benjamin, d. Aug. 23, 1811, ae. 82 yrs.

Ruth, w. of Benjamin, d. Mar. 14, 1798, ae. 61 yrs.

Benjamin, d. Feb. 23, 1790, in his 27th year.

Thomas, d. June 26, 1824, ae. 58 yrs.

Mary, w. of Thomas, d. Dec. 28, 1825, ae. 52 yrs.

RICHARDSON, Abigail, w. of Col. Seth Hunt and Josiah Richardson, Esq.,
    dau. of Col. Benjamin Bellows, d. May 5, 1841, ae. 85 yrs.

RUSSELL, Jeduthun, who was killed by a fall, May 15, 1813, ae. 69 yrs.
    Susannah, w. of Jeduthun, d. Sept. 8, 1799, in her 44th year.
    Thomas, d. Nov. 28, 1845, ae. 94 yrs.

SMITH, Susanah, w. of Nathan, d. Dec. 13, 1822, in her 80th year.
    Nathan, d. Oct. 13, 1788, in his 47th year at Providence, R. I.
    Nathan, d. May 11, 1848, ae. 83 yrs.
    Lucinda, w. of Nathan, d. May 20, 1844, ae. 75 yrs.

SPARHAWK, Enos, d. Jan. 5, 1836, ae. 69 yrs.
    Hon. Thomas, d. Oct. 31, 1802, in his 66th year.
    Thomas, d. Apr. 1, 1848, ae. 87 yrs.
    Octavia, w. of Thomas, d. Dec. 22, 1843, ae. 78 yrs.
    Rebecca, w. of Hon. Thomas, d. May 17, 1807, in her 69th year.

TITUS, Asa, d. Aug. 24, 1821, ae. 53 yrs.

TOWNSLEY, Nicanor, Esq., d. Oct. 26, 1830, ae. 75 yrs.
    Arrel, w. of Nicanor, d. Dec. 13, 1847, ae. 83 yrs.

VOSE, Roger, b. Feb. 24, 1763, d. Oct. 26, 1841, ae. 78 yrs.
    Rebecca, w. of Roger, d. Nov. 29, 1821, ae. 50 yrs.

WARE, Mrs. Abiel, d. Jan. 12, 1825, ae. 76 yrs.

WHIPPLE, Daniel, d. Dec. 29, 1796, ae. 46 yrs.

WILLARD, Abigail, w. of Samuel, d. Oct. 31, 1785, in her 20th year.

CARPENTER HILL CEMETERY

BOWKER, Capt. Stephen, d. Mar. 17, 1802, ae. 39 yrs., 1 mo.

CARPENTER, Amasa, d. Mar. 13, 1838, ae. 58 yrs., 9 mos.
    Miriam, w. of Capt. Davis, d. June 11, 1803, in her 43rd year.
    Capt. Davis, d. Aug. 22, 1824, ae. 66 yrs., 6 mos., 15 days.

CREHORE, Ebenezer, d. Sept. 23, 1819, ae. 54 yrs., 6 mos., 4 days.
    Mrs. Hannah, d. Oct. 5, 1835, ae. 71 yrs.

DAWSON, Jesse, d. Oct. 10, 1797, ae. 49 yrs.

FARRAR, George, d. Mar. 1, 1825, ae. 59 yrs.
    Rebekah, w. of George, d. Oct. 31, 1815, in her 45th year.

FLINT, Capt. John, d. Sept. 6, 1810, ae. 56 yrs.
    Esther, w. of Capt. John, d. Jan. 12, 1811, in her 43rd year.
    Ruth, wid., alias Ruth Smith, w. of Col. Braddyll Smith, d. July 20,
        1809, in her 83rd year.

FOX, Sarah, w. of Capt. John, of Littleton, d. Dec. 25, 1786, in her 77th year.

GILBERT, Ebenezer, d. Nov. 9, 1829, ae. 69 yrs.

MASON, Elijah, d. Jan. 27, 1808, ae. 48 yrs.
    Hannah, w. of Elijah, d. Feb. 11, 1842, ae. 75 yrs.
    Lucy, w. of Joseph, d. Jan. 6, 1833, ae. 68 yrs.
    Joseph, d. Feb. 18, 1834, ae. 83 yrs.

PRIEST, Bathsheba, w. of William, d. Sept. 2, 1834, ae. 76 yrs.
    William, d. Jan. 29, 1843, ae. 86 yrs.

WATKINS, William, d. Nov. 19, 1821, in his 49th year.

WARNER
(Mass. Grant 1735 as New Amesbury)

BEAN, Nathaniel, b. 1749, d. 1804, ae. 55 yrs.
    Insc. by C. C. Colby in N. H. Hist. Soc. Lib.

WASHINGTON
(Grant 1735-6)

DINSMORE, Capt. Moses, d. Nov. 13, 1838, ae. 70 yrs.
FARNSWORTH, Simeon, Jr., d. Jan. 27, 1791, ae. 46 yrs.
    Esther, w. of Simeon, Jr., d. Oct. 27, 1811, ae. 65 yrs.
PENNIMAN, Abigail, w. of Thomas, d. Apr. 21, 1804, in her 74th year.
REED, Nathan, d. Oct. 8, 1802, ae 84 yrs., 9 mos.

WEARE
(Grant 1735)

SOUTH WEARE CEMETERY

BAILEY, Dea. Ebenezer, d. Sept. 3, 1807, ae. 67 yrs.
    Mehitable, w. of Dea. Ebenezer, d. Apr. 28, 1819, ae. 78 yrs.
    Ebenezer, d. Apr. 23, 1838, ae. 71 yrs.
    Betsey, w. of Ebenezer, d. Apr. 20, 1829, ae. 54 yrs.
    Lieut. Jesse, d. Jan. 10, 1836, in his 84th year.
    Sarah, w. of Jesse, d. Dec. 7, 1845, ae. 85 yrs.
    Jacob, d. Apr. 15, 1849, ae. 84 yrs., 9 mos.
    Betsey, w. of Jacob, d. Apr. 10, 1818, in her 51st year.
BARTLETT, John, d. June 16, 1829, ae. 61 yrs.
    Mary, w. of John, d. Aug. 9, 1848, ae. 78 yrs.
COLBY, Judith, w. of Ernest, d. Sept. 17, 1797, in her 71st year.
GEORGE, Capt. Charles, d. Apr. 7, 1820, ae. 63 yrs.
GRAY, Lucy P., d. Mar. 24, 1845, ae. 82 yrs.
RICHARDS, Polly, w. of John, d. Oct. 19, 1804, ae. 59 yrs.
WERTHLEY, Capt. William, of Washington, d. Feb. 25, 1813, ae. 42 yrs.
WHITE, Elizabeth, w. of Henry, d. Sept. 12, 1811, ae. 74 yrs.

HILLSIDE CEMETERY

BAILEY, Samuel, d. Nov. 5, 1821, in his 79th year.
    Hannah, w. of Samuel, d. Dec. 23, 1827, in her 80th year.
SARGENT, Asa, d. Apr. 16, 1812, ae. 63 yrs.
WOOD, Rev. Amos, d. Feb. 3, 1798, ae. 38 yrs.
    Mary, wid., d. Aug. 3, 1806, ae. 72 yrs.

WEARE CENTER CEMETERY

BREED, Enoch, d. Dec. 17, 1843, ae. 81 yrs.
    Lydia, d. Apr. 23, 1841, ae. 70 yrs.
HODGDON, Susanna, w. of John, d. Dec. 6, 1840, ae. 90 yrs.

WESTMORELAND
NORTH CEMETERY

ALDRICH, Benjamin, d. May 15, 1763, in his 69th year.
Caleb, d. Dec. 6, 1799, in his 71st year.
Deborah, w. of Caleb, d. Feb. 2, 1806, ae. 70 yrs.
Caleb, Esq., d. Jan. 4, 1828, ae. 70 yrs.
Eunice, w. of Caleb, d. Dec. 2, 1823, ae. 71 yrs.
Ebenezer, d. Oct. 29, 1818, ae. 78 yrs.
Deborah, w. of Ebenezer, d. June 18, 1813, ae. 71 yrs.
Gen. George, b. Walpole, Mass., Mar., 1785, d. July 17, 1815, ae. 77 yrs. Revolutionary soldier.
Hannah, w. of Joel, d. Aug. 30, 1812, ae. 64 yrs.
Niles, d. Jan. 4, 1825, ae. 58 yrs.
Sarah, w. of Niles, d. Dec. 7, 1839.
BABBIT, Nathaniel, d. Dec. 30, 1787, in his 20th year.
BENNETT, William, d. Feb. 18, 1832, ae. 79 yrs.
Sally, w. of William, d. Sept. 23, 1839, ae. 78 yrs.
BOYNTON, Lieut. Joseph, d. Mar. 23, 1813, ae. 63 yrs.
BRETTUN, Lydia, w. of David, d. May 5, 1775, in her 31st year.
BROOKS, Charles F., d. Mar. 4, 1839.
Job F., b. Feb. 25, 1764, d. Sept. 13, 1822.
Capt. Paul, d. June 19, 1818, in his 47th year.
BRITTON, Stephen, d. June 23, 1847, ae. 82 yrs.
Zilpha, w. of Stephen, d. July 18, 1807, ae. 43 yrs.
Ebenezer, d. Jan. 21, 1788, in his 73rd year.
Sarah, w. of Ebenezer, d. Sept. 19, 1790, in her 60th year.
Asa, Esq., d. June 30, 1849, ae. 86 yrs.
Sally, w. of Asa, d. Oct. 19, 1859, ae. 91 yrs.
William, Esq., d. July 21, 1839, ae. 72 yrs.
Huldah, w. of William, Esq., d. Mar. 30, 1842, ae. 70 yrs.
BREWSTER, Edmund, d. July 16, 1845, ae. 78 yrs.
Eunice, w. of Edmund, d. Apr. 9, 1833, ae. 64 yrs.
BROWN, Ephraim, d. Mar. 28, 1813, ae. 63 yrs.
BUTTERFIELD, Capt. Jonas, d. Mar. 18, 1795, in his 55th year.
Timothy, d. Mar. 5, 1826, ae. 68 yrs.
Miriam, w. of Timothy, d. Dec. 9, 1833, ae. 71 yrs.
Major Isaac, d. June 5, 1801, in his 60th year.
Nancy, w. of Willard, d. Apr. 25, 1795, in her 24th year.
BURT, Mary, w. of Col. Joseph, d. Nov. 1, 1779, in her 34th year.
BULLOCK, Sarah, dau. of Timothy and Zilpah, d. Mar. 26, 1784, ae. 24 yrs.
Timothy, d. Nov. 4, 1815, in his 81st year.
Zilpah, d. Jan. 3, 1832, ae. 93 yrs.
CARLISLE, Capt. Daniel, d. Oct. 29, 1794, ae. 55 yrs.
Lydia, 1st w. of Capt. Daniel, d. Apr. 27, 1774.
Lydia, w. of Capt. Daniel, d. Sept. 12, 1856, ae. 100 yrs., 21 days.
COBB, Polly, d. Sept. 25, 1842, ae. 77 yrs.

COBB, Capt. Simeon, d. Oct. 20, 1815, in his 79th year.
 Hannah, w. of Capt. Simeon, d. Dec. 10, 1805, in her 65th year.
CLARK, Stephen, d. Apr. 8, 1817, ae. 63 yrs.
 Susannah, w. of Stephen, d. Apr. 7, 1817, ae. 65 yrs.
CHAMBERLAIN, Abigail, w. of Thomas, d. May 18, 1769, in her 63rd year.
 John, d. June 12, 1822, ae. 80 yrs.
 Eunice, w. of Lieut. John, d. Apr. 3, 1814, in her 69th year.
CHICKERING, Timothy, d. Jan. 10, 1829, ae. 80 yrs.
 Rhoda, w. of Timothy, d. Jan. 9, 1837, ae. 84 yrs.
COOK, Mrs. Betsy Earl, b. May 29, 1768, d. June 15, 1852, ae. 84 yrs.
DAGGET, William, d. Jan. 15, 1813, ae. 86 yrs.
 Thankful, w. of William, d. Dec. 28, 1813, ae. 74 yrs.
 Capt. Phinehas, d. Oct. 5, 1842, ae. 78 yrs.
 Betsey, w. of Phinehas, d. Aug. 11, 1791, ae. 22 yrs.
DEAN, Abiather, d. Sept. 8, 1813, ae. 63 yrs.
DODGE, Josiah, d. Jan. 21, 1813, in his 78th year.
 Thankful, w. of Josiah, d. Sept. 22, 1811, in her 75th year.
DOOLITTLE, John, d. Dec. 30, 1790, in his 37th year.
 Lucy, w. of John, d. July 19, 1789, in her 31st year.
DORR, Asahel P., d. Mar. 18, 1818, ae. 46 yrs.
 Julia, w. of Asahel P., d. Oct. 2, 1825, ae. 51 yrs.
 Lydia, w. of George, d. Apr. 8, 1800, in her 36th year.
 Capt. Moses, d. Sept. 6, 1811, in his 75th year.
 Hannah, w. of Capt. Moses, d. Jan. 20, 1825, ae. 75 yrs.
DUDLEY, Sibbell, w. of John, d. July 13, 1816, ae. 77 yrs.
 John, d. Oct. 8, 1820, ae. 91 yrs.
 Dr. Moses, d. Nov. 15, 1817, in his 49th year.
ESTY, Abigail, wid., d. May 11, 1811, in her 81st year.
 David, d. May 31, 1833, ae. 65 yrs.
 Steward, d. Apr. 6, 1841, ae. 76 yrs.
GATES, Elias, d. Sept. 11, 1826, in his 84th year.
 Mary, w. of Elias, d. Sept. 11, 1818, in her 71st year.
GOODRIDGE, Mary, w. of Benjamin, late of Westminister, d. Mar. 20, 1806,
  in her 82nd year.
 Thomas, d. July 21, 1835, ae. 77 yrs.
 Betsy, w. of Thomas, d. June 26, 1846, ae. 84 yrs.
GREEN, Hannah, w. of William, d. Nov. 8, 1813, ae. 77 yrs.
 Capt. Levi, d. Dec. 4, 1838, ae. 71 yrs.
 Martha, w. of Levi, d. Aug. 29, 1854, ae. 80 yrs.
GRANGER, Eldad, d. Mar. 2, 1866, ae. 99 yrs., 11 mos., 15 days.
HALL, Isaac, d. June 30, 1836, ae. 75 yrs.
 Betsey, w. of Isaac, d. Feb. 23, 1849, ae. 86 yrs.
 Mary, w. of Isaac, dau. of Pall and Mary Leonard, d. Oct. 27, 1797, in
  her 34th year.
 Seth, d. Feb. 12, 1824, in his 84th year.
 Diademma, w. of Seth, d. May 1, 1842, ae. 90 yrs.
HUBBARD, Martha, w. of Dr. John, d. Aug. 10, 1787, in her 27th year.

HOWE, Abner, d. July 13, 1781, ae. 50 yrs.
Mehetabel, w. of Abner, d. Mar. 1, 1799, in her 63rd year.
Daniel, d. Feb. 3, 1757, in his 73rd year.
Joshua, d. Nov. 15, 1787, in his 20th year.
Mary, dau. of Capt. Daniel and Anna, d. Jan. 15, 1770, in her 13th year.
FLETCHER, Kezia, wid., d. June 3, 1781, in her 78th year.
KEEP, Leonard, Jr., d. Dec. 24, 1797, ae. 32 yrs.
KNIGHT, Capt. Artemas, d. Feb. 9, 1838, ae. 89 yrs.   Revolutionary soldier.
Tabitha, w. of Artemas, d. Aug. 12, 1820.
KENDALL, Reuben, d. Jan. 9, 1804, in his 55th year.
Betsy, w. of Reuben, d. June 30, 1811, ae. 57 yrs.
Priscilla, w. of Reuben, d. Oct. 26, 1777, ae. 25 yrs.
MASON, Olive T., w. of Moses, d. Dec. 13, 1833, ae. 83 yrs.
Moses, d. Mar. 28, 1815, ae. 63 yrs.
MITCHELL, John, d. Jan. 17, 1798, in his 46th year.
Phebe, w. of John Mitchell, d. Nov. 4, 1848, ae. 87 yrs.
NEWTON, Irah, d. Aug. 25, 1813, in his 65th year.
PRATT, John, d. Mar. 22, 1822, ae. 57 yrs.
Josiah, d. Sept. 18, 1814, ae. 46 yrs.
READ, Alpheus, d. Nov. 21, 1809, in his 40th year.
Micah, d. Dec. 29, 1824, in his 82nd year.
Marcy, w. of Micah, d. Aug. 29, 1824, in her 72nd year.
Elizabeth, w. of Micah, d. Jan. 13, 1795, in her 48th year.
SNOW, Hosea, was drowned in Connecticut River June 29, 1800, ae. 42 yrs.
Mary, w. of Hosea, d. Dec. 30, 1807, ae. 48 yrs.
TEMPLE, Urijah, d. Sept. 14, 1809, ae. 53 yrs.
LORD, Dr. Joseph, d. Dec. 7, 1788, in his 85th year.
Sarah, w. of Dr. Joseph, d. Oct. 13, 1798, ae. 90 yrs.
WALKER, Abial, d. July 25, 1838, ae. 70 yrs.
Betsy, w. of Abial, d. Feb. 15, 1825, in her 50th year.
Dea. Obadiah, d. Nov. 28, 1807, ae. 87 yrs.
Abegill, w. of Obadiah, d. Aug. 7, 1798, in her 73rd year.
Nathaniel, d. Jan. 21, 1845, ae. 83 yrs.
Martha, w. of Nathaniel, d. Dec. 13, 1819, ae. 54 yrs.
WETHERELL, Ebenezer, d. Jan. 7, 1823, ae. 80 yrs.
Lydia, w. of Ebenezer, d. Sept. 1, 1835, ae. 89 yrs.
Zephania, d. Jan. 14, 1842, ae. 74 yrs.
WINCHESTER, Nathan, d. Mar. 21, 1839, ae. 82 yrs.
WIRE, Thankful, w. of Samuel, d. Aug. 28, 1845, ae. 86 yrs.
Hannah, w. of Samuel, d. Mar. 31, 1795, ae. 44 yrs.
WHEELER, Jethro, d. Sept. 6, 1755, in his 63rd year.
John, Jr., d. Dec. 17, 1811, in his 55th year.
WHITE, John, d. May 28, 1808, ae. 64 yrs.
Dea. Moses, d. Mar. 6, 1829, ae. 86 yrs.
Dinah, w. of Dea. Moses, d. Oct. 26, 1811, in her 63rd year.

WHITEFIELD

WHITEFIELD CEMETERY

CHASE, Rev. Jonathan C., d. Nov. 11, 1836, ae. 63 yrs.
  Nancy, w. of Rev. Jonathan C., d. Dec. 25, 1858, ae. 77 yrs.
HUNTOON, Elizabeth, w. of Moses, d. Oct. 4, 1825, ae. 69 yrs., 8 mos.
  Moses, d. Dec. 5, 1841, ae. 86 yrs., 3 mos.
JEWELL, John, d. Jan. 17, 1830, ae. 84 yrs.
JOHNSON, Dea. Asa, d. Sept. 15, 1854, ae. 88 yrs.
  Hannah, w. of Dea. Asa, d. Jan. 5, 1851, ae. 81 yrs.
McMASTER, Lydia, w. of John, d. Apr. 12, 1866, ae. 92 yrs.
  John, Esq., d. Mar. 19, 1848, in his 73rd year.
MINER, Isaac, d. July 11, 1847, ae. 84 yrs. Revolutionary soldier.
  Mary, w. of Isaac, d. Apr. 27, 1843, ae. 79 yrs.
PARKER, Betsey, w. of Jonathan, d. Sept. 8, 1865, ae. 93 yrs., 10 mos.
  Jonathan, d. Feb. 21, 1847, ae. 75 yrs.

BURNS CEMETERY

BURNS, Major John, d. May 6, 1852, ae. 96 yrs., 9 mos. Revolutionary
  soldier. One of the first settlers of Whitefield.
  Sarah, w. of Major John, d. June 4, 1826, ae. 74 yrs.
KIMBALL, Col. Joseph, d. Oct. 27, 1821, ae. 68 yrs.
  Lucy, w. of Col. Joseph, d. Aug. 7, 1838, ae. 64 yrs.

WHITEFIELD, EAST

EAST WHITEFIELD CEMETERY

BUSWELL, Elizabeth S., w. of John F., d. Sept. 25, 1856, ae. 80 yrs.
  John F., d. Nov. 30, 1825, ae. 52 yrs.
  Paul S., d. Aug. 26, 1845, ae. 72 yrs.
CLOUGH, Benjamin, d. June 26, 1832, in his 59th year.
KEYES, Catherine, w. of Amasa, d. Sept. 14, 1857, ae. 84 yrs.

WILTON

VALE END CEMETERY

ABBOTT, Dea. Joseph, d. Aug. 23, 1787, in his 83rd year.
  Anne, w. of Job, d. Apr. 7, 1805, in her 43rd year.
  Job, d. July 12, 1805, in his 49th year.
  William, d. Nov. 30, 1793, in his 46th year.
BALDWIN, Susannah, w. of Asa, d. Sept. 2, 1851, ae. 84 yrs.
  Ruth, w. of Asa, d. Sept. 21, 1805, ae. 35 yrs.
BALES, Capt. William, d. May 16, 1834, ae. 82 yrs.
  Rhod, w. of Capt. William, d. Sept. 11, 1839, ae. 80 yrs.
BATCHELDER, Daniel, d. Mar. 17, 1832, ae. 81 yrs.
  Rebecca, w. of Daniel, d. Apr. 19, 1795, in her 41st year.

BARRETT, Ebenezer, d. Feb. 10, 1826, ae. 64 yrs.

BLANCHARD, Stephen, d. July 27, 1789, in his 41st year.
> Sarah, w. of Benjamin, d. May 21, 1801, in her 53rd year.

BRIDGES, Abiel, d. Nov. 7, 1801, in his 35th year.
> Susannah, w. of Abiel, wid. of Uriah Smith, d. Oct. 28, 1837, ae. 68 yrs.
> Mehetable, d. Feb. 20, 1846, ae. 76 yrs.
> Mary, w. of James, d. Dec. 15, 1824, ae. 56 yrs.

BURTON, John, d. Feb. 11, 1791, in his 81st year.
> Abigail, w. of John, d. Aug. 28, 1796, in her 84th year.
> Lieut. Abraham, d. May 10, 1832, ae. 79 yrs.
> Betsey, w. of Lieut. Abraham, d. Feb. 22, 1823, ae. 66 yrs.
> Capt. John, d. Apr. 28, 1834, ae. 67 yrs.
> Eunice, w. of Capt. John, d. Nov. 18, 1825, ae. 57 yrs.
> Dea. John, d. Nov. 18, 1816, ae. 78 yrs.
> Rebecah, w. of Dea. John, d. Aug. 17, 1831, ae. 92 yrs.
> Jona., Esq., d. Apr. 30, 1811, ae. 69 yrs.
> Huldah, w. of Jona., Esq., d. Sept. 15, 1839, ae. 94 yrs., 10 days.

BUTTERFIELD, Joseph, son of Lieut. Joseph and Mary, d. Dec. 10, 1777.
> Amey Town, dau. of Lieut. Joseph and Mary, d. Oct. 9, 1779, ae. 15 yrs.

BUSS, Silas, d. Nov. 16, 1818, ae. 72 yrs.

CRAM, Jonathan, d. Oct. 24, 1810, in his 78th year.
> Sarah, w. of Jonathan, d. May 26, 1805, ae. 69 yrs.

DALE, John, d. July 11, 1809, ae. 61 yrs.
> Rhoda, w. of John, d. July 25, 1799, ae. 42 yrs.

DASCOMB, James, d. June 6, 1807, ae. 75 yrs.
> Elizabeth, w. of James, d. Oct. 10, 1832, ae. 93 yrs.
> James, d. Aug. 22, 1845, ae. 79 yrs.

FARRINGTON, John, d. Oct. 8, 1802, in his 49th year.

FISKE, Rev. Abel, A. M., 2nd pastor of the church in Wilton, d. Apr. 21, 1802, in his 50th year, and 24th of his ministry.
> Anna, w. of Rev. Abel, d. July 8, 1796, in her 42nd year.

FLETCHER, Charles, d. Apr. 23, 1818, ae. 69 yrs.
> Sarah, w. of Charles, d. Feb. 20, 1840, ae. 87 yrs.
> Bridget, d. Nov. 25, 1801, ae. 47 yrs.

FLINT, Ebenezer, d. Apr. 29, 1829, in his 87th year.
> Mary, w. of Ebenezer, d. Mar. 26, 1844, ae. 90 yrs.

GRAY, Dea. Timothy, d. Nov. 17, 1793, ae. 73 yrs.
> Eleanor, w. of Dea. Timothy, d. Sept. 22, 1775, ae. 56 yrs.
> Timothy, d. July 18, 1807, ae. 58 yrs.
> Ruth, w. of Timothy, d. Mar. 23, 1841, ae. 85 yrs.

GREELE, Ruth, w. of Jonathan, d. Mar. 27, 1778, in her 44th year.
> Capt. Samuel, d. Sept. 25, 1798, ae. 46 yrs.
> Olive, w. of Capt. Samuel, d. Feb. 23, 1811, ae. 54 yrs.

GREELEY, Major Samuel, d. Mar. 19, 1802, in his 83rd year.

HERRICK, Pyam, d. Dec. 23, 1846, ae. 83 yrs.
> Sally, w. of Pyam, d. Sept. 24, 1833, ae. 65 yrs.
> Lieut. Edward, d. Feb. 25, 1811, ae. 57 yrs.

HERRICK, w. of Lieut. Edward, d. Oct. 24, 1844, ae. 89 yrs.
HOLT, Amos, d. Nov. 29, 1820, ae. 81 yrs.
    Jemimah, w. of Amos, d. Dec. 4, 1816, ae. 76 yrs.
    Ezra, d. May 11, 1822, ae. 60 yrs.
    Capt. Amos, d. Dec. 13, 1826, ae. 58 yrs.
    Daniel, d. Nov. 5, 1778, in his 32nd year.
    Daniel, d. June 20, 1852, ae. 83 yrs.
HUTCHINSON, Samuel, d. Sept. 28, 1821, ae. 72 yrs.
    Mary, d. June 29, 1841, ae. 89 yrs.
JEWETT, Isaac, d. Nov. 20, 1852, ae. 89 yrs.
    Mary, w. of Isaac, d. Dec. 11, 1845, ae. 76 yrs.
JONES, Joel, d. Mar. 6, 1826, ae. 67 yrs.
    Mary, w. of Joel, d. June 4, 1843, ae. 85 yrs.
KING, Richard, a resident of this town from 1770 until his death in 1805.
    Lucy, w. of Richard, d. Sept. 13, 1783, in her 51st year.
    Miss Sarah, dau. of Richard and Lucy, d. Sept. 3, 1794, in her 20th year.
LANCY, George, d. Apr. 5, 1849, ae. 85 yrs.
LOVEJOY, Major Samuel, d. Oct. 6, 1801, in his 52nd year.
    Lydia, w. of Major Samuel, d. Sept. 20, 1826, ae. 72 yrs.
PARKER, Lieut. Hananiah, d. Jan. 1, 1793, in his 57th year.
PETTENGILL, Sarah, w. of William, d. Jan. 4, 1856, ae. 89 yrs., 9 mos.
PUTNAM, Philip, Esq., d. Nov. 18, 1810, in his 72nd year.
    Hannah, d. Sept. 22, 1819, in her 82nd year.
    Abigail, w. of Dea. Jacob, d. June 10, 1812, ae. 71 yrs.
    Dea. Jacob, d. June 2, 1821, ae. 74 yrs.
    Moses, A. M., d. July 25, 1801, ae. 62 yrs.
    Rebekah, w. of Moses, d. Oct. 15, 1797, ae. 57 yrs.
RIDEOUT, Dorathy, w. of Benjamin, d. June 3, 1767, ae. 22 yrs.
SAWYER, Nathaniel, d. Oct. 16, 1807, ae. 57 yrs.
    Prudence, w. of Nathaniel, d. in Salem, N. Y., Dec. 15, 1839, ae. 82 yrs.
SMITH, Uriah, d. Mar. 4, 1829, ae. 84 yrs.
    Lydia, w. of Uriah, d. Aug. 12, 1801, ae. 33 yrs.
SPALDING, Isaac, b. Aug. 20, 1765, d. June 2, 1830, ae. 64 yrs.
    Miss Olive, dau. of Jona. and Lydia, d. July 16, 1799, ae. 37 yrs.
STEVENS, John, d. Apr. 11, 1811, ae. 72 yrs.
    Sarah, w. of John, d. July 15, 1823, ae. 77 yrs.
STILES, Asa, d. Feb. 10, 1832, ae. 66 yrs.
    Abigail H., w. of Asa, d. May 4, 1821, ae. 52 yrs.
    Ruth, d. June 20, 1824, ae. 88 yrs.
    Lieut. John, d. Feb. 6, 1824, ae. 58 yrs.
    Ensign Abner, d. Mar. 4, 1791, in his 52nd year.
STOCKWELL, Rebeckah, wid., d. Mar. 16, 1821, ae. 77 yrs.
TAYLOR, Richard, d. Dec. 22, 1776, in his 57th year.
    Hannah, w. of Richard, d. May 7, 1801, ae. 76 yrs.
THOMSON, Benjamin, d. Apr. 8, 1769, in his 42nd year.
UPHAM, Ezra, d. Jan. 12, 1831, ae. 72 yrs.
    Sarah, w. of Ezra, d. Nov. 25, 1852, ae. 83 yrs.

WILSON, Hon. Abiel, d. July 26, 1824, ae. 64 yrs.
    Abigail, w. of Hon. Abiel, d. May 6, 1831, ae. 64 yrs.

WILTON CENTER
WILTON CENTER CEMETERY

BLANCHARD, Joshua, d. Oct. 10, 1818, ae. 72 yrs.
    Elizabeth, w. of Joshua, d. July 14, 1817, ae. 72 yrs.
    Benjamin, d. Nov. 24, 1828, ae. 78 yrs.
    Martha, w. of Benjamin, d. Feb. 25, 1812, ae. 57 yrs.
BURNHAM, Jeremiah, d. Nov. 1, 1844, ae. 81 yrs.
    Mary, w. of Jeremiah, d. Jan. 7, 1828, ae. 92 yrs. Her descendants were
        144.
CRAM, Philip, d. Jan. 7, 1832, ae. 66 yrs.
CHANDLER, Marcy, w. of Peter, d. Feb. 12, 1842, ae. 81 yrs.
DALE, Timothy, d. Sept. 18, 1830, ae. 68 yrs.
    Rebekah, w. of Timothy, d. July 29, 1840, ae. 79 yrs.
DOUGLASS, Dea. Samuel, d. May 18, 1841, ae. 74 yrs.
    Sally, w. of Dea. Samuel, d. Sept. 22, 1829, ae. 60 yrs.
EATON, Amos, d. Jan. 6, 1834, ae. 71 yrs.
    Sally, w. of Amos, d. Apr. 4, 1838, ae. 66 yrs.
FARNHAM, James, d. Jan. 9, 1813, ae. 63 yrs.
FARRAR, Charles, d. Jan. 15, 1837, in his 80th year.
    Mary, w. of Charles, d. Nov. 28, 1851, ae. 84 yrs.
FRENCH, James, d. Sept. 20, 1817, ae. 79 yrs.
    Sarah, w. of James, d. Jan. 25, 1833.
FRY, Elizabeth, wid., d. Apr. 4, 1836, ae. 86 yrs.
GAGE, Peirce, d. July 14, 1821, ae. 80 yrs.
    Susannah, 3rd w. of Peirce, d. May 3, 1831, ae. 90 yrs.
GOLDSMITH, Hannah, w. of William, d. Dec. 27, 1833, ae. 78 yrs.
GRAY, Joseph, d. Aug. 26, 1846, ae. 85 yrs.
    Cloe, w. of Joseph, d. July 17, 1849, ae. 82 yrs.
HOLT, Betty, w. of Joseph, d. Jan. 10, 1821, ae. 74 yrs.
KING, Benning, d. Oct. 14, 1845, ae. 78 yrs.
    Abigail, w. of Benning, d. Nov. 12, 1855, ae. 85 yrs.
LIVERMORE, Rev. Jonathan, first minister of this town, first tenant of
        this grave yard, d. July 20, 1809, ae. 79 yrs.
    Elizabeth, w. of Jonathan, d. Dec. 12, 1822, ae. 77 yrs.
MANSUR, William, d. Sept. 6, 1844, ae. 81 yrs.
    Sarah, w. of William, d. Oct. 22, 1837, ae. 72 yrs.
MELENDY, Betsey, w. of Joseph, d. Nov. 3, 1822, ae. 51 yrs., 8 mos., 26 days.
MORGAN, Lieut. Ashby, d. Oct. 21, 1828, ae. 79 yrs.
    Hannah, w. of Lieut. Ashby, d. Apr. 30, 1839, ae. 92 yrs.
PEABODY, Sarah, wid., d. Mar. 3, 1816, ae. 66 yrs.
PRINCE, John, d. June 3, 1811, ae. 66 yrs.

RIDEOUT, Benjamin, d. July 10, 1819, ae. 76 yrs.
    Sarah, w. of Benjamin, d. Dec. 13, 1831, ae. 83 yrs.
ROCKWOOD, Joseph, d. Jan. 24, 1830, ae. 63 yrs., 1 mo.
RUSSELL, Daniel, b. Nov. 7, 1769, d. Jan. 3, 1841, ae. 71 yrs., 2 mos.
    Thomas, d. Mar. 30, 1818, ae. 86 yrs.
    Bethiah, w. of Thomas, d. Aug. 20, 1817, ae. 77 yrs.
SHELDON, Samuel, d. Dec. 24, 1832, ae. 92 yrs.
    Sarah W., w. of Samuel, d. Jan. 7, 1820, ae. 80 yrs.
    Samuel, Jr., d. May 21, 1847, ae. 80 yrs.
    Phebe K., w. of Samuel, Jr., d. Nov. 21, 1812, ae. 50 yrs.
SPALDING, Abijah, d. Apr. 12, 1828, ae. 72 yrs.
    Mary, w. of Abijah, d. Feb. 1, 1817, ae. 57 yrs.
STEELE, Benjamin, b. Feb. 6, 1741, d. Nov. 14, 1817.
    Hannah, w. of Benjamin, b. Aug. 25, 1748, d. Aug. 31, 1812.
TAPLEY, Elijah, d. Oct. 9, 1842, ae. 77 yrs.
    Rebecca, w. of Elijah, d. Aug. 1, 1846, ae. 79 yrs.
WATSON, Isaac, d. July 28, 1823, ae. 77 yrs.

WINCHESTER
EVERGREEN CEMETERY

ALEXANDER, Reuben, Esq., d. May 19, 1811, ae. 71 yrs.
    Sarah, w. of Reuben, Esq., d. July 21, 1826, ae. 82 yrs.
    Reuben, Jr., d. Aug. 3, 1809, ae. 39 yrs.
    Ensign Asa, d. Nov. 4, 1811, ae. 69 yrs.
    Mary, w. of Asa, d. July 1, 1835, ae. 93 yrs.
    Jemima, w. of Thomas, d. Nov. 26, 1801, ae. 56 yrs.
    Capt. John, d. Dec. 16, 1806, in his 59th year.
    Thankful, w. of Capt. John, d. July 16, 1819, ae. 63 yrs.
    Ensign Seth, d. Dec. 10, 1780, in his 34th year.
    Lieut. Elijah, d. Sept. 9, 1774, in his 40th year.
    Dea. Ebenezer, d. July 29, 1788, in his 73rd year.
    Abigail, w. of Dea. Ebenezer, d. Mar. 27, 1788, in her 74th year.
    Lieut. Elijah, d. Sept. 9, 1774, in his 40th year.
ALLEN, Joseph, d. Dec. 30, 1811, ae. 59 yrs.
    Mrs. Molly, d. July 21, 1821, ae. 66 yrs.
BARTLETT, Capt. William, d. Sept. 5, 1840, ae 80 yrs.   Revolutionary
    soldier.
BENT, Sarah, w. of Peter, of Barre, d. July 19, 1789, in her 77th year.
    Nathan, d. Aug. 10, 1834, ae. 74 yrs.
    Abigail, d. Mar. 9, 1833, ae. 74 yrs.
BOND, Dea. Samuel, d. Feb. 25, 1812, ae. 64 yrs.
    Miss Lydia, d. Jan. 4, 1812, ae. 58 yrs.
BROWN, Anna, w. of Abijah, d. May 17, 1829, ae. 73 yrs.
BUTLER, John, d. Apr. 8, 1819, ae. 87 yrs.
    Susannah, w. of John, d. May 6, 1814, ae. 92 yrs.
    Lieut. John, d. Apr. 22, 1795, ae. 40 yrs.

CADY, Lois, w. of David, d. Dec. 22, 1786, in her 26th year.
CHAMBERLAIN, Dea. Moses, d. Jan. 30, 1803, ae. 54 yrs.
   Hepzibah, w. of Dea. Moses, d. July 8, 1819, ae. 75 yrs.
CODDING, Sarah, w. of Abijah, d. May 26, 1824, ae. 61 yrs.
COOK, Naomi, w. of Joshua, d. Dec. 30, 1847, ae. 79 yrs.
CONANT, Sarah, w. of Rev. Ezra, of Winchester, d. Nov. 27, 1801, ae. 34 yrs.
CORPS, Joseph, d. Feb. 3, 1804, in his 57th year.
DANA, Abigail, wid., d. Jan. 26, 1812, ae. 62 yrs.
DODGE, Miss Anna, d. Apr. 13, 1812, in her 45th year.
   Lydia, w. of Nathaniel B., d. Nov. 12, 1771, in her 35th year.
   Hannah, w. of Nathaniel B., d. May, 1779, ae. 43 yrs.
   Elijah, d. Feb. 3, 1777, in his 66th year.
   Tabitha, dau. of Nathaniel B. and Tabitha, d. Apr. 22, 1788.
ERSKINE, John, d. July 5, 1767, ae. 34 yrs.
   Deborah, w. of John, d. Nov. 17, 1797, ae. 65 yrs.
   Matilda, dau. of Lieut. John and Phebe, d. July 3, 1798, in her 11th year.
FASSETT, Adonijah, d. Feb. 7, 1827, in his 74th year.
   Pearly, d. Feb. 23, 1826, ae. 57 yrs.
FAY, Elizabeth, w. of Moses, d. Jan. 13, 1785, in her 41st year.
FIELD, Elihu, d. Jan. 9, 1811, ae. 58 yrs.
   Mary, w. of Elihu, d. June 20, 1844, ae. 92 yrs.
   Zechariah, d. Aug. 2, 1823, ae. 82 yrs.
   Waitstill, d. Mar. 28, 1797, ae. 47 yrs.
FLINT, Lieut. Benjamin, d. Jan. 18, 1829, ae. 72 yrs.
   Mary, w. of Lieut. Benjamin, d. Oct. 25, 1807, ae. 50 yrs.
FOLLETT, Capt. John, d. Feb. 20, 1829, ae. 77 yrs.
   Hannah, w. of Capt. John, d. Apr. 13, 1838, ae. 89 yrs.
   Sibel, w. of John, d. Mar. 2, 1782, in her 32nd year.
FOSTER, Lieut. Henry, d. July 23, 1797, ae. 60 yrs.
   Silve, w. of Ensign John, d. Aug. 9, 1798, in her 34th year.
   Henry, d. Aug. 24, 1846, ae. 81 yrs.
FULLER, Sarah, w. of Benjamin, d. Apr. 1, 1812, ae. 58 yrs.
GOULD, Thomas, d. Apr. 10, 1829, ae. 78 yrs.
   Thankful, w. of Thomas, d. Sept. 19, 1811, ae. 60 yrs.
   John, d. Mar. 1, 1792, ae. 70 yrs.
   Rachel, w. of John, d. Apr. 30, 1814, in her 84th year.
HAMMOND, Sarah, w. of Abel, d. Feb. 24, 1807, ae. 68 yrs.
HATCH, Jeremiah, d. Aug. 30, 1808, ae. 86 yrs.
   Dorcas, w. of Jeremiah, d. Feb. 14, 1808, ae. 84 yrs.
   Mary, w. of Jeremiah, d. Sept. 15, 1777, ae. 47 yrs.
   Miss Polly, d. Oct. 22, 1821, ae. 61 yrs.
HAWKINS, Lucy, w. of Stephen, formerly w. of John Butler, d. Nov. 24, 1848, in her 88th year.
HEALY, Nehemiah, d. Feb. 22, 1809, ae. 72 yrs.
   Samuel, d. July 26, 1810, ae. 71 yrs.
   Hannah, w. of Samuel, d. Oct. 19, 1833, ae. 81 yrs.
HILDRETH, Sally, w. of Samuel, Jr., d. Apr. 6, 1790, ae. 25 yrs.

ON

HOLBROOK, Caleb, d. Dec. 15, 1842, ae. 82 yrs.
Polly, w. of Caleb, d. Oct. 22, 1804, in her 45th year.
HOUGHTON, Capt. Nehemiah, d. Nov. 22, 1789, in his 52nd year.
Eunice, w. of Capt. Nehemiah, d. Oct. 11, 1791, in her 56th year.
Miss Abigail, d. Nov. 1, 1826, in her 65th year.
HOWARD, Mary, w. of Jonathan, d. Nov. 13, 1828, ae. 87 yrs.
Jonathan, d. May 13, 1812, ae. 66 yrs.
HUMPHREY, Capt. William, d. Jan. 1, 1786, in his 57th year.
Olive, w. of Capt. William, d. June 12, 1779, in her 43rd year.
Col. William, d. Sept. 6, 1821, ae. 60 yrs.
HUNT, Jonas, d. Aug. 9, 1831, ae. 71 yrs.
HUTCHINS, John, d. May 31, 1800, in his 56th year.
JEWELL, Asahel, d. Apr. 30, 1790, ae. 46 yrs.
Hannah, w. of Dea. Asahel, d. Mar. 31, 1812, in her 65th year.
Rebeckah, w. of Archibald, d. Apr. 24, 1808, ae. 86 yrs.
Leonard, son of Asahel and Hannah, d. Oct. 20, 1791, ae. 22 yrs.
KINGMAN, Benjamin, d. Aug. 13, 1846, ae. 86 yrs.
Rhoda, w. of Benjamin, d. Jan. 4, 1824, ae. 61 yrs.
KNAPP, Elisha, d. Jan. 25, 1817, ae. 52 yrs.
LAWRENCE, Nathaniel, d. Jan. 8, 1812, in his 76th year.
Molly, w. of Nathaniel, d. Jan. 16, 1812, in her 66th year.
MANSFIELD, Charles, d. Jan. 12, 1830, ae. 67 yrs.
Elizabeth E., w. of Charles, d. Sept. 28, 1843, ae. 69 yrs.
MELVEN, Benjamin, d. Sept. 20, 1786, ae. 86 yrs.
Mehetabal, w. of Benjamin, d. June, 1782, in her 79th year.
MORSE, David, d. Nov. 19, 1808, ae. 63 yrs.
Esther, w. of David, d. Aug. 25, 1805, ae. 62 yrs.
MUDGE, Lis, wid., d. Jan. 20, 1831, ae. 66 yrs.
MURDOCK, Lucy, d. Mar., 1850, ae. 81 yrs.
PARKER, Ezra, d. Mar. 11, 1810, ae. 79 yrs.
Sarah, w. of Ezra, d. Feb. 2, 1818, ae. 78 yrs.
Miss Sarah, dau. of Ezra and Sarah, d. May 21, 1776, ae. 19 yrs.
Col. Ezra, d. May 5, 1843, ae. 73 yrs.
Caroline, w. of Col. Ezra Parker, d. Feb. 8, 1834, ae. 64 yrs.
PIERCE, John, d. July 4, 1803, ae. 82 yrs.
Bathsheba, w. of John, d. Mar. 27, 1804, ae. 80 yrs.
PRATT, Capt. Jeremiah, d. Apr. 16, 1826, in his 82nd year.
Sarah, w. of Capt. Jeremiah, d. May 1, 1835, ae. 86 yrs.
Capt. Noah, d. Jan. 4, 1807, ae. 59 yrs.
LAWRENCE, William, d. Dec. 22, 1828, ae. 74 yrs.
Submitt, w. of William, d. Jan. 9, 1849, ae. 91 yrs.
LYMAN, Dea. Joshua, d. Dec. 30, 1841, ae. 81 yrs.
Catharine, w. of Dea. Joshua, d. Jan. 27, 1823, in her 57th year.
RIXFORD, Capt. William, d. Jan. 28, 1842, ae. 86 yrs. Revolutionary soldier.
Lucy, w. of Capt. William, d. Sept. 20, 1840, ae. 85 yrs.
SCOTT, Lieut. Abraham, d. Nov. 1, 1796, in his 68th year.
Mehitabel, w. of Abraham, d. ———

SCOTT, Capt. James, d. Mar. 26, 1847, ae. 85 yrs.
    Ebenezer, d. Mar. 11, 1820, ae. 72 yrs.
    Celia, w. of Ebenezer, d. Oct. 11, 1844, ae. 86 yrs.
    Abel, d. Sept. 12, 1815, ae. 85 yrs.
    Mima, w. of Abel, d. Nov. 29, 1850, ae. 81 yrs.
    Ebenezer, d. Oct. 26, 1804, in his 87th year.
    Mary, w. of Ebenezer, d. Dec. 27, 1785, ae. 67 yrs.
SEVERANCE, Daniel, d. Jan. 6, 1828, ae. 64 yrs.
    Lydia, w. of Daniel, d. Jan. 24, 1846, ae. 77 yrs.
SHAW, Deliverance, w. of William, d. 1789, ae. 30 yrs.
SMITH, Charlotte, w. of Elisha, d. June 3, 1804, in her 35th year.
STOWEL, Sarah, w. of Capt. Enoch, d. Dec. 16, 1815, in her 73rd year.
    Dea. Joseph, d. Feb. 29, 1812, in his 77th year.
SWAIN, Hepzibah, wid., d. Oct. 24, 1800, ae. 87 yrs.
TAYLOR, Ebenezer, d. Feb. 3, 1814, ae. 74 yrs.
    Mary, d. Feb. 26, 1814, ae. 67 yrs.
TEMPLE, John, d. Apr. 2, 1754, ae. 27 yrs.
THAYER, Henry, d. Oct. 6, 1839, ae. 73 yrs.
    Philbert, w. of Henry, d. Dec. 26, 1850, ae. 94 yrs.
TWITCHELL, Daniel, d. Dec. 22, 1811, ae. 42 yrs.
WARE, Kezia, w. of Ziba, d. Mar. 8, 1792, in her 48th year.
WILLARD, Hannah, dau. of Major Josiah and Hannah, d. June 6, 1775.
    Amos P., d. Apr. 9, 1826, ae. 75 yrs.
    Sybil, w. of Amos P., d. Dec. 14, 1833, ae. 79 yrs.
    Jonathan, d. Apr., 1782, in her 31st year.
    Samson, d. Nov., 1777, in his 37th year.
    Seth, d. Jan. 5, 1821, in his 65th year.
    Abigail, w. of Seth, d. June 5, 1845, ae. 85 yrs.
    Capt. Simon, d. Feb. 29, 1843, ae. 98 yrs.
    Molly, w. of Capt. Simond, d. Sept. 4, 1829, ae. 74 yrs.
    Simon, Esq., d. 1757, in his 47th year.
    Col. Josiah, d. Apr. 19, 1786, in his 72nd year.
WILLIS, Timothy, d. July 20, 1848, ae. 86 yrs.
    Caleb, d. Feb. 9, 1818, in his 63rd year.
    Levinah, w. of Capt. Timothy, d. Mar. 31, 1835, ae. 71 yrs.
WHEELOCK, Prudence, w. of Lieut. Phinehas, d. Dec. 23, 1816, ae. 80 yrs.
WOOD, Lieut. Samuel, d. Apr. 2, 1844, ae. 88 yrs.
    Olive, d. June 9, 1847, ae. 88 yrs.
WRIGHT, Joseph, d. Mar. 27, 1785, ae. 72 yrs.
WOOLEY, Amasa, b. Feb. 23, 1766, d. July 25, 1856.
    Mary, w. of Amasa, b. Nov. 25, 1769, d. May 29, 1849.
VICKERY, Huldah, d. May 12, 1848, ae. 87 yrs.

FOSGATE CEMETERY

COOK, Francis, d. Dec. 7, 1842, ae. 84 yrs.
    Ruth, w. of Francis, d. Mar. 19, 1835, ae. 72 yrs.

COOMBS, Anthony, d. Apr. 17, 1817, ae. 65 yrs.
  Lydia, w. of Anthony, d. Mar. 2, 1842, ae. 89 yrs.
DOOLITTLE, Amzi, d. Jan. 20, 1863, ae. 95 yrs.
  Jerusha, w. of Amos Marsh, former w. of Amzi Doolittle, d. Oct. 19,
    1844, ae. 102 yrs.
MARBLE, Levi, d. 1817, ae. 54 yrs.
  Windwell, w. of Levi, d. May 10, 1828, ae. 73 yrs.
PETERS, James, d. Oct. 6, 1825, ae. 67 yrs. Revolutionary soldier.
  Susannah, w. of James, d. Aug. 14, 1853, ae. 100 yrs.
  Comfort, d. Mar. 11, 1833, ae. 78 yrs.
VERY, David, d. Oct. 22, 1849, ae. 80 yrs.
  Rizpah, w. of David, d. July 2, 1819, ae. 36 yrs.
  Francis, d. Apr. 29, 1820, ae. 75 yrs.
  Rebekah, w. of Francis, d. Mar. 9, 1843, ae. 95 yrs.
WYMAN, Zebulon, d. Feb. 12, 1812, in his 78th year.

WOLFEBORO

(1759)

PLEASANT VALLEY CEMETERY

WILLEY, Nathaniel, b. Somersworth, 1765, d. Wolfeboro, 1860.
  Dorothy Quimby, w. of Nathaniel, 1st white child, b. Wakefield, 1768,
    d. Wolfeboro, 1862.

ADDENDUM

OTHER EARLY TOWNS WITH CEMETERY INSCRIPTIONS RECORDED IN REFERENCE LIBRARIES

ACWORTH (Settled 1767) — Insc. and list of Soldiers pub. by C. B. and M. B. Spofford

ANDOVER (Settled 1761) — N. H. Hist. Soc. Lib., Concord

ANTRIM (Inc. 1777) — N. H. Hist. Soc. Lib., Concord

ASHLAND and HOLDERNESS — N. H. Hist. Soc. Lib., by C. W. Mudgett

ATKINSON (Inc. 1767) — N. H. Hist. Soc. Lib.

BEDFORD (Inc. 1750) — N. H. Hist. Soc. Lib., G. B. C. Book p. 1-4, 35-37

BOSCAWEN (Grant 1732) — N. H. Hist. Soc. Lib., by Priscilla Hammond

BOW (Grant 1727) — N. H. Hist. Soc. Lib., by Priscilla Hammond

BRADFORD (1735-6) — N. H. Hist. Soc. Lib.

CANAAN (Grant 1761) — N. H. Hist. Soc. Lib.

CANTERBURY (Grant 1727) including Loudon and Northfield — N. H. Hist. Soc. Lib. American Antiquarian Soc., Worcester, Mass.

CENTER HARBOR and NEW HAMPTON — N. H. Hist. Soc. Lib.

CHESTER (Grant 1720) — Hist. of Chester, by Chase, 1926 N. H. Hist. Soc. Lib., G. B. C. Book, p. 4, 37, 38

CHESTERFIELD (Grant 1735) — Town History

CHICHESTER (Grant 1727) — N. H. Hist. Soc. Lib., G. B. C. Book, p. 39

CLAREMONT (Grant 1764) — Pub. by C. B. Spofford

CONCORD (Granted as Penacook 1659). First settlement 1727 — Old North Cem. in Granite Mo., 1900, by J. B. Walker N. H. Hist. Soc. Lib., G. B. C. Book, p. 6, 9

CORNISH (1763) — N. H. Hist. Soc. Lib.

DERRY (Set off from Londonderry) — Willey's Book of Nutfield (1895) coll. by Rev. J. G. MacMurphy

DORCHESTER (Grant 1761) — N. H. Hist. Soc. Lib.

DOVER (First settled 1623) — N. E. Gen. and Hist. Soc. N. H. Hist. Lib., Dover Pub. Lib.

DUBLIN (Grant 1749) — Hist. by Leonard and Seward (1919)

DURHAM (Set off from Dover 1669) — N. H. Hist. Soc. Lib.

DUNBARTON (Grant 1735) N. H. Hist. Soc. Lib., by Hammond

EFFINGHAM (1749) N. H. Hist. Soc. Lib.

EXETER (1638 first settled) N. H. Hist. Soc. Lib., G B. C. Book, p. 13-16, 51

ENFIELD (Printed with Grantham, Lebanon and Plainfield)

FARMINGTON (Set off from Rochester 1798) N. H. Hist. Soc. Lib.

GOFFSTOWN (1733-4) N. H. Hist. Soc. Lib.

GOSPORT (Isles of Shoals) Town Rec. N. E. Gen. Register, vol. 67, p. 56, 132, 354; vol. 68, p. 32, 127

GOSSVILLE (Epsom Grant 1727) N. H. Hist. Soc. Lib.

GRANTHAM (Printed with Lebanon and Plainfield) (See Enfield) Pub. 1910

HAMPSTEAD (1752) Town History, by H. E. Noyes, p. 308

HAMPTON FALLS N. H. Hist. Soc. Lib.

HANCOCK (Inc. 1779) Old Cem. Insc. published 1910

HENNIKER (1735-6) N. H. Hist. Soc. Lib.

HILLSBORO (1735-6) N. H. Hist. Soc. Lib.

HOLLIS (Inc. 1746) G. B. C. Book, p. 21, N. H. Hist. Soc. Lib.

HOPKINTON (Grant 1735-6) N. H. Hist. Soc. Lib.

HUDSON (Inc. as Nottingham West 1746) N. H. Hist. Soc. Lib.

ISLES OF SHOALS N. E. Hist. and Gen. Reg., vol. 66, p. 141, 209, 294

KENSINGTON (Set off from Hampton Falls 1737) N. H. Hist. Soc. Lib.

KINGSTON (Grant 1694) N. H. Hist. Soc. Lib.

LANCASTER (Grant 1763) Town Hist., p. 325

LONDONDERRY (1722) See Derry

MADBURY (Inc. 1735) Insc. printed in N. E. Gen. and Hist. Reg., vol. 87, p. 342-52, Oct., 1933

MANCHESTER (Grant 1735) Inc. Derryfield 1751 Lists in Historical Libraries

MEREDITH (Grant 1748) 31 cemeteries recorded in Laconia Pub. Lib., N. H. Hist. Soc. Lib. with New Hampton and Center Harbor

MOULTONBORO (Granted 1763) N. H. Hist. Soc. Lib.

NEW BOSTON (1735-6) American Antiquarian Soc., Worcester, Mass.

NEWBURY (1753) N. H. Hist. Soc. Lib.

NEW DURHAM (Grant 1749) to Jonathan Chesley et als N. H. Hist. Soc. Lib.

NEW HAMPTON (1765) with Meredith and Center Harbor N. H. Hist. Soc. Lib.

NEW MARKET (Inc. 1727) N. H. Gen. Reg., vol. 6, p. 59, 133, 151
N. H. Gen. Reg., vol. 7, p. 37, 55
Cem. Rec. by M. B. Walker
N. H. Hist. Soc. Lib.

NEWTON (Inc. 1749)   N. H. Hist. Soc. Lib.
NORTHFIELD (Set off from Canter-   N. H. Hist. Soc. Lib.
  bury 1780)
PELHAM (Inc. 1746)   N. H. Hist. Soc. Lib.
PETERBOROUGH (Grant 1737-8)   East Hill Cemeteries pub. (1908),
                                        Town Hist., p. 220
PIERPONT (Grant 1764)   D. A. R., Lib., Cont. Hall, Washing-
                                        ton, D. C.
PLAISTOW (Inc. 1749)   N. H. Hist. Soc. Lib.
PORTSMOUTH (1631) and   Insc. pub. by A. H. Locke, 1907
  NEW CASTLE (1693)   Point of Graves, Cem. N. H.
  Strawberry Bank   Gen. Reg., vol. 1, p. 13; vol. 2, p. 17,
                                        95, 96.
RAYMOND (Purchased of an Indian,   N. H. Hist. Soc. Lib.
  1717 by Col. Stephen Dudley)
SALISBURY (Grant 1736-7)   N. H. Hist. Soc. Lib.
SANDWICH (Grant 1763)   N. H. Hist. Soc. Lib.
SANBORNTON (Grant 1748)   N. H. Hist. Soc. Lib.
SANDOWN (Inc. 1756)   N. H. Hist. Soc. Lib.
SUNAPEE (Grant 1768)   N. H. Hist. Soc. Lib. and Laconia
                                        Pub. Lib., by Hannaford and Bur-
                                        ley
SUTTON (Grant 1749)   N. H. Hist. Soc. Lib.
TEMPLE (Grant 1750)   N. H. Hist. Soc. Lib.
THORNTON (Grant 1763)   N. H. Hist. Soc. Lib.
UNITY (Inc. 1764)   N. H. Hist. Soc. Lib.
WAKEFIELD (Grant 1749)   N. H. Hist. Soc. Lib.
WARNER (Grant 1735)   N. H. Hist. Soc. Lib., by W. P. A.
WEARE (Inc. 1764)   N. H. Hist. Soc. Lib.
WENTWORTH (Grant 1766)   N. H. Hist. Soc. Lib.
WINDHAM (1741-2)   N. H. Hist. Soc. Lib. (Wheat)
                                      Hist. of Windham (1883), Chapt. 16
WOODSTOCK (Granted to Eli De-   N. H. Hist. Soc. Lib.
  merritt 1763, and inc. as Peeling)

www.ingramcontent.com/pod-product-compliance
Lightning Source LLC
Chambersburg PA
CBHW061744270326
41928CB00011B/2370